Maud Mannoni
»Scheißerziehung«

Die kleine weiße Reihe

Das Buch von Maud Mannoni ist ein leidenschaftliches Plädoyer gegen die Institutionen der Kindererziehung, die die Kinder, um sie »erziehen« zu können, erst einmal kaputt machen. In der Schule von Bonneuil haben die Autorin und ihre Mitarbeiter den exemplarischen Versuch unternommen, einen Ort zu schaffen, an dem psychotische, debile, verhaltensgestörte Kinder und Jugendliche leben können, ohne daß sie sich an einen Apparat verlieren müssen, der sich ihres Gestörtseins bemächtigt, sie auf ihre »Krankheit« festlegt und auf Dauer von sich abhängig macht.

Maud Mannoni, geboren 1923, studierte Psychiatrie und Kriminologie in Antwerpen und Brüssel. Von Françoise Dolto wurde sie in die Kinderanalyse eingeführt und entwickelte, als sie 1948 nach Paris ging, ein zunehmendes Interesse am Werk Jacques Lacans. Außer dem vorliegenden Buch sind von ihr erschienen: *Das zurückgebliebene Kind und seine Mutter* (1972), *Der Psychiater, sein Patient und die Psychoanalyse* (1973/1983) und *Ein Ort zum Leben; die Kinder von Bonneuil* (1978).

Maud Mannoni

»Scheißerziehung«

Von der Antipsychiatrie zur Antipädagogik

Mit Beiträgen von Robert Lefort, Françoise Petitot Fort und Florence Stevenin

Aus dem Französischen von Grete Osterwald

athenäum

Titel der Originalausgabe *Éducation impossible*

Die französische Originalausgabe umfaßt gegenüber der vorliegenden Ausgabe noch einen längeren und zwei kürzere Beiträge: »Les contraintes économiques. Exposé-débat interdisciplinaire avec une économiste, Simone Benhaïm« (den Mitschnitt eines Gesprächs zwischen Simone Benhaïm, Maud Mannoni und Octave Mannoni über die spezifischen Schwierigkeiten, die dem Projekt von Bonneuil aus den französischen Administrationsverhältnissen und bei dem Bemühen um Anerkennung durch die offiziellen Krankenkassen und das Gesundheitsministerium erwachsen sind, S. 219–263 in der französichen Ausgabe) und dazu »Documents: un combat contre l'administration« (S. 264–270); außerdem fehlt in unserer Ausgabe ein Abschnitt »Note sur l'économique« (S. 287–289). Für Frankreich stellen diese Kapitel einen integralen Bestandteil des Buches dar. Dem Verlag erschienen sie in der deutschen Ausgabe entbehrlich.

CIP-Kurztitelaufnahme der Deutschen Bibliothek

Mannoni, Maud:
"Scheisserziehung" : von d. Antipsychiatrie zur Antipädagogik / Maud Mannoni. Mit Beitr. von Robert Lefort ... Aus d. Franz. von Grete Osterwald. – Frankfurt am Main : Athenäum, 1987.
(Die kleine weisse Reihe ; Bd. 92)
Einheitssacht.: Eduation impossible ‹dt.›
ISBN 3-610-04692-9

NE: GT

Die kleine weisse Reihe
Band 92
August 1987

Athenäum Verlag GmbH, Frankfurt am Main 1987

Umschlagfoto: Maria mit dem Kinde, Nürnberg, St. Lorenz, um 1310
Gesamtherstellung: Clausen & Bosse, Leck
Printed in West-Germany
ISBN 3-610-04692-9

Inhalt

Vorwort

Diesem Buch geht ein praktisches Engagement unmittelbar voraus, mit dem ich mich nun theoretisch auseinandersetzen möchte. Der eigentliche Ursprung der Untersuchung, um die es hier geht, liegt lange vor der Zeit meiner übrigen Veröffentlichungen, auch lange vor *Das zurückgebliebene Kind und seine Mutter* (1972). Ich knüpfe heute gewissermaßen an die Erfahrungen der vierziger Jahre an: zu jener Zeit kam ich in den Genuß einer Ausbildung, die alle ihre Vorzüge der Desorganisation oder gar dem Fehlen eines regulären Studiums verdankte. Meine psychiatrische Ausbildung erhielt ich sozusagen »vor Ort«. Schon sehr früh bekam ich Gelegenheit zu einer privilegierten Krankenhauserfahrung: es war Krieg, man gab mir die Erlaubnis, das Krankenhaus mit den Patienten zu verlassen und sie in »unbewohnte« Gegenden mitzunehmen. Dort, am Rande der Gesellschaft, erlebte ich meine erste Begegnung mit jenen Wesen, die man als anormal, pervers oder verrückt bezeichnet, eine Begegnung, die man im Kontext einer Zeit sehen muß, in der die Außenwelt einer immer gegenwärtigen, offenen oder versteckten Gewalt ausgeliefert war. Sicherheit fand man nur in fragwürdigen Rückzugspositionen. Die Universitätsausbildung kam für mich erst nach der Praxis. Ein Wissen (vom Unbewußten), so könnte man sagen, war schon vorhanden; man hatte mir den Zugang dazu nicht versperrt.

Zwanzig Jahre später trieb mich so etwas wie eine Wiederholung in die Anstaltswelt zurück. Die konkrete Möglichkeit dazu vermittelte mir Hélène Chaigneau.[1] Ihr verdanke ich auch, daß ich auf die aktuelle Problematik der psychiatrischen Situation aufmerksam wurde. Die Administration macht Ärzte und Patienten zu Gefangenen der Institution. Die gleiche Bewegung, die mich zu Hélène Chaigneau brachte, führte mich später nach Kingsley Hall. Aus dieser doppelten Begegnung entstand *Der Psychiater, sein Patient und die Psychoanalyse* (1973). Für mich war dies der Durchbruch zur Antipsychiatrie unter Beibehaltung eines streng lacanschen Bezugsrahmens. Eine Öffnung, so

[1] Hélène Chaigneau arbeitet im Krankenhaus von Ville-Evrard, Neuilly-sur-Marne.

könnte man sagen, die – vielleicht ohne daß ich mir dessen bewußt gewesen wäre – schon in meiner Arbeit *Das zurückgebliebene Kind und seine Mutter* zum Ausdruck gekommen war. Der aus der analytischen Erfahrung abgeleitete Grundgedanke dieses Buches war der, daß die Absicht, das Symptom zu behandeln, mit der Ablehnung des Patienten einhergeht.

Als ich meine Untersuchung auf die geistige Zurückgebliebenheit, so wie sie sich in der Phantasie der Mutter darstellt, ausrichtete, ging es mir nicht so sehr darum, die Mutter für diese Behinderung verantwortlich zu machen; ich wollte vielmehr klären, wie sich ein bestimmter Verdunkelungsmechanismus bei der Mutter auf das Kind auswirkt. Ich zeigte wie eine Krankheit, auch wenn sie organischen Ursprungs ist, beim anderen (bei den Eltern oder den Behandelnden) eine Funktion einnehmen, wie ihr ein Status verliehen werden kann, der eine zusätzliche Entfremdung des »Behinderten« verursacht. So kann eine Situation entstehen, in der Eltern, Heilpädagogen und Ärzte gar nicht mehr versuchen, das Kind als wünschendes Subjekt zu begreifen, sondern es als Pflegeobjekt in verschiedene Systeme der Wiederherstellung integrieren und ihm so jede persönliche Sprache »rauben«. Diese Kollektiveinstellung gegenüber dem Anormalen wurde in *Das zurückgebliebene Kind und seine Mutter* angeprangert. Es war nicht etwa meine Absicht, die Existenz der geistigen Zurückgebliebenheit oder der Psychose zu leugnen, sondern ich fragte nach der Art und Weise, wie man in unserer Gesellschaft technisch mit diesen Erscheinungen umgeht und wie man sie dadurch verstärkt, daß man sie in Entfremdung umwandelt.

In *L'Enfant, sa ›Maladie‹ et les Autres* (1967) habe ich dann, Lacan folgend, das wiederzufinden versucht, was sich im Bereich des psychoanalytischen Wissens und unter dem Einfluß der medizinischen Ideologie jedem wissenschaftlichen Verfahren entzogen hatte. Ich habe dargelegt, wie sehr unsere Sicht des »Kranken« beeinträchtigt ist durch die Vorstellung, die wir von ihm haben. Während der Patient uns hinter einer Maske verborgen gegenübertritt, bauen wir unsererseits einen Schirm auf, der unsere Beziehung zum anderen verfälscht.

Dieses Buch, das vor dem Hintergrund meiner medizinisch-pädagogischen Arbeit in Thiais entstand, wandte sich seinerzeit den spezifischen Problemen der Institution zu. Schon weil wir diese Probleme mit einigem Nachdruck aufwarfen, ohne ihre Auswirkungen für die Praxis zu verschleiern, stießen wir auf die Schwerhörigkeit der Behörden – eine Schwerhörigkeit, die schließlich das gesamte Team zum Rücktritt zwang. Die in der Schwebe belassenen Probleme habe ich später in *Der Psychiater, sein Patient und die Psychoanalyse* wieder aufgegriffen und in den Rahmen einer umfassenden Diskussion über Institutionen, Psychiatrie und Psychoanalyse gestellt.[2]

Ich habe dargelegt, daß die Psychoanalyse, weit davon entfernt, eine subversive Funktion in der Psychiatrie zu erfüllen (gerade in diesem Bereich ist die Wirkung der ganzen Arbeit Lacans toter Buchstabe geblieben), von der Psychiatrie als Ergänzungstechnik vereinnahmt worden ist. In den bekannten Formen ihrer deformierenden Anwendung dient die Psychoanalyse innerhalb der Institution als Garant der institutionellen Ordnung und hat damit Anteil an ihrer Erhaltung: darin liegt ein Verrat der Psychoanalyse an ihrer eigenen Bestimmung. Die antipsychiatrische Bewegung (deren Entstehung auf die seit langer Zeit anhaltende weltweite Krise der Psychiatrie selbst zurückgeht) hat dieses Problem in ein deutliches Licht gerückt, wohingegen die reformistischen psychiatrischen Lösungen kaum geeignet sind, die ideologische Basis der Psychiatrie zu verändern.

Die strikte Unterscheidung, die man – infolge eines historischen Zufalls: Freud ertrug keine Psychotiker – zwischen Neurose und Psychose treffen will, verschiebt die Barriere zwischen dem ›Normalen‹ und dem Pathologischen auf Kosten der Psychotiker. Sie perpetuiert die Gefahr pessimistischer Prognosen, die in der Praxis sowohl ein Verständnis der Fälle als auch die Forschungsarbeit blockieren. So kommt es, daß man einem dreijährigen Kind eine Diagnose aufstülpt, die die Eltern in einer ohnmächtigen Haltung erstarren läßt – und die das Kind auf ein institutionelles Schicksal festlegt.

Man sagt ›Antipsychiatrie‹ wie man ›Antiroman‹ sagt. Gemeint ist eine neue Einstellung, die sich bereits abzeichnet, die aber nur mit der Zeit Gestalt annehmen kann. Die größte Gefahr, die uns droht (auf die ich seit *Das zurückgebliebene Kind und seine Mutter* hingewiesen habe), besteht darin, daß übereilte administrative Maßnahmen dem Fort-

[2] Das Problem der Ausbildung (der Analytiker, aber auch des Pflegepersonals), auf das ich schon in *Der Psychiater, sein Patient und die Psychoanalyse* eingegangen bin, wird in dem vorliegenden Buch wieder aufgenommen.

schritt realer Kenntnisse zuvorkommen, der bekanntlich schon immer zu einem großen Teil auf der nicht offiziellen Forschung beruhte.

Die Grenze zwischen der Verwaltung des Wahnsinns[3] und der eigentlichen Therapie läßt sich nicht so leicht ziehen, wie man meinen könnte; sie deckt sich nämlich nicht mit derjenigen, die zwischen den Verwaltungsautoritäten und der medizinischen Körperschaft verläuft. Es kommt in der Tat häufig vor, daß Ärzte die gleiche Einstellung haben wie die Verwalter des Wahnsinns. Wenn eine medizinisch-pädagogische Institution den Analytiker entläßt, weil dieser sich gegen die Verordnung einer Hemisphärektomie bei einem zehnjährigen Kind, das bei ihm in Analyse war, ausgesprochen hat, oder wenn eine andere Einrichtung beschließt, jedes nur etwas zu aggressive Kind zu lobotomisieren, und dem Analytiker kündigt, »der die Institution in ihrer Arbeit mit Kindern in Frage stellt«[4], dann funktioniert medizinische Macht nach dem Muster administrativer Macht. Zwischen dem imperativen Druck der Verwaltung und der analytischen Fragestellung hin- und hergerissen, entscheidet sich der Psychiater häufig für die »Aufrechterhaltung der Ordnung«: damit stellt er sich auf die Seite der Autorität, nicht in den Dienst des Patienten oder der Gesellschaft.

Bedauerlicherweise ist die Bewegung der institutionellen Psychotherapie und der »Bezirkspsychiatrie« in Frankreich im allgemeinen in einer medizinischen Ideologie steckengeblieben. Man kann zwar nicht umhin, die humanitären Intentionen ihrer Urheber zu würdigen, doch der konservative Gehalt ihres Unternehmens steht fest. In dem Moment, wo die Psychiater die Vorstellung akzeptieren, »geistige Gesundheit« zu verwalten, berauben sie sich jeder realen Innovationsmöglichkeit. Auch wo ihm keine Verwaltung im Wege steht, macht sich der Psychiater nicht selten zum Verwalter des Lebens anderer.

Man hält es (in gewissen Kreisen der Avantgarde[5]) für normal, daß 18jährige Jugendliche auf Lebenszeit in Mikrogesellschaften behandelt werden können und ihnen das Recht auf Risiko verweigert wird. Fehlende Anstaltsmauern können durch moralische Schranken ersetzt werden, die noch repressiver sind. So bittet etwa ein junges Mädchen,

[3] Vgl. die Ausführungen in »Folie pour folie«, in: *Partisans,* Nr. 62-63, Paris.

[4] Dokumente zu diesem Thema wurden in den *Cahiers de l'Aire,* Nr. 5 veröffentlicht.

[5] So faszinierend die revolutionären Theorien dieser Kreise auch sein mögen, häufig haben sie doch keinerlei Auswirkung auf die Praxis, die immer noch vom »medizinischen Denken« geprägt ist (Elektroschocks, intensive Chemotherapie etc.).

V., vergeblich darum, mit einem Freund oder einer Freundin außerhalb der Institution zusammenwohnen zu dürfen; außerdem möchte man doch so freundlich sein, ihr bei der Arbeitssuche zu helfen. Ihre Bitte wird nicht nur nicht gehört, man spielt auch noch das Spiel ihrer Familie, indem man sie »geheilt« in der Institution behält und ihr weiterhin die kostenlose »Pflege« zukommen läßt... damit ihr (draußen) nur nichts Böses zustößt. Die wohlhabende (aber sparsame) Familie weigert sich, ihr eine eigene Wohnung zu bezahlen, die die Rückkehr zu einem normalen Leben erlauben würde. Man geht sogar so weit, V.'s Zimmer in der elterlichen Wohnung in Beschlag zu nehmen, zum Zeichen dafür, »daß es für sie keinen Platz mehr gibt«. Es gibt keinen Platz mehr in der Familie und auch keinen außerhalb (die Krankenkasse würde die Miete nicht erstatten!). In diesem speziellen Fall hat der Psychoanalytiker V.'s Ablehnung einer Kur sehr früh eingesehen: was sie verlangte, war »ihr« Leben draußen ... Da aber die Psychiater V.'s Leben verwalteten, verordneten sie ihr per Autorität einen anderen Analytiker und untergruben damit ein Recht auf »Revolte«, das sich »medizinisch« nicht hätte vereinnahmen lassen. Mit Recht kann man hier von einem Leben sprechen, das von den Institutionen Familie und Krankenhaus konfisziert worden ist.

Das Verdienst der Antipsychiatrie liegt darin, daß sie sich gegen jegliche Vorstellung einer Verwaltung des »Wahnsinns« aufgelehnt und so einen Freiraum für die verschiedenartigsten Experimente geschaffen hat, die erst sinnvoll werden, wenn sie jeder Planung entgehen.

In der französischen Presse wurde das Problem der Antipsychiatrie meistens nur unter folkloristischem Aspekt behandelt, um vor diesem Hintergrund die Ernsthaftigkeit der offiziellen Medizin umso deutlicher hervorheben zu können. Mit großem Eifer ging man daran, mit Hilfe von aus dem Zusammenhang gerissenen Sätzen die Schreckbilder von Selbstmord und Tod zu beleben.

Fasziniert von der desorganisierenden Wirkung eines Konflikts kann die Öffentlichkeit nur schwer begreifen, was der Versuch einer Reorganisation auf der Basis der Desorganisation überhaupt darstellen soll.

Unordnung läßt sich nicht verwalten. Sie schafft die Voraussetzung für einen dialektischen Prozeß.

Der fragwürdigste Punkt innerhalb unseres Systems (des eines administrativen »Pflege«-Monopols) ist die Tendenz, den Arzt zum Garanten für die Aufrechterhaltung der Institution zu machen.

Im Bereich der Psychiatrie und des Unterrichtswesens läßt sich überhaupt nichts unternehmen, wenn nicht zuerst das medizinische, pädagogische und administrative[6] Monopol, die Quelle allen Machtmißbrauchs, radikal in Frage gestellt wird.

Das Monopol steht im Dienste der Hierarchie – was nicht bedeutet, im Dienste des Kollektivs. Das chinesische Beispiel verdeutlicht diese Unterscheidung: Die Chinesen haben es verstanden, das Kollektivbewußtsein aufs äußerste zu stärken, indem sie die Verwaltungshierarchie auf ein Minimum reduzierten.

Eingangs habe ich meine gegenwärtigen Aktivitäten in eine Beziehung mit der Krise der vierziger Jahre gebracht; mancher empfindet heute die ganze Welt als ein einziges Konzentrationslager – so sehen es zumindest die Jugendlichen, die man für »verrückt« erklärt. Auf diesem Boden von Unsicherheit, Argwohn und Schikanen bewegt sich unsere Praxis, eine Praxis, deren Weiterführung sich von Tag zu Tag als schwieriger, wenn nicht gar als unmöglich erweist.

In *Der Psychiater, sein Patient und die Psychoanalyse* habe ich erklärt, unter welchen Umständen Bonneuil-sur-Marne[7] entstanden ist, ein Ort

[6] Das Monopol der Diplome und der Administration der Behandlung.

[7] Die Schule von Bonneuil (ein seit 1969 bestehender sogenannter Ort der Antipsychiatrie) hat sich im Laufe der Entwicklung immer stärker als »gesprengte Institution« und als Ort einer theoretischen Praxis verstanden, der bereit ist, sich gegenüber anderen Orten zu öffnen. Dennoch kam es zu internen Schwierigkeiten, als die Autoren dieses Buches versuchten, den ökonomischen Bereich in ihr Forschungsfeld einzubeziehen. Das wissenschaftliche Projekt geriet in diesem Moment in Konflikt mit der Ideologie des freien Unternehmertums, der sich die Geschäftsführung verbunden fühlte.
Zugleich nahmen die politischen Wirkungen des Kampfes, der von allen Mitarbeitern gemeinsam geführt wurde, rapide ab. Wenn ein Ort nur dank ehrenamtlicher Mitarbeit (der Praktikanten, des Arztes und des Psychoanalytikers) funktionieren kann, so ist damit, ob man will oder nicht, eine Situation gegeben, die nicht kritiklos akzeptiert werden kann. Die Geschäftsführung hätte sich wie die Mitarbeiter in den Dienst einer Sache stellen müssen, die über ihre eigenen Interessen hinausging. Die Erfahrung von Bonneuil muß den am stärksten benachteiligten Klassen zugute kommen. (Simone Benhaim hatte sich bereit erklärt, nachzuweisen, daß Bonneuil mit Hilfe der Sozialversicherung ökonomisch lebensfähig wäre, doch die Geschäftsführung gab ihr keine Möglichkeit, ihre Beweisführung zu vollenden.) Der Vorwurf, den man R. Lefort und mir selbst machen könnte – daß wir nämlich bei der Gründung von Bonneuil zu wenig darauf geachtet haben, die Geschäftsführung selbst in die gemeinsamen Forschungsansätze einzubeziehen –, dieser Vorwurf ist berechtigt. Als Analytiker wollten wir den ökonomischen Bereich ignorieren; die

des Lebens für sogenannte psychotische, debile oder verhaltensgestörte Kinder. Im zweiten Teil des vorliegenden Buches werde ich ausführlicher auf diese Erfahrung eingehen, insbesondere auf den Begriff der *gesprengten Institution.* Das Paradoxe an Bonneuil ist, daß dort keine Psychoanalyse betrieben wird (dem entspricht die Ablehnung der Institution), aber alles, was dort geschieht, baut rigoros auf der Psychoanalyse auf. Sie wird nicht als Ergänzungstechnik herangezogen, sondern als Mittel der Subversion von Wissen und Praxis.

Dieses Experiment hat nichts Beschränkendes an sich. Der Vorteil unserer Arbeit liegt darin, daß wir so zu den wahren Problemen vordringen können. So konnten wir uns etwa mit all den Fragen auseinandersetzen, die sich aus der Möglichkeit der Entschulung und aus der handwerklichen Arbeit außerhalb der Institutionen ergeben.

Die verlängerte Schulpflicht bis zum 16. Lebensjahr kann den Kindern, die sich gegen jede Art von Schulbesuch auflehnen, nur abträglich sein. Diese Kinder, die mit 14 Jahren kaum lesen und rechnen können, tragen an einer schweren Vergangenheit. Sie fühlen sich »anders« als ihre Schulkameraden und haben schon früh den Eindruck, ihr Leben sei verpfuscht: so sehr verpfuscht, daß sie wünschen, die Zeit möge stillstehen, damit ihnen die Last zu leben erspart bleibe. Für diese Kinder ist jedes Leben in der Institution zerstörerisch, sie brauchen die Möglichkeit, einen bestimmten Ort zu verlassen, um sich, wenn sie die Lust dazu verspüren, entweder in »unbewohnten« Gegenden aufzuhalten, wo nichts von ihnen verlangt wird, oder aber in der Arbeitswelt. Das Leben mit Erwachsenen ermöglicht es den Jugendlichen von dreizehn, vierzehn Jahren, neue Interessen zu entwik-

ausgeschlossene Ökonomie machte sich uns jedoch in dem Augenblick bemerkbar, in dem wir am wenigsten darauf gefaßt waren. Wir haben uns in unserer Eigenschaft als Analytiker mit Bonneuil beschäftigt. Erst nachträglich haben wir bemerkt, daß es ein Fehler war, »das Administrative« aus dem Feld der Analyse auszuklammern. Dieser Fehler, der schon beim Gründungsakt von Bonneuil begangen wurde, kann anderen vielleicht eine Lehre sein. (Obwohl R. Lefort und ich von Anfang an die Forderungen der Praktikanten nach einem »institutionellen Budget« unterstützt hatten, hatten wir uns doch auf der administrativen Ebene jeder realen Möglichkeit beraubt, diese Forderung durchzusetzen. Unsere Ohnmacht in diesem Bereich wurde von manchen als »Kollusion«, als heimliches Einverständnis, mit der Direktion gedeutet und wie eine Verfolgung erlebt. Wir waren gezwungen, gegen den einen oder den anderen Stellung zu beziehen. Aber was konnten wir in unserer Position als Analytiker anders tun, als zu warten, bis die Probleme sich *mit* dem einen oder dem anderen lösten, und jedem die Zeit des Verstehens zu gewähren?).

keln, weil es sie aus der Absonderung der verschiedenen Altersstufen herauslöst. Eine Lehre beim Mechaniker oder beim Frisör, im Restaurant oder in einem Lebensmittelgeschäft wertet sie auf, und erst der Erfolg in einem Erwachsenenberuf[8] (auch wenn es der des Straßenkehrers ist) bringt sie dazu, sich noch einmal mit ihrer schulischen Vergangenheit zu beschäftigen, oder gar zu verlangen, daß man ihnen beibringt, wie man beim Trinkgeld 12 % ausrechnet. Es kommt vor, daß sie sich gerade an dem Tag noch einmal an den Volksschulabschluß wagen, an dem der Erwachsene jede Hoffnung in dieser Richtung aufgegeben hat.

Die Ansicht, der Jugendliche brauche eine Arbeit außerhalb der Schule (die Möglichkeit, mit Geld umzugehen und darüber zu sprechen), wird von vielen Lehrern geteilt; aber diejenigen, die versucht haben, unserem Beispiel in der Provinz zu folgen, sind auf ein kategorisches Veto der Verwaltung gestoßen: diese entscheidet sich immer für Spezialkurse in berufsorientierten medizinisch-pädagogischen Institutionen, in denen die Ausbildung offensichtlich vollkommen unzulänglich und realitätsfern ist.

Es gibt ein Gesetz, das Praktika erlaubt, wenn eine Schuleinrichtung die Verantwortung dafür übernimmt. In Wirklichkeit wird dieses Recht allerdings nur den Spezialabteilungen der technisch ausgerichteten Mittelschulen zugestanden. In den Genuß der Vorteile kommen also nur die Schulen, die die ihnen auferlegten hochgradig segregativen Strukturen akzeptieren (eine bestimmte Kategorie von Schwachsinnigen unter Ausschluß jeder anderen). Unsere Weigerung, eben solche Einschränkungen hinzunehmen, hat uns lange Zeit ernsthafte Schwierigkeiten mit der Verwaltung eingebracht, die in bestimmten Augenblicken ganz bewußt das Interesse der Kinder einer unverhüllten und unangemessenen Reglementierung geopfert hat.

Unsere anti-segregative Erfahrung bricht mit dem traditionellen Konzept des medizinisch-psychologischen Teams, sie setzt die Funktion des Testpsychologen, des institutionellen Analytikers und sogar des Unterrichtenden außer Kraft (wenn Schulunterricht stattfindet, dann

[8] Die Arbeit mit Erwachsenen hat nur dann einen Sinn, wenn es keine *entfremdete* Arbeit ist. Sobald die Sorge um Effektivität an erster Stelle steht, verschwindet das menschliche Interesse eines solchen Unternehmens. Die aus der Arbeit gewonnene Lust ist heutzutage ein Luxus; und diesen Luxus fordert die Jugend.

nur in Form von Fernkursen des Erziehungsministeriums[9], manchmal auch mit geringfügiger Nachhilfe eines Studenten *außerhalb;* alles, was außerhalb der Institution passiert, gewinnt für den Jugendlichen an Wert). Die Erfahrung von Bonneuil führt zu einer so gravierenden Infragestellung der traditionellen Verwaltungsstrukturen, daß die Verbreitung dieses Ansatzes ein politisches Problem wäre (in Hinsicht auf das Erziehungsmonopol, das medizinische Monopol[10] etc., die hier in Frage gestellt werden).

Der erste Teil des vorliegenden Buches beschäftigt sich unter dem Titel *Die pervertierte Erziehung* mit den *Autoritätsproblemen* der Lehrer und Ärzte im 19. Jahrhundert. Ein wichtiger Punkt ist der Ursprung der ideologischen Machtergreifung durch *schulische* und *medizinische* Institutionen, die entschlossen waren, eine »zivilisatorische« (man hätte auch sagen können »kolonisatorische«) Mission zu erfüllen.
Man findet das Beispiel des Dr. D. G. M. Schreber, Vater des Präsidenten Schreber[11], der zu jener Zeit innerhalb seiner Familie Lebensregeln praktizierte, aus denen er später in seinen Büchern über Pädagogik und Medizin Theorien ableitete, die in Deutschland noch lange nach seinem Tod berühmt waren. Dieses Beispiel zeigt überdeutlich, wie die Institution Familie gemeinsam mit der medizinischen Institution den *Mißbrauch von Macht,* von dem man hier mit Recht sprechen kann, bis ins Absurde vorangetrieben hat, und zwar auf der Basis einer Perversion des Wissens. Die nationalsozialistische Ideologie brauchte diese Anregung übrigens nur aufzugreifen. Die Lektüre solcher Werke gibt uns die Möglichkeit, nachzuvollziehen, auf welche Weise man mit dem besten Gewissen Kinder hervorbringen kann, die im Erwachsenenalter mit einiger Wahrscheinlichkeit zu sogenannten paranoischen Patienten werden.

[9] Wir sind den Lehrern des CNTE (Centre National de Télé-Enseignement) unseren Dank schuldig. Sie waren bereit, sich nach dem Rhythmus der Schüler und nicht nach dem der Administration zu richten und haben Perioden radikaler Schulunwilligkeit geduldig ertragen.
[10] In Bonneuil ist die Funktion des Arztes in erster Linie die eines Beraters. Die Medikamente wurden in allen Fällen abgesetzt (selbst bei denen, die vorher als sogenannte schwere psychiatrische Fälle eingestuft waren.)
[11] siehe S. Freud, *Psychoanalytische Bemerkungen über einen autobiographisch beschriebenen Fall von Paranoia (Dementia paranoides),* in: GW, Bd. VIII, S. 240–320.

Der Fall Schreber ist natürlich nur ein Beispiel unter vielen: wir haben ihn zum Ausgangspunkt gemacht, weil er in ergreifender Form einen Prozeß beleuchtet, dem wir in unserer Arbeit immer wieder begegnen. Vergessen wir nicht, daß die Probleme des Wissens, der Autorität und der Macht in diesem Buch aus einer psychoanalytischen Perspektive behandelt werden: Eines Tages wird die Psychoanalyse ein politisches Problem darstellen.[12]

[12] Wir wollen hier über eine Forschungsarbeit berichten, die ausgehend von und in Hinsicht auf Bonneuil durchgeführt wurde; es liegt uns allerdings fern, einen idealen Ort zu beschreiben. Ein Ort wie Bonneuil, ein Ort am Rande des Etablierten, war ganz einfach der Ausgangspunkt dafür, daß Fragen gestellt, eine Forschung gestaltet und eine Erfahrung gelebt werden konnte.

I. Fragen an die Theorie

»Willst du Kenntnisse erwerben, mußt du an der die Wirklichkeit umwälzenden Praxis teilnehmen. Willst du den Geschmack einer Birne kennenlernen, mußt du sie verändern, das heißt sie in deinem Mund zerkauen.«

Mao Tse-Tung

1. Die pervertierte Erziehung

Kollektiver Diskurs

Wenn die Beziehungen von Mensch zu Mensch, wie Lacan betont, den Stempel einer *ursprünglichen Spaltung* tragen, die für die aggressiven Spannungen und mörderischen Rivalitäten verantwortlich zu machen ist, die in jeder Beziehung zum anderen vorhanden sind, kann man doch nicht von ihrem sozioökonomischen und politischen *Kontext* abstrahieren.

Das Kind bringt den Liebe-Haß-Konflikt nicht mit sich, es *begegnet* ihm bei Eltern, die von ihm erwarten, daß es sie *pflichtgemäß* liebt. Gefangen im Drama ihrer eigenen Geschichte sind die Erwachsenen zugleich gefangen in den Paradoxien der Welt, in der sie leben[13]: es gelingt ihnen nicht, sie zu entziffern, und so stehen sie dem, was ihnen selbst zum Verhängnis wurde, wie Fremde gegenüber.

Es wurde gewöhnlich nicht scharf genug hervorgehoben, wie sehr sich Freud in den Analysen des *kleinen Hans* und *Doras* auf der Seite der *elterlichen Autorität* befand; ähnlich hat er bei *Schreber* den Wahn des Patienten untersucht, ohne sich zu bemühen, diesen wirklich in seinem Kontext zu begreifen.

Jedes Symptom ist eingebettet in einen kollektiven Diskurs. Eine Krankheit kann stets in dem Patienten objektiviert werden; von der Art jedoch, wie sich der andere (Freund, Eltern, Arzt) die Krankheit, den Patienten vorstellt, läßt sich nicht abstrahieren. In der ärztlichen Diagnose werden die Worte oder Beschwerden des Patienten nur selten festgehalten. Und selbst wenn sie im ärztlichen »Beobachtungsbericht« vorkommen, erscheinen sie gegenüber dem, was sich in der Arzt-Patient-Begegnung abgespielt hat, wie unterschlagen. In dem Maße, in dem die Worte des Arztes die Geschichte des Subjekts in einen *toten Mythos* verwandeln, bleibt das vom Patienten Gesagte folgenlos und er wird versuchen, sich im Symptom auszudrücken.

Auf genau diese Frage möchte ich nun mit einer Untersuchung der

[13] Michel Foucault, *Psychologie und Geisteskrankheit*, Ffm. 1968.

Beziehung von Daniel Schreber zu seinem Vater und zu seinem Arzt, dem Professor Flechsig, näher eingehen.

Eine ideale Erziehung: Die Familie des Daniel Paul Schreber

Im Folgenden geht es darum, die Auswirkungen eines Erziehungsstils zu bestimmen, der seinerzeit als Inbegriff der idealen Erziehung galt.
Dr. Daniel Gottlieb Moritz Schreber war bekanntlich durch seine Werke über Anatomie, Physiologie, Hygiene, Heilgymnastik und Erziehung berühmt geworden. Schon zu seinen Lebzeiten (und lange nach seinem Tode) verfügte er über große Autorität. Auf ihn hörten Erzieher, Ärzte und Eltern. Wir verdanken ihm die Erarbeitung von *Lebensregeln* auf der Grundlage einer lückenlosen Disziplin.
Kennt man die Sorgfalt, mit der Dr. D. G. M. Schreber die Erziehungsprinzipien, aus denen er später eine berühmt gewordene Theorie ableitete, in seinem eigenen Hause in Praxis umsetzte, stellt sich notwendigerweise die Frage: durch *welchen Zufall* konnte der Sohn eines so außergewöhnlichen Vaters psychotisch werden?[14]
In welchem Augenblick, so fragt Lacan[15], hat sich dieses Etwas ereignet, das in der Ausbildungsfunktion des Vaters versagte? (Wenn sich der Wahn von Daniel Paul Schreber um die väterliche Metapher drehte, wie stand es dann um seine Beziehung zur *Funktion* des Vaters?)
Wir wissen, daß sich ein Symptom[16] nur aus *zwei Konflikten* ergeben kann, einem aktuellen und einem früheren: die primären Elemente, die bei Schrebers Wahn im Spiel sind, werden schon durch das Wahnmaterial selbst benannt.
Welches ist der aktuelle Konflikt? Allem Anschein nach gibt es keinen.
Im Jahre 1884 litt Daniel Paul Schreber unter einer Reihe von Krankheiten, die man später unter dem vagen Begriff »psychosomatisch« oder sogar hypochondrisch fassen konnte. Davon abgesehen ist sein Leben ganz normal, er macht eine glänzende Karriere als Jurist und

[14] Das erste pädagogische Buch des Dr. D. G. M. Schreber erschien im Jahre der Geburt seines *ersten Sohnes* (des älteren Bruders von Daniel Paul, der mit 38 Jahren Selbstmord beging.
[15] Jacques Lacan, *Séminaire sur Schreber,* 18. April 1956 (unveröffentlicht).
[16] Jacques Lacan, *Séminaire* vom 1. Februar 1956 (unveröffentlicht).

wird 1893 zum Senatspräsidenten beim Kgl. Oberlandesgericht Dresden ernannt, wo er eine *Autoritätsposition* bezieht. Genau in diesem Augenblick fangen seine »psychosomatischen« Leiden wieder an. Er wendet sich erneut an Professor Flechsig, der ihn einige Jahre vorher so gut behandelt hatte, und dann kommt es plötzlich zum *Ausbruch des Wahns.*

Wie kommt es zu diesem Ausbruch? Man sagt, der Taumel des Erfolgs sei Daniel Paul Schreber zum Verhängnis geworden, und nicht irgendein Konflikt mit dem (seit langem verstorbenen) Vater, der ihm nachträglich Schwierigkeiten gemacht hätte, eine *väterliche (Autoritäts-) Position* auszufüllen. Kann man diesen »Erfolgstaumel« tatsächlich als konflikthaft bezeichnen? Hat es nicht ein anderes determinierendes Element gegeben? Wir werden auf diesen Punkt noch zurückkommen.

Versuchen wir zunächst festzustellen, was im Sinne eines *frühen Konflikts* vorgelegen haben kann.

In *Der Mann Moses und die monotheistische Religion*[17] stellt Freud sich die Frage, wie der Mensch in die Dimension der *Wahrheit* eintritt. Er kommt zu dem Schluß, daß dieser Eintritt über das erfolgt, was man die *Idee des Vaters* nennen könnte.

Umgekehrt kann die Wahrheit des Vaters sich nur durch eine Dramatisierung (die den Begriff vom Tod des Vaters abdeckt) symbolischer Natur (gemeint ist die Begegnung mit einem *Signifikanten)* in die menschliche Ordnung einfügen.

Lacan zufolge veranlaßt die Begegnung mit einem Signifikanten, *der nicht aufgenommen werden kann,* den Psychotiker zur Zurückweisung dieses Signifikanten[18] und der ersatzweisen Produktion einer imaginären Blüte – des Wahns.

[17] Ausgeführt von Jacques Lacan im *Séminaire* vom 2. Mai 1956 (unveröffentlicht).

[18] Der *Namen-des-Vaters* ist für Lacan der Signifikant der »Vaterfunktion«.

»Damit die Psychose ausgelöst wird, muß der Namen-des-Vaters, der verworfen, d. h. nie an den Platz des Anderen gekommen ist, daselbst angerufen werden, in symbolischer Opposition zum Subjekt.

Das Fehlen des Namens-des-Vaters an diesem Platz leitet nämlich durch das Loch, das es im Signifikat aufreißt, jene kaskadenartigen Verwandlungen des Signifikanten ein, die einen progressiven Zusammenbruch des Imaginären zur Folge haben, bis an den Punkt, wo Signifikant und Signifikat sich in der delirierenden Metapher stabilisieren.

Wie aber kann der Namen-des-Vaters vom Subjekt angerufen werden an dem einzigen Platz, von dem aus er ihm hätte zukommen können, und wo er nie gewesen ist?

Hatte das Vaterproblem wirklich eine Bedeutung im Leben des Daniel Paul Schreber? Wie wir schon sagten, war der Vater berühmt, aber reicht das aus, um seinen Söhnen so viele Jahre nach seinem Tod gefährlich zu werden (Daniels Bruder hat bekanntlich Selbstmord begangen)?

Der Mann »realisiert« die Funktion, Vater zu sein, beim Geschlechtsverkehr (obwohl in Wirklichkeit nie etwas darauf hinweist, daß er der Vater ist). Aber Vater sein heißt vor allem, eine Vaterposition auf einer *signifikanten* Ebene innezuhaben (deutliche Hinweise darauf finden sich in bestimmten primitiven Kulturen, wo sich die Seele des Vaters in der umgebenden Natur aufhalten kann, wie etwa im Wasser irgendeines Brunnens).

In seinem Wahn realisiert Daniel Paul Schreber (der in Wirklichkeit steril ist) die Vaterfunktion, indem er die Position einer Frau einnimmt, die etwas in ihrem Leib trägt. Später macht er sich zum Liebesobjekt Gottes und kann dadurch jedes Zeichen von Männlichkeit ablegen. Lacan weist in diesem Zusammenhang darauf hin, daß er um den Preis einer Veränderung oder gar Rekonstruktion der realen Weltordnung auch das Problem der Kastration (das er bis dahin verworfen hatte) akzeptieren kann.

Ist diese passiv-homosexuelle Position, auf die sich Daniel Paul Schreber nicht ohne Anfechtungen einläßt, nicht ein reines Erziehungsprodukt?

Diese Frage müssen wir uns stellen, obgleich wir zögern, ausgehend von bloßen Texten (denen von Daniel und denen von seinem Vater) eine *Rekonstruktion* der Vergangenheit vorzunehmen, die nicht höchst angreifbar wäre (doch selbst wenn die von einem Patienten gelieferte Rekonstruktion der Vergangenheit *falsch* ist, kann aus dieser Lüge, dieser Abwehr oder diesem Prozeß dennoch eine Wahrheit hervorgehen).

Durch nichts anderes als durch einen realen Vater, nicht unbedingt durch den Vater des Subjektes, durch Einen-Vater *(Un-père)*.
Darüber hinaus muß dieser Eine-Vater an jenen Platz kommen, wo das Subjekt ihn von früher her nicht rufen konnte. Es genügt dafür, wenn dieser Eine-Vater in Drittposition steht in einem Verhältnis, das das imaginäre Paar *a-a'*, d. h. Ich-Objekt oder Ideal-Realität, zur Basis hat, das das Subjekt in das von ihm induzierte erotisierte Aggressionsfeld miteinbezieht.« Jacques Lacan, »Über eine Frage, die jeder möglichen Behandlung einer Kur vorausgeht«, in: *Schriften II*, Olten 1975, S. 110 f.

In drei früheren Büchern wollte ich ausschließlich untersuchen, welchen Platz *das Wort des Vaters in der Mutter* einnimmt, und habe alles, was direkt mit dem Vater zu tun hat, eher im Schatten belassen. Ich habe gezeigt, wie sich das Kind durch sein Symptom dem Vater entzog, während es mit der Mutter in einer ausgesprochen dualen Situation lebte, einer Situation mit potentiell psychotisierenden Effekten.[19]
Das von mir entwickelte Schema galt für bestimmte Aspekte der Retardierung und der sogenannten Psychose (insbesondere für den Autismus) und erhob nicht den Anspruch, die gesamte psychiatrische Symptomatologie abzudecken, umso weniger, als mich nur das Grundraster interessierte (die im Ablauf einer sich als dialektischen Prozeß verstehenden Kur verwendbaren Bezugspunkte).
Meine Erfahrung mit Paranoikern war beschränkt, und wenn ich in *Der Psychiater, sein Patient und die Psychoanalyse* über einen Fall von Paranoia berichtet habe, so geschah dies vor allem unter dem unvollständigen Aspekt einer mit dem Patienten erlebten Erfahrung, und nicht in dem Bemühen, seine Vergangenheit zu untersuchen.
Neuere Analysen von Jugendlichen, die man als Paranoiker einstuft, lenkten meine Aufmerksamkeit auf die Realität einer mit dem Vater erlebten Situation, der häufig selbst der eigentliche Paranoiker war, sich aber in bewundernswerter Weise in ein (in jedem Falle blendendes) Berufsleben eingefügt hatte. Den Vätern der hier angesprochenen Jugendlichen war die Konstruktion eines theoretischen, philosophischen, pädagogischen oder politischen Systems gelungen, die sie über jeden Zweifel (und über die psychotische Krise, den Bruch mit der Realität) erhaben machte. Den Söhnen fiel in gewisser Weise die unmögliche Aufgabe zu, die Wahrheit des Vaters zu inkarnieren: die Aufgabe, die Kehrseite der glaubwürdig unter einer Theorie oder einem Beruf verborgenen wahnhaften väterlichen Konstruktion gen Himmel zu schreien. So habe ich die *Denkwürdigkeiten* des Daniel Paul Schreber wie auch die Werke seines Vaters mit ganz neuen Augen noch einmal gelesen.

[19] »Nach Lacan gibt es inmitten der psychoanalytischen Erfahrung einen Mythos, der nicht in die Definition der Wahrheit eingehen kann. Diese Bedeutung als Mythos (des Ödipus) dient als Merkmal und läßt sich nicht auf die Ebene einer »Papa-Mama-Realität« herunterspielen. Es handelt sich um den kollektiven Diskurs, in den das Kind schon vor der Geburt eingebettet ist. Das ist es, was Lacan als »Legende der Familientradition« bezeichnet.« *Le Mythe individuel du névrosé,* 1953, anonyme Zusammenfassung.

Eben diese Texte können uns Aufschluß geben über Daniel Pauls Kindheit, die von bestimmten Leuten als »glücklich« beschrieben wird. Ein »Glück«, das natürlich sofort als subjektives Kriterium erscheint, es sei denn, man spricht von jener Art »Glück« oder »Lust«, ohne die ein sado-masochistisches Paar gar nicht denkbar wäre. Trifft eine solche Einschätzung auf das Paar Daniel Paul – Daniel G. M. Schreber zu?
Ich will mich nur mit bestimmten Punkten befassen, denen nämlich, die bei der Untersuchung der Beziehung zwischen Daniel Paul Schreber und Flechsig wieder aufgenommen werden können. Dr. D. G. M. Schreber war ein Mann von *Autorität.* Diese moralische Autorität scheint er zu Hause voll ausgespielt zu haben. Die Frau, so erklärte er, hat sich bescheiden zurückzuziehen, *unsichtbar den Platz einzig und allein der Stimme des Vaters zu überlassen.* »Es wird wenig Menschen geben«, sagt Daniel Paul, »die in so strengen, sittlichen Grundsätzen aufgewachsen sind wie ich.«[20] Man kann die Hypothese aufstellen (die sich bei der Behandlung paranoischer Jugendlicher bestätigt), daß bei den Schrebers eine solche *Inflation des realen Vaters* herrschte, daß für sein Wort in der Mutter kein Platz mehr blieb – da die Erziehung allein Sache des Vaters war, war die Mutter gewissermaßen ausgelöscht.[21]
Die moralische Autorität des Vaters verdoppelte sich durch das Zusammentreffen mit der (magischen) Autorität, die ihm seine Stellung als hervorragender Arzt verlieh. Hier kündigt sich schon eine Zeit an, in der das Abendland eine wirkliche Offensive der Ärzte zur ideologischen Machtergreifung erlebt.[22] Seit 1880 versuchten schulische und medizinische Institutionen eine »zivilisatorische Mission« zu erfüllen;

[20] Daniel Paul Schreber, »Denkwürdigkeiten eines Nervenkranken«, in: *Bürgerliche Wahnwelt um Neunzehnhundert,* Wiesbaden 1973, S. 193; vgl. auch D. G. M. Schreber, *Kallopädie oder Erziehung zur Schönheit durch naturgetreue und gleichmäßige Förderung normaler Körperbildung,* Leipzig 1858.
[21] Es wäre interessant gewesen, die Schriften von Daniel Paul Schreber mit denen eines anderen Patienten zu vergleichen, der etwa zur gleichen Zeit von einem Gericht wegen eines mit 20 Jahren begangenen dreifachen Mordes (an seiner Mutter, seinem Bruder und seiner Schwester) zu lebenslänglicher Unterbringung in einer Anstalt verurteilt wurde. Bei ihm handelte es sich nicht um einen autoritären Vater, sondern um einen schwachen Vater, dessen Macht mit Gottes Hilfe durch die Tötung derer, die ihn lächerlich gemacht hatten, wiederhergestellt werden sollte. Der Mord erlaubte in diesem Fall die ersehnte Wiederherstellung einer autoritären Vaterfigur, wie Dr. Schreber sie in seinen pädagogischen Schriften dargestellt hatte.
[22] Luc Boltanski, *Prime éducation et Morale de classe,* Paris 1969.

in dieser Hinsicht ist D. G. M. Schreber kaum als Vorläufer zu bezeichnen. Seine Werke verweisen vielmehr auf die Zeit, in der man den Völkern keine Lebenskunst mehr verkündigt, sondern ihnen autoritär Lebensregeln aufzwingt. So nehmen die vulgär-medizinischen Werke am Ende des 19. Jahrhunderts den Platz der Religion ein – einige sogar unter dem Titel »Katechismus« (z. B. das des Dr. Demirleau).

Dr. D. G. M. Schreber verkörperte wissenschaftliche Kenntnisse (ein Erzieher, so sagte er, ist ein Mann, der auf alles eine Antwort hat), in denen heilende Kraft steckte. Wirken konnte diese Kraft allerdings nur bei dem Patienten, der zur totalen Unterwerfung fähig war, zur absoluten Aufgabe seines Körpers und seines Wesens. Diese Art von Unterwerfung, die durch grausamste physische und moralische Übungen (die schon in den ersten Lebensmonaten beginnen) erlernt wird, ist im Falle einer Krankheit die einzige Möglichkeit, das Kind vor dem Tode zu retten – durch einen Vater, in dessen Hände es sein Leben zurücklegt. Verweigerung des Gehorsams wäre infolgedessen gleichzusetzen mit der Verweigerung des Lebens. Eine »terroristische« Moral ist die Grundlage eines angeblich wissenschaftlichen Vorgehens, das Eltern, Erziehern und Ärzten empfohlen wird.

Einerseits war dieser pädagogische Terrorismus Bestandteil der *paranoischen Situation* jener Zeit; so gesehen hat Dr. Schreber nur systematisiert, was schon in der Luft lag. Andererseits hat ihm die eifrige Arbeit an einer medizinisch-pädagogischen Lehre zugleich die Konstruktion eines Schutzwalls gegen den Zweifel (und die Gefahr einer psychotischen Dekompensation) ermöglicht. Seinem Sohn Daniel Paul dagegen blieb nichts anderes übrig, als sich im Wahn eine neue Weltordnung zu schaffen, eine Konstruktion, die gewissermaßen die Kehrseite der väterlichen Lehre darstellt.

Die Erziehungsprinzipien des Dr. D. G. M. Schreber

1. *Das Kind ist von Geburt an böse,* es muß von seiner Natur abgeschnitten und einer moralischen und physischen Dressur unterzogen werden (vom dritten Lebensmonat an abwechselnd kaltes und heißes Abduschen, Abwechseln von Terror und Verführung).
2. *Das Kind muß sich beizeiten in der Kunst des Verzichts üben.* Man

bemächtigt sich seines Wesens, um sich die Herrschaft zu sichern. »Wenn z. B. das Kind bei der kleinsten Bewegung, die es macht, bei jedem Tone, den es von sich gibt, jedesmal sogleich aus dem Lager gehoben und durch allerhand Liebkosungen u. dgl. m. besänftigt wird, so entsteht aus der immerwährenden Befriedigung dieser Launen gar bald eine üble Gewohnheit, die das Erziehungsgeschäft ungemein erschwert und die erste Grundlage des späterhin sich ausbildenden trotzigen, grilligen, eigensinnigen Charakters wird ... (Man) überlasse das Kind sich selbst und man wird sehen, daß es gar bald sich zufrieden gibt und fernerhin die Versuche, seine Launen durchzusetzen, unterläßt. Sollte es aber zufolge einer schon etwas eingewurzelten Verwöhnung hierin einige Hartnäckigkeit zeigen, so wird man durch wiederholte drohende Gebärden, die ein Kind, welches bereits einige Monate alt ist, recht wohl versteht, oder erforderlichenfalls selbst durch leichte fühlbare Züchtigungen, sowie durch beharrliches Nichtwillfahren diese kleinen Launen sicher dämpfen können ... Hat irgendeine böse Gewohnheit des Kindes durch Nachlässigkeit von Seiten der Erzieher schon etwas tiefer Wurzel gefaßt, so wird freilich ein ernstliches Einschreiten zu oft wiederholten Malen erforderlich. Jedoch lasse man sich durch anfängliche Erfolglosigkeit in diesem Bestreben nicht irre machen – denn Beharrlichkeit führt auch hier sicher zum Ziele.«[23]

Nach Dr. D. G. M. Schreber können also alle Probleme, die mit Weinen, Launen und Eigenwilligkeit des Kindes zusammenhängen, schon im ersten Lebensjahr erledigt werden.[24] Dies, so fügt er hinzu, sei auch die beste Zeit, das Kind in der »Kunst des Verzichts« zu üben. Gemeint ist: man soll bei dem Kind eine Lust erzeugen und ihm dann verweigern, wonach es mit Sicherheit verlangt. So wird der Amme empfohlen, mit dem Kind auf dem Schoße zu essen und zu trinken in der einzigen Absicht, diesem anschließend sein orales Verlangen zu verweigern. Der Wunsch muß abgeschafft werden zugunsten von Automatismen (Hunger zu regelmäßiger Stunde). Dr. Schreber berichtet von einer Amme, die er auf der Stelle entließ, weil sie seinem Sohn ein Stückchen Birne gegeben und damit gegen die Vorschrift verstoßen

[23] D. G. M. Schreber, *Das Buch der Gesundheit,* Leipzig 1861, S. 233 f. und 248 f.

[24] Ausgeführt von William C. Niederland, »The Miracled-up world of Schreber's childhood«, in: *Psychoanalytic Study of the Child,* Nr. 14.

hatte. Die Sache wurde in Leipzig so bekannt, daß er mit keiner Amme je wieder Schwierigkeiten hatte.

3. Die Herrschaft, die der Erwachsene über das Verhalten des Kindes ausübt, muß er *auch über den Körper* gewinnen. Daher die Entwicklung einer ganzen Ideologie der Körperkorrektur, die ihren Ausdruck in der Heilgymnastik und den verschiedensten orthopädischen Übungen findet. Daniel Paul Schreber mußte über sich ergehen lassen, was Sylvester[25] *gadget experience* nennt, also die kontinuierliche mechanische Anwendung von körperlichem Zwang, der natürlich Verzerrungen auf der Ebene des Körperbildes hinterließ.[26]

Es kann kaum falsch sein, wenn man behauptet, daß Daniel Paul Schreber in seiner Beziehung zum Vater einer *Perversion des Liebesverlangens* ausgesetzt war. Er wurde nur um den Preis geliebt, nicht zu sein; oder vielmehr um den Preis, seinen Wunsch total unter die Herrschaft des Vaters zu stellen. (Genau dies nährt später seinen Wahn, besonders während er darum ringt, aus Liebe zu Gott eine weibliche Position auf sich zu nehmen.)

Das Problem der Perversion des Liebesverlangens kann, wie wir später sehen werden, unter dem idealisierten Anstrich der »zivilisatorischen Mission« ohne weiteres auch in der Beziehung von Lehrer und Schüler auftreten.

Damit hätten wir systematisch erfaßt, was man den *frühen Konflikt* des Daniel Paul Schreber nennen könnte. Allem Anschein nach ist Daniel Paul ein folgsamer Junge gewesen, der sich gegen nichts auflehn-

[25] E. Sylvester (1959), Int. panel: »Psychological consequences of physical illness in childhood«, reported by V. Calef, in: *Journal of the American Psychoanalytic Association VII*.

[26] Wir wollen nur einige der zahlreichen orthopädischen Apparate nennen. Der *Schreber-sche Geradehalter,* bestehend aus vertikalen und horizontalen Eisenstäben, die an Brust und Tisch befestigt werden, garantiert bei Tag und Nacht eine korrekte Körperhaltung. Der *Kopfhalter,* der Kiefer und Zähne nach oben preßt, dient einer aufrechten Kopfhaltung. Beim Schlafengehen wird ein *schwerer Gürtel* verwendet, der um die Brust gebunden und ans Bett fixiert wird, damit das Kind in der vom Vater gewünschten Haltung verharrt.

Weiterhin wurden dem Kind *ophtalmologische Vorsichtsmaßregeln,* Übungen zur Stärkung der Sehkraft, verschrieben. Der dem Kind auferlegte Zwang, sich stets, beim Spielen wie beim Gehen, gerade zu halten, ließ die *Autorität* zur medizinischen Regel werden. Das geringste Anzeichen einer schlechten Haltung war Grund genug, mit den Übungen von vorn zu beginnen und erneut von der liegenden Position auszugehen (ausgeführt von Niederland und Schatzmann).

te. Dem Vater war seine Dressur vortrefflich gelungen. Schließlich wurde Daniel Paul ein großartiger Mann, zwar paranoisch, aber er hätte so, wie er war, sein ganzes Leben bleiben können, ohne seine Umwelt auch nur im geringsten zu beunruhigen.
Kommen wir nun zu der Frage nach dem *aktuellen Konflikt,* der den wahnhaften Ausbruch ausgelöst hat.[27]

Die Begegnung mit der ärztlichen Autorität

War, wie man behauptet, der berufliche Aufstieg des Daniel Paul Schreber an sich für seinen Wahnsinnsanfall verantwortlich?
Ich glaube nicht.
Versuchen wir, die Texte noch einmal im Lichte dessen zu lesen, was wir über Daniels Kindheit wissen, der, wie wir gesehen haben, der sanften, unerbittlichen Tyrannei eines Vaters ausgesetzt war, den niemand für wahnsinnig hielt. Ein Mann mit einer solchen Kindheit wird notwendigerweise empfindlich gegenüber jedem Problem, das mit *Wissen* und *Autorität* zu tun hat. Auf jeden Fall wird seine Beziehung zum Arzt zwangsläufig durch diese Empfindlichkeit bestimmt.
Erinnern wir uns an die Fakten: 1884 sucht Daniel Paul Schreber Dr. Flechsig auf. Er wird *geheilt,* steht Flechsig aber seit dieser Zeit mit einem Vorbehalt gegenüber: seine Heilung wäre schneller erfolgt, hätte der Spezialist ihren besonderen Stellenwert erkannt. 1893 kehrt Schreber zu Prof. Flechsig zurück, er leidet wieder unter Schlaflosigkeit. Später wird er sagen, die »hervorragende Beredsamkeit«, mit der Flechsig ihm antwortet, habe ihn »tief beeindruckt«. Gegenüber den Fortschritten der Neurologie, die ihm selbst am Herzen liegen, erscheinen Flechsig Schrebers berufliche Fortschritte äußerst unwichtig.[28] Flechsig reduziert Schrebers Probleme auf ihren neurologischen

[27] Bei dieser Frage müssen wir uns stets vor Augen halten, daß der Vater dem Sohn genau in dem Augenblick als unzulänglich erscheint, in dem er versucht, sich an unmöglichen Aufgaben zu messen (wie etwa der, die Ordnung der Welt zu ändern) – und daß er dem Sohn in dem Maße als Double erscheint, in dem er seine Autorität als Laune ausspielt; diese Merkmale sind es, die den Platz des Vaters bestimmen, der für keine Berichtigung der natürlichen Position des Wunsches mehr empfänglich ist (für das Kind ist die Wunschposition bekanntlich die, unmittelbar im Lustprinzip der Mutter enthalten zu sein).
[28] O. Mannoni, »Schreber als Schreiber«, in: *Clefs pour l'imaginaire,* Paris 1969.

Aspekt – damit bezieht er auf seine Art die Position des Dr. D. G. M. Schreber. Auf diesen Überlegenheitskonflikt reagiert Daniel Paul Schreber mit einer Verdoppelung seiner Symptome, gegen die kein Mittel hilft. So steht schon der Eintritt in die Klinik unter dem Zeichen der Apokalypse. Schreber erlebt das Ende der Welt, sein Körper zerspringt in Stücke, Flechsigs unverdauliche Seele sitzt in seinem Bauch, bis es ihm mit Müh und Not gelingt, sie zu erbrechen.

Das determinierende Element für den Ausbruch des Wahns war ganz offensichtlich der Kampf um Überlegenheit im Bereich von *Wissen, Macht* und *Autorität* zwischen Schreber und Flechsig.[29] Dieses determinierende Element ist natürlich überdeterminiert. In aller Unschuld hat Flechsig geradewegs einen verkannten Haß gegen den Vater aufgerüttelt. Genauer gesagt, Flechsig hat bei Daniel Schreber den Ausbruch des Wahns provoziert, indem er die Sprache des *Ich* sprach und sich gewissermaßen als sein Abbild offenbarte. In ihm begegnete Daniel Schreber seinen eigenen Ansprüchen, alles zu können, oder vielmehr den in ihm lebendigen Ansprüchen seines Vaters.

Die Mißverständnisse, denen Daniel Paul Schreber ausgesetzt ist, wirken sich im Symbolischen aus. Angesichts der Gefahr, alle Bezugspunkte seiner Identität zu verlieren, läßt Schreber die Wahrheit des Wahns aus dem Imaginären hervortreten: Er spricht von dem »fundamentalen Mißverständnis, ... welches eben darauf beruht, daß Gott nach der Weltordnung den lebenden Menschen eigentlich nicht kannte und nicht zu kennen brauchte, sondern weltordnungsgemäß nur mit Leichen zu verkehren hatte.«[30]

(An dieser Stelle sei noch einmal daran erinnert, daß Flechsig im Zusammenhang mit der Schlaflosigkeit des Patienten die Vorzüge der Arzneimittel, in denen sich der Fortschritt der Neurologie zeigte, angepriesen hatte, während er das, was der Patient hinsichtlich seines eigenen Fortschritts hätte vorbringen können, *zurückwies.*)

Seit dieser Zeit wirkt das Wort des Neurologen Flechsig, die »Nervensprache«, wie das Wort eines Hypnotiseurs auf Schreber ein, der seine Zeit damit verbringt, sich gegen die Gefahr des »Seelenmordes«

[29] Als Schreber sich selbst wiegen wollte, wurde er von Flechsig unter dem Vorwand einer Art Gefälligkeit daran gehindert; Flechsig verharrte im Nicht-Hören; in der Art und Weise, wie er überreden wollte, verbarg sich ein versteckter Zwang.

[30] D. P. Schreber, »Denkwürdigkeiten ...«, a. a. O., S. 43.

zu verteidigen. »Alle auf Verübung eines Seelenmords, auf Entmannung zu weltordnungswidrigen Zwecken (d. h. zur Befriedigung der geschlechtlichen Begierde eines Menschen) und später auf die Zerstörung meines Verstandes gerichteten Versuche sind gescheitert. Ich gehe aus dem anscheinend so ungleichen Kampfe eines einzelnen schwanken Menschen mit Gott selbst, wennschon nach manchen bitteren Leiden und Entbehrungen, als Sieger hervor, weil die Weltordnung auf meiner Seite steht.«[31]

Den kritischen Stimmen, die sich immerfort in der »Grundsprache« aufdrängen begegnet Schreber wie in einem verzweifelten Versuch, irgendwo die Position eines Subjekts zu bewahren, mit blasphemischer Ablehnung.

Da ihm auf der symbolischen Ebene jede Anerkennung verwehrt worden war, bringt Schreber eine neue, imaginäre Konstruktion der Welt hervor, um dort endlich einen Platz zu finden, der ihm an anderer Stelle (in der Übertragung) entzogen wurde. Von nun an macht er sich zum Theologen und Propheten, zur »Mutter einer neuen Humanität«.[32] Was er uns in seinen Schriften mitteilt, ist wie ein Kommentar seines Wahns.

Daß der Arzt *nicht hört*, was der Patient ihm gerade sagt (und im Diskurs verbergen sich auch die unausgesprochenen Einsichten), ist ein wichtiges Problem, das gar nicht genug hervorgehoben werden kann. »Das Subjekt«, sagt Lacan[33], »sucht sich in seiner symbolischen Authentizität erkennbar zu machen. Wird dies verkannt, bleibt nur noch eine Form des imaginären Erkennens, und genau dies ist die ideale Situation für die Auslösung eines Wahns.« Da er gemerkt hat, daß er sich mit seinem Arzt in einer ausweglosen Situation befindet, drückt

[31] D. P. Schreber, »Denkwürdigkeiten . . .«, a. a. O., S. 47.

[32] In diesem Zusammenhang wurde die Tatsache vernachlässigt, daß Flechsig sich seit 1884 in seinen wissenschaftlichen Aufsätzen zu erklären bemüht hat, welche Vorteile sich für die Geisteskranken aus der Kastration ergeben, die er übrigens tatsächlich mit Hilfe eines Chirurgen praktizierte. Schreber hatte diese Aufsätze sicherlich gelesen. William G. Niederland, »Schreber and Flechsig« in: *Journal of the American Psychoanalytic Association*, XVI, 1968, 4, S. 740–748.

Vor seinen Auseinandersetzungen mit Flechsig hatte Schreber geträumt, »daß es doch eigentlich recht schön sein müsse, ein Weib zu sein, das dem Beischlaf unterliegt«. »Denkwürdigkeiten«, S. 30. Dieser Satz hat sich später als Kern des eigentlichen Wahns entpuppt.

[33] Jacques Lacan, *Séminaire* vom 16. November 1955 (unveröffentlicht).

Schreber sich in einem Urteil aus, dem man kaum Bedeutung beimessen wird: als Nerven- (und Autopsie-) Spezialist ist Professor Flechsig *nur ein Leichen-Arzt, der von Lebenden nichts versteht.*[34] Wie kann dieser Kreis, in dem er sich mit dem anderen eingeschlossen findet, durchbrochen werden, wenn nicht mit Gewalt?
Wir haben schon früher[35] darauf hingewiesen, daß eine »Geisteskrankheit« *nicht dem Subjekt gehört.* Es gibt einen *psychotischen Raum,* den das Subjekt betritt, in dem es sich verliert (und in dem ein Vater aus Angst vor seinem eigenen Wahn möglicherweise so weit geht, seinen Sohn für »verrückt« zu erklären). Im Falle Schreber hat sich der Vater zum Retter einer verlorenen Seele (oder sogar einer vorm Chaos zu bewahrenden Menschheit) erhoben. Dadurch hat er seinen Söhnen so wenig Eigenes gelassen, daß der erste den einzigen Ausweg im Tod (Selbstmord) sieht, und der zweite die einzige Überlebenschance in einer verzweifelten Rekonstruktion der Welt.[36]
Man ist versucht, die Frage nach der Erziehung des Daniel Paul Schreber mit Cooper zu beantworten:
Zunächst einmal ist Erziehung ein Zerstörungswerk.

Ein anderes Beispiel: die Welt Kafkas

Das Mißverständnis zwischen Vater und Sohn hat bei Daniel Paul Schreber eine Form angenommen, die sich als Psychose bezeichnen läßt; nicht weniger exemplarisch schildert Kafka das Drama des Sich-Nicht-Verstehens.[37]
»Ich hätte ein wenig Aufmunterung, ein wenig Freundlichkeit, ein wenig Offenhalten meines Wegs gebraucht, statt dessen verstelltest Du

[34] O. Mannoni, »Schreber als Schreiber«, a. a. O.
[35] Maud Mannoni, *Der Psychiater, sein Patient und die Psychoanalyse,* Olten 1973.
[36] Die Gefahr einer Psychose droht dem Kind dann, wenn der Vater eine Überlegenheitsposition bezieht, die mit der Phantasie vom großen und einzigartigen Vater koinzidiert. Man kann sich fragen, ob Daniel Schreber nicht versucht hat, den megalomanen Traum des Vaters zu realisieren, der sich selbst als »erleuchteten Tyrannen« bezeichnete (allem Anschein nach geht letzteres auf eine Identifikation mit der Allmacht seiner eigenen Mutter zurück. Diese hieß in Wirklichkeit *Friederike Grosse,* aber D. P. Schreber nannte sie *Friederike der Große*). Der Sohn hatte nun keine andere Wahl, als eine neue Menschlichkeit zu erzeugen.
[37] Franz Kafka, »Brief an den Vater«, in: Politzer (Hg.), *Das Kafka-Buch,* 1965.

mir ihn, in der guten Absicht freilich, daß ich einen anderen Weg gehen sollte. Aber dazu taugte ich nicht. Du muntertest mich zum Beispiel auf, wenn ich gut salutierte und marschierte, aber ich war kein künftiger Soldat, oder Du muntertest mich auf, wenn ich kräftig essen oder sogar Bier dazu trinken konnte, oder wenn ich unverstandene Lieder nachsingen oder Deine Lieblingsredensarten Dir nachplappern konnte, aber nichts davon gehörte zu meiner Zukunft. Und es ist bezeichnend, daß Du selbst heute mich nur dann eigentlich in etwas aufmunterst, wenn Du selbst in Mitleidenschaft gezogen bist, wenn es sich um Dein Selbstgefühl handelt, das ich verletze (zum Beispiel durch meine Heiratsabsicht) oder das in mir verletzt wird (wenn zum Beispiel Pepa mich beschimpft) ... Aber abgesehen davon, daß ich für Aufmunterung in meinem jetzigen Alter schon fast unzugänglich bin, was würde sie mir auch helfen, wenn sie nur dann eintritt, wo es nicht in erster Reihe um mich geht.« (S. 16 f.)

Hier wird eine Klage formuliert (die in zahlreichen konflikthaften Familiensituationen auftaucht): Unter der Maske des *Liberalismus* verschleiert die väterliche »Aufmunterung« eine auf Gewalt beruhende Autorität. Der Vater erwartet von seinem Sohn die Ausführung dessen, was für ihn vorgesehen ist. Die Freiheit, die dem Sohn gewährt wird, ist illusorisch: sein einziger Ausweg ist die Anpassung an die Welt des Vaters. Versagen die liberalen Manipulationsmethoden, greift der Vater zur physischen Gewalt:

»Die Unmöglichkeit des ruhigen Verkehrs hatte noch eine weitere eigentlich sehr natürliche Folge: *ich verlernte das Reden* ... Du hast mir (aber) schon früh das Wort verboten. Deine Drohung: ›kein Wort der Widerrede!‹ und die dazu erhobene Hand begleiten mich schon seit jeher. Ich bekam vor Dir – Du bist, sobald es um Deine Dinge geht, ein ausgezeichneter Redner – eine stockende, stotternde Art des Sprechens, auch das war Dir noch zu viel, schließlich schwieg ich, zuerst vielleicht aus Trotz, dann, weil ich vor Dir weder denken noch reden konnte. Und weil *Du mein eigentlicher Erzieher warst*[38], wirkte das überall in meinem Leben nach.« (S. 21)

Hier schwankt die Pädagogik zwischen den Freiheitsideen des 19. Jahrhunderts und den aus der religiösen Tradition hervorgehenden Prinzipien der Disziplin (vgl. den Einfluß der Jesuiten zu Anfang des

[38] Hervorhebungen von mir.

17. Jahrhunderts). In Schule und Familie ist das Kind einem Hin und Her von Verführung und Strafe als Erziehungsmethode ausgesetzt. Der Unterschied ist übrigens nur relativ: das autoritäre oder liberale Verhalten bedient sich in Wirklichkeit – offen oder verschleiert – der gleichen Gewalt.[39] Vom Kind wird erwartet, sich den in einem Code des guten Benehmens vorgeschriebenen Ansprüchen und Stereotypien zu fügen; es befindet sich also im Netz eines Diskurses, der als reines Ritual zur Definition von einzuhaltenden Verhaltensweisen und zur Determination von zu erfüllenden Rollen funktioniert.[40]

»Hätte ich Dir weniger gefolgt, Du wärest sicher viel zufriedener mit mir. Vielmehr haben alle Deine Erziehungsmaßnahmen genau getroffen; keinem Griff bin ich ausgewichen; so wie ich bin, bin ich das Ergebnis Deiner Erziehung und meiner Folgsamkeit ... Du sagtest: ›Kein Wort der Widerrede!‹ und wolltest damit die Dir unangenehmen Gegenkräfte in mir zum Schweigen bringen, diese Einwirkung war aber für mich zu stark, ich war zu folgsam, ich verstummte gänzlich ...« (S. 21 f.)

»Heiraten, eine Familie gründen, alle Kinder, welche kommen, hinnehmen, in dieser unsicheren Welt erhalten und gar noch ein wenig führen, ist meiner Überzeugung nach das Äußerste, das einem Menschen überhaupt gelingen kann. Daß es scheinbar so vielen leicht gelingt, ist kein Gegenbeweis, denn erstens gelingt es tatsächlich nicht vielen, und zweitens ›tun‹ es diese Nichtvielen meistens nicht, sondern es ›geschieht‹ bloß mit ihnen.« (S. 42 f.)

Hinter seinen Klagen zeichnet sich Kafkas Empörung über den Mißbrauch von Angst als Motor der Erziehung ab. Die Autorität des Vaters deckt ein Manipulationssystem, das dem Kind jede Möglichkeit des Widerspruchs entzieht: der mit Feindschaft gemischte Wunsch, dem Vater zu gefallen, läßt es erstarren, hält es in Form von Mutismus oder Stottern vom Reden ab.

Man sagt, dieser mit Vorwürfen gefüllte Brief habe seinen Adressaten nie erreicht. An welche väterliche Instanz war er überhaupt ge-

[39] In einer existentialistischen Formulierung: »Eine strenge Erziehung behandelt das Kind als Werkzeug, da sie versucht, es mit Gewalt für Werte zurechtzubiegen, die es nicht anerkannt hat; eine liberale Erziehung geht zwar anders vor, aber wählt deshalb nicht weniger *a priori* die Prinzipien und Werte aus, in deren Namen das Kind behandelt werden wird.« J.-P. Sartre, *Das Sein und das Nichts,* Hamburg 1952, S. 523.

[40] Michel Foucault, *Die Ordnung der Dinge,* Ffm. 1971.

richtet? Es ist nie ganz einfach, zwischen *realem Vater* und *imaginärem Vater* genau zu unterscheiden.

Wie Lacan[41] gezeigt hat, löst der *reale Vater* den *symbolischen Vater* nur unvollständig ab: »in seiner Bestimmung als transzendent, als unumstößliche Gegebenheit des Signifikanten ... ist der symbolische Vater nirgendwo ... In diesem Sinne muß *Totem und Tabu* verstanden werden, als Mythos, der den wahren Vater verewigt, ihn gewissermaßen vor die Geschichte setzt.«

Dagegen ist die Rivalität mit dem Vater, die bei jedem Kind zu irgendeinem Zeitpunkt seiner Entwicklung entsteht, meistens die Rivalität mit einem *imaginären Vater,* der sich ganz erheblich vom realen Vater unterscheidet, und auf eben diesen imaginären Vater bezieht sich die Dialektik von Aggressivität und Identifikation.

Ist der Vater zu gegenwärtig in der Angst, die er auf der Ebene der Realität einflößt, kommt das Kind in Gefahr, sich wie in einem Ghetto eingeschlossen zu fühlen; durch Verbote, Angst und Gewalt scheint ihm jeder Ausweg versperrt. Es verliert seine Bezugspunkte und kann – je nach dem gegebenen Fall[42] – die Register des Realen, Imaginären und Symbolischen so sehr durcheinanderbringen, daß es nicht mehr weiß, *womit* es reden soll. Fällt die Autorität in der Realität zu stark ins Gewicht, *verschwindet sie faktisch* und überläßt ihren Platz einer auf Angst beruhenden Unsicherheit (aber auch Feindseligkeit).

Nun gibt es – wie wir schon gesehen haben – keinen grundlegenden Unterschied zwischen autoritärer und »progressiver« Erziehung; beide beruhen auf *Zwang,* die eine bedient sich der physischen Gewalt, die andere der subtileren, versteckten psychischen Gewalt: das Kind wird von seinem Einverständnis überzeugt. So entsteht eine Situation, in der das Kind, jeder Möglichkeit der realen Wahl beraubt, gefangen und verstrickt im System des Entweder-Oder (Gehorsam oder Tod bei Schreber; Gehorsam oder Liebesentzug bei Kafka), etwas mit sich *geschehen läßt* und doch glaubt, es habe selbst die Initiative ergriffen.

[41] Jacques Lacan, »La relation d'objet et les structures freudiennes«, in: *Bulletin de psychologie* (Seminar 1956–1957).

[42] Kafkas Drama bewegt sich im Feld der Neurose; das Bild vom allmächtigen Vater ist die Phantasie des Neurotikers. Die Denunziation des Vaters kann folglich nur die Denunziation der eigenen Allmachtsphantasien des Subjekts sein. Wenn die Position des Vaters in der Realität mit der in der Phantasie auftauchenden Position des schrecklichen Vaters koinzidiert, wird das Kind psychotisch.

Es ist gewiß legitim, die Hypothese aufzustellen, die besondere Organisation der Objektwelt des Paranoikers sei *strukturell*[43] bedingt; der Fehler – vor dem sich Lacan übrigens sehr wohl hütet – beginnt dort, wo man das Problem der sogenannten Paranoia auf Überlegungen zur »intra-subjektiven« Aggressivität reduziert. Wer sich, wie gewisse Personen, an diese *Lösung* hält und behauptet, dem Psychotiker fehle ein wesentlicher Signifikant, imitiert in psychologischen Begriffen eine medizinische Denkart (z. B.: es fehlt ein Chromosom). Jede psychologische Krise, auch der Wahn, muß in ihrem Kontext angesiedelt werden. Zunächst und in erster Linie geht es immer um eine *Situation*: derjenige, der »interniert« wird, ist, wie wir schon gesagt haben, selten der »Kränkste«; er ist derjenige, der büßt, damit der Rest der Familie zusammenhalten kann.

Daniel Paul Schreber hat sich im *Raum des Wahns* verloren, nachdem er ihn betreten hatte. Wir haben gesehen, wie seine Begegnung mit Flechsig eine *Kraftprobe* auslöste, und zwar im Bereich des *Wissens* – das Flechsig ihm raubte – und im Bereich der *Autorität* – die ihn als Subjekt erdrückte –, bis schließlich aufbrach, was sich bis dahin mit Erfolg Schweigen auferlegt hatte: Daniel Pauls Haß gegenüber einer Tyrannei, der er zum Opfer gefallen war, zu deren *Zeuge* er wurde durch die apokalyptische Transposition seiner *Denkwürdigkeiten*, einer schriftlichen Auslassung, die, und das dürfen wir nicht vergessen, für das Gericht bestimmt war, das sich über die Nützlichkeit bzw. Nutzlosigkeit seines Aufenthaltes in der Anstalt zu äußern hatte.

Wie gesagt, wurde die autoritäre Ideologie des Dr. D. G. M. Schreber von den Nationalsozialisten ausgeschlachtet. Es scheint mir nicht unwichtig, den *mythischen* Charakter einer Pädagogik zu betonen, die den Lehrer (und den Vater) zum Inhaber des Wissens macht und den Schüler (und den Sohn) zum Dummkopf, der aus der Kulturlosigkeit »erlöst« werden muß. Es ist bekannt, wie sehr diese Art »segregativer« Situation den verdeckten *Haß* gegen den Lehrer, den Vater, begünstigt, der unbewußt als Unterdrücker eingestuft wird.

[43] Dabei bleibt immer noch offen, ob die Struktur einer objektiven Realität entspricht oder ob sie nur eine Arbeitshypothese ist. Aus psychoanalytischer Sicht ist die Zuhilfenahme einer strukturellen Referenz die Zuhilfenahme von Merkmalen, die sich nur dann als förderlich im Sinne einer Arbeitshypothese erweisen, wenn der Analytiker sie keiner medizinischen Reduktion unterwirft (wenn er der psychiatrischen Sprache keine andere Sprache überlagert).

Unterricht ist gemeinhin so konzipiert, daß Fragen, die sich aus der Übertragung ergeben, geleugnet werden: die segregative Barriere zwischen dem Unterrichtenden, »der alles weiß«, und dem Unterrichteten, »der nichts weiß«, hat die Funktion, ein Ensemble von Schutz- und Abwehrmechanismen zu garantieren und zu bewahren.[44] Die Auswirkungen reichen bis hin in den Inhalt des sowieso schon beschnittenen Schulstoffes.

Die Pädagogik funktioniert wie ein *Drama* und erinnert an gewisse Familiensituationen, denen wir etwa in Fällen von Anorexie begegnen. (Stellt die Mutter übermäßige Erwartungen an ihr Kind, entzieht dieses sich: es gibt seinen Körper auf, damit sein *Wunsch* nicht zerstört wird.) Im Unterricht prallen zwei *Wünsche* aufeinander: der *Wunsch des Schülers nach Wissen* und der *Wunsch des Lehrers* ... daß der Schüler wissen möge; mit diesem Wunsch macht der Lehrer alles zunichte, was den Wunsch des Schülers wirksam unterstützen könnte. Gleichzeitig hat der Lehrer die verschwommene Erwartung, der Schüler möge ihm das Wissen vermitteln, das ihm fehlt; der Schüler wehrt sich dagegen, als müßte er befürchten, um das Produkt seiner Arbeit gebracht zu werden (eine solche Frustration wird als drohende Entfremdung empfunden). Das Mißverständnis Lehrer-Schüler (häufig eine Überlagerung des Mißverständnisses Vater-Kind) ist immer Teil irgendeiner *paranoischen Situation;* sterilisierende oder zerstörerische Effekte bleiben nicht aus.

Ausgangspunkt des Dramas ist meistens die Ausübung von Macht. Eine Illustration liefert Ionesco in seinem mittlerweile klassischen Stück *Die Unterrichtsstunde.*[45] Dort wird gezeigt, wie sich die *Lernbegierde* einer jungen Schülerin (durch die Intervention des Lehrers) in Abscheu verwandelt. Anfangs intelligent, wird sie dumm und sprachlos. Der Lehrer entwickelt einen als Idealisierung der Schülerin getarnten sadistischen Haß. Sobald er ausbricht, setzt er sich in Handlung um, in eine Mordhandlung: der Kampf, der hier ausgetragen wird, trägt die Züge eines Mordes an der Schülerin; dieser *Haufen Dumm-*

[44] Ausgeführt von O. Mannoni, »Psychanalyse et Enseignement«, in: *Psychologie et Sciences de l'éducation*, Bd. 5, Nr. 2, 1970, Louvain.

[45] E. Ionesco, »Die Unterrichtsstunde«, in: *Theaterstücke I*, Berlin, Neuwied, 1959.

heit, so der Lehrer, *muß ausgerottet werden.* Hier wird deutlich (und unsere tägliche Praxis kann dies nur bestätigen), in welchem Ausmaß die Lehrer-Schüler-Beziehung (ähnlich wie in der Psychiatrie) durch den unbewußten Wunsch des Lehrers pervertiert werden kann.

In unserem System wird der Schüler paradoxerweise am Lernen *gehindert.* Nach der Familie hat sich jetzt die Schule zum *auserwählten Ort für die Fabrikation von Neurosen* entwickelt – die dann in Parallelschulen, sogenannten Tageskliniken, »behandelt« werden. »Anpassungsschwierigkeiten beim Schuleintritt«, schreibt F. Dolto[46], sind heutzutage bis auf wenige Ausnahmen *Hauptsymptom der Neurose«.* Die Analytiker haben demnach mit einer neuen Art »Krankheit« zu tun, die nicht »behandelt« zu werden braucht; gemeint ist die Anpassungsverweigerung, die gerade die *Gesundheit* des Kindes beweist, das sich der Lüge des Schulunterrichts nicht ausliefern und sich nicht zum Krüppel machen lassen will. Solche Kinder werden einfach den Dyslexikern und Schulversagern zugeordnet, oder auch den Verhaltensgestörten und Delinquenten. Die Psychotiker schließlich bringen wir selbst in die Anstalt.

Die Institution Familie

Die Kleingruppe, wie sie die moderne Familie darstellt, entwickelt spezifische Formen der Unsicherheit.[47] Max Weber machte auf diesen Punkt aufmerksam, als er versuchte, die Schwierigkeiten der modernen Zeit durch die Analyse des Übergangs von der *mittelalterlichen Gemeinschaft* (wo es in den Städten eine Art *Klasse der Väter* gab) zur *modernen Gesellschaft* (in der nur noch die Figur *eines Vaters* besteht, als Realität oder Bild, zugleich furchterregend und tyrannisch, unterwürfig und ohnmächtig) zu erklären. Bei diesem Übergang von der Gemeinschaft zur Gesellschaft ging das verloren, was jenseits der Realität eines tyrannischen oder unzulänglichen Vaters bei der »Klasse der

[46] F. Dolto, Vorwort zu unserem Buch *Premier rendez-vous avec le psychanalyste,* Paris 1965.

[47] Jacques Lacan, »Les Complexes familiaux dans la formation de l'individu«, Bd. VIII der *Encyclopédie française: Vie mentale,* 1938.

Väter« immer als Garant einer symbolischen Ordnung[48] bestehen bleiben konnte. Daher war die Gefahr einer auf Willkür beruhenden Autorität zur Zeit der Gemeinschaften geringer als zur Zeit der modernen Familie.

Außerdem hatte das Kind die Möglichkeit, sich seinen Erzeugern zu entziehen; es konnte sicher sein, unter den verschiedenen Vätern und Müttern, die ihm zur Verfügung standen, immer einen Gesprächspartner zu finden – wie es in den sogenannten primitiven Gesellschaften immer noch der Fall ist. Das erlaubte eine frühe Verteilung der libidinösen Bindungen und verhinderte die Kristallisation von Konflikten zwischen Eltern und Kindern. Wenn das Kind mit einem Elternteil in Schwierigkeiten geriet, konnte es immerhin einen Stellvertreter finden. Da die Eltern sich dessen bewußt waren, hatten sie auch eine andere Einstellung zum Kind. Die Art von Konflikten, wie wir sie kennen, gab es nicht. Schon die Struktur der Gemeinschaften schützte das Kind vor der Gefahr ausschließlich elterlicher Liebe und ersparte ihm das Risiko der Einsamkeit und Ablehnung. Das Kind hatte immer jemanden, mit dem es reden konnte.

Ganz anders verhält es sich in der modernen Gesellschaft, genauer gesagt, innerhalb einer Struktur wie der der *Gattenfamilie,* die nur noch aus den beiden Erzeugern und ihren Kindern besteht. Zur Isolierung verdammt, kann die bürgerliche Kernfamilie paradoxerweise als Ort der *Nicht-Begegnung* (Cooper[49]) definiert werden. Zur Zeit der *Gemeinschaft* war die Gefahr der Entfremdung für die Gattenfamilie weitaus geringer. Auch bei der aktuellen Problematisierung der Familie kann man sich fragen, ob man die Eheschließung für pathogen erachten muß, oder den *Kontext,* in dem sie stattfindet; dann nämlich wäre die Struktur der modernen Gesellschaft an sich in Frage gestellt.

Der Rahmen der Institution Familie

In der Institution Familie (wie auch in den Institutionen Schule, Krankenhaus, etc.) steht der *Zwang* im Mittelpunkt jeder Erziehung; sei

[48] Symbolische Ordnung ist im Lacanschen Sinne gemeint; es handelt sich nicht um die symbolische Ordnung der Soziologen!

[49] David Cooper, *Der Tod der Familie,* Reinbeck 1972.

sie nun liberal oder autoritär, die Gewalt ist immer gegenwärtig, verschleiert (durch moralische Manipulation) oder offen.

Der Druck, der durch den Rahmen der Institution (Familie) ausgeübt wird, ist nicht unabhängig von der Stereotypie der Mitglieder einer bestimmten Familie.[50] Durch ihre relative Immobilität führt die Institution Familie zu einer Permanenz als Instrument der (Verhaltens-) Regulierung, (Charakter-)Bildung und Reproduktion (von Individuen, die den Eltern ähnlich sind) – und nicht zuletzt als Instrument der *Sklerose.*

Reduziert auf die Gattenfamilie ist die Institution Familie im wesentlichen konservativ. Und eben dieser konservative Zug wird reproduziert: in der Schule, in der Fabrik, in der Armee, in der Kirche, im Krankenhaus. Die Folgen zeigen sich bekanntlich in Form einer Blokkierung oder einer als »Krankheit« bezeichneten Störung.

Im Endeffekt wird der Konformismus gefördert, »zum Wohl« des Subjekts und als Bedingung seines sozialen Aufstiegs.[51]

Wie die Ideologie jeder anderen Institution hat auch die Ideologie der Institution Familie unmittelbar – durch subtile Formen der Herrschaft[52] – Anteil an der Aufrechterhaltung einer moralischen und gesellschaftlichen Ordnung (die, wie wir später sehen werden, heute auf Leistungsfähigkeit ausgerichtet ist).

David Cooper hat nicht ganz unrecht, wenn er der Familie vorwirft, sie bereite einer sozialen Metapher den Boden, die ihre eigenen Mitglieder zur *Anonymität* verurteilt. Für einen bestimmten Typ industrieller Leistung oder bürokratischer Anpassung ist letztere sogar *die* erwünschte Qualität. Anonymität ist die Konstante jeder institutionellen Struktur. Lacan hat darauf hingewiesen, daß von einem allein durch die Familie definierten Subjekt nichts übrig bleibt als der Name auf dem Grabstein.

Eric Berne[53] hat sich mit der *Stereotypie* der Einstellungen aller aus

[50] José Bleger, »Psychoanalysis of the social frame«, in: *International Journal of Psychoanalysis,* vol. 48, Nr. 4, 1967; siehe auch Maud Mannoni, *Der Psychiater ...,* a.a. O.

[51] Jede Epoche verlangt ihren Konformismus. Aber der Anteil erlaubter Originalität in bestimmten Bereichen ist unterschiedlich groß. Außerdem wurde Konformismus nicht immer als Bedingung für den Aufstieg gesehen.

[52] Jacques Donzelot, »Le troisième Age de la répression«, in: *Tropique,* Nr. 6.

[53] Eric Berne, *Spiele der Erwachsenen,* Reinbeck 1968.

der gleichen Familie stammenden Personen beschäftigt. Er beschreibt, wie früh – zwischen dem ersten und dem siebten Lebensjahr – die Haltung des Subjekts gegenüber äußeren Gefahrsituationen fixiert wird. Statische, nicht unbedingt konflikthafte Einstellungen können später als Abwehr (des Ich) definiert werden. In dieser Funktion tragen sie wenigstens zum »sekundären Gewinn« bei – anders gesagt, sie verschaffen dem Subjekt einen »Vorteil«.

Zu sagen wäre noch, daß Sade[54] uns nicht zufällig daran erinnert, daß der *Masochist* seinem Wesen nach Erzieher ist – der gleiche, der die despotische Frau heranzieht – und daß sich der *Sadist* nur in Begriffen der Institution ausdrückt; er beansprucht und wünscht sich ihr vollkommenes Funktionieren; auf diese Weise kann für ihn alles institutionalisiert werden, auch der Mord und der Inzest.

Es wird heute der Konservatismus eines Systems in Frage gestellt, dessen Wirkung darin besteht, abgestumpfte, schwachsinnige oder psychotische Kinder zu erzeugen.

»Die Welt wird langsam verrückt, ändern wir unsern *Lebensstil.* In den Institutionen Familie, Schule, Krankenhaus und dem gesamten Räderwerk des Staatsapparates können wir nur *die Weigerung verkörpern.* Wir müssen versuchen, weiterzukommen, eine andere Art Familie, eine andere Art Universität, andere Arten sogenannter Pflegestätten zu entwickeln.«[55]

Ist der Archaismus der Institutionen einmal überwunden und mit ihm das Getriebe der Bürokratie, wird die Anarchie als *Institution* bezeichnet; aber schon erinnert uns die Geschichte daran, daß sich Anarchie stets nur zwischen zwei Gesetzesherrschaften herausbildet. Das Problem ist und bleibt das der *Macht* des Gesetzes, der das *Objekt* sich wesentlich entzieht.[56]

Psychoanalytische Perspektiven

Als Produkt der ökonomischen Verhältnisse einer Gesellschaft entzieht sich die Institution Familie einer streng psychoanalytischen Un-

[54] Vgl. Gilles Deleuze, *Présentation de Sacher Masoch,* Paris 1971.
[55] Joseph Berke, »Counter culture«, in: *Fire,* Nr. 3–9.
[56] Jacques Lacan, »Kant mit Sade«, in: *Schriften II.,* Olten 1975, S. 133–163, vgl. S. 152f.

tersuchung; ihre Auswirkungen erscheinen jedoch auf der Ebene des Symptoms.
Außerdem zeigt die Psychoanalyse, in welchem Maße das Gesetz wirkt, ohne bekannt zu sein: man ist schuldig, bevor man weiß, welches Gesetz man übertreten hat.[57] Paradoxerweise fühlt sich der Gerechte am schuldigsten, denn das Gesetz ist ebenso verdrängt wie der Wunsch, und das Objekt des Gesetzes entzieht sich auf die gleiche Art wie das Objekt des Wunsches.[58] Das aus einem Verzicht geborene Gesetz, das sich ohne irgendein Versprechen als Gegenleistung zur reinen Form erhebt, hätte mit einem Wort die Funktion, den Wunsch im Feld der Kastration zu verwurzeln.[59] Aus dieser Sicht ist der Ödipus nur eine kulturelle Form unter möglichen anderen, eine Form, bei der gewohnheitsgemäß zwei Funktionen unterschieden werden: die der *Repression* (Verbote, Überich-Bildung) und die der *Sublimierung* (Bildung des Ich-Ideals). Das eigentliche Drama besteht darin, daß diese freudschen Begriffe in der Pädagogik und der Psychiatrie nur normativ verwendet worden sind, das heißt zur *Anpassung* an die bestehende Gesellschaft, ohne daß die Abhängigkeiten, in denen das Subjekt gefangen ist, an irgendeiner Stelle hinterfragt worden wären.
In gewisser Weise reproduzieren die Väter eine derartige Fragestellung, wenn sie von Generation zu Generation ihr eigenes Schicksal verdammen; unbewußt überlassen sie ihren Söhnen die Aufgabe, ihre Geschichte *zu wiederholen,* sie neu zu gestalten, und zwar so neu, daß trotz allem *alles beim Alten* bleibt. Das Paradox, in dem das Kind

[57] Das Schuldgefühl verstärkt sich in dem Maße, in dem das Subjekt (das an seinem Wunsch festhält) auf Handlungen verzichtet. Über die Position des Wunsches entscheidet in der Tat nicht das Subjekt, sondern das Subjekt fällt dem Signifikanten zum Opfer. Die anderen allerdings tragen die Verantwortung, wenn es auf immer Opfer dieser ersten und natürlichen Versuchung (den mütterlichen Wunsch zu befriedigen) bleibt.
[58] Um ganz genau zu sein, müßte man an dieser Stelle sagen, daß der Unschuldige der symbolischen Ordnung zum Opfer fällt, die sich auf das Verbot, das heißt die Mutter, zubewegt. Das Verbot liegt im Kern des Wunsches selbst. Je mehr sich die Inzestschranke entfernt, umso konzentrierter organisiert sich der Wunsch in der Nähe des Verbots.
[59] Ausgeführt von Mustapha Safouan auf dem Kongreß der *École freudienne de Paris,* 1971. Das Gesetz funktioniert als Gesetz des toten Vaters, der von dem lebenden Vater nicht unterstützt wurde (vom lebenden Vater, sofern dieser keine schwankenden Positionen vertritt). Wird der Vater zum Double des Subjekts, verschwindet das Symbolische. Der Vater des Paranoikers erweist sich im allgemeinen entweder als unzulänglich im Verhältnis zur Mutter, oder als unzulänglich in Hinsicht auf eine wahnhafte Aufgabe.

nun befangen ist, produziert Gewalt; denn nur selten wird dem Kind genug Luft gelassen, sich in seinem eigenen Namen zu verwirklichen. Dem verschwindenden Objekt (seines Wunsches) substituiert sich der elterliche Traum und verschüttet, was aus dem Subjekt werden sollte.
Für die Eltern bleibt der Traum oft auf der Ebene eines bloß verbalen Protests, da sie unbewußt mit der *Existenz von Institutionen als System*[60] einverstanden sind – Institutionen, die dazu bestimmt sind, die Vorstellung früherer Generationen von Ordnung und (materiellem und/oder moralischem) Erbe auf Dauer zu festigen. Was einmal produziert wurde, muß sich in der Tradition reproduzieren, das ist das Merkmal, die Stetigkeit des Rahmens der Institution Familie – und jeder pädagogischen oder psychiatrischen Institution. Wenn in diesem Rahmen ein subversiver Diskurs stattfinden kann[61], bedeutet das nur, daß *alle Vorbereitungen für die Verdauung eines solchen Diskurses getroffen sind.* Die Strukturen haben die Funktion, jeder denkbaren Aggression unbeweglich standzuhalten.

Ein Gegenvorschlag: Die Antiautoritären

Sind die Mütter schuld an der Dummheit ihrer Kinder? Nicolai Bucharin[62] (1919) bejaht diese Frage: »Die Familie hält die Kinder dumm; es deutet übrigens nichts darauf hin, daß die Eltern die richtigen Erzieher für sie wären: auf hundert Mütter kommen vielleicht ein oder zwei, die die Fähigkeit zur Erzieherin haben.«
Die antiautoritären Bewegungen, die um die gleiche Zeit in Deutschland entstanden[63], stellten das Recht der Eltern, ihre Kinder zu erziehen, in Frage. Die Jugendlichen verlangen das Recht, sich selbst zu erziehen. Sie versuchen, *Kommunen* zu bilden, und verweigern sich darüberhinaus jedem gesellschaftlichen Leben.
Der Gedanke des Egalitarismus taucht im Laufe der Geschichte der Jugend- und Arbeiterbewegungen des 20. Jahrhunderts immer wieder

[60] Jacques Donzelot, a. a. O.
[61] Maud Mannoni, *Der Psychiater . . .*, a. a. O.
[62] N. Bucharin, *Vom Sturze des Marxismus bis zum Sturze der Bourgeoisie,* Rote Fahne 1919.
[63] J. R. Schmid, *Le Maitre camarade et la Pédagogie libertaire,* Genf 1947; Neuausgabe Paris 1971.

auf. Freilich war eine ganze Reihe von Kommunen nicht frei von Terrorismus, Intoleranz und Diktatur; manch einem, der angeblich gegen die Korruption der Institutionen kämpfte, wurde vorgeworfen, selbst in einer anderen Art von Korruption, einer sittlichen Korruption, unterzugehen. Zum *Skandal* wurden ihre »Ausschweifungen« jedoch nur, weil sie offen und unverblümt mit dem Code des scheinheiligen savoir-vivre der bürgerlichen Welt brachen.[64] Der Wert dieser immer noch aktuellen, meist kurzlebigen Bewegung liegt in der *Verweigerung,* in dem Widerstand gegen eine Welt, die keine Veränderung zuläßt.

Während unser Staat den Jugendlichen über die Medien Lüge und Gewalt als Bestandteil des Spiels der Herrschenden offenbart und so eine negative *Erziehungssituation* schafft, macht China seine Bauern und das Volk im allgemeinen zu Erziehern. Ohne auch nur im entferntesten die Institution Familie zu sprengen (wie es bei den Anarchisten der Fall ist), ohne die Kinder in homogenen Altersgruppen getrennt aufzuziehen (Israel), benutzt China die Kollektivität der Gattenfamilien als Brennpunkt der pädagogischen Bildung, der seinerseits einer fortgesetzten, von der Gesamtgesellschaft ausgehenden politischen Erziehung ausgesetzt ist. Hier gehören also die Gattenfamilien definitiv zu den Gemeinschaften im Weberschen Sinne.

Die chinesische Antwort bietet der Jugend Möglichkeiten der Selbstverwirklichung, die uns fehlen (und sie erspart China jene Art von »Krankheiten«, die mit unserem System zusammenhängen); eine gründlichere Analyse wäre daher nur empfehlenswert.[65]

[64] In diesem Zusammenhang wollen wir noch einmal auf den Unterschied hinweisen, der zwischen dem *Zwang des Gesetzes* und der *Autorität der Gewohnheit* besteht (siehe Stanley Diamond, *Les temps modernes,* Nr. 309). Zur Zeit der Gewohnheit, schreibt Stanley Diamond, hatten die Gemeinschaften die Delinquenz vortrefflich integriert, es gab die soziale Moral, Traditionen und Bräuche, die nach einer bestimmten Ordnung verteilt waren und ausgeglichene gegenseitige Beziehungen erlaubten. Das Auftauchen der juristischen Gesetze war eher ein Gewaltakt, der dazu diente, die Staatsautorität aufzubauen. Das Gesetz entsteht durch die Vergewaltigung einer früheren Gewohnheitsordnung. Die Herrschaft des Gesetzes kann daher mit der absoluten Herrschaft der Unordnung verglichen werden. In einem »starken« Staat läßt der Bürger den Staat an seiner Stelle handeln, er selbst hat keinerlei Initiative mehr. Die Institutionen neigen dazu, Regeln und Gesetze wie juristische Gesetze zu verwenden; das heißt, die Individuen verschwinden zugunsten der Institution.

[65] In China scheint das Problem, wie man sich zu den »Geisteskrankheiten« verhalten soll,

Die Pädagogik, Wissenschaft oder Politik?

Die bisherige Entwicklung: auf dem Weg zur Wissenschaft?

Zweifellos hat es schon immer pädagogische Überlegungen zum Thema der *Reproduktion* von Institutionen (Familie, Staat) gegeben[66] und seit Platon sogar wissenschaftlich ausgerichtete Untersuchungen zu der Frage: weshalb Erziehung? Rousseau aber war der erste, der das Problem in seiner modernen Form darstellte, und zwar *negativ:* der Erzieher muß verschwinden, das Kind abseits von Familie, Gesellschaft, Büchern und Religion aufwachsen. Richtungweisend ist die Natur.

Gleichzeitig begründet Rousseau eine *Vorstellung vom Kind* (mit verschiedenen Entwicklungsstadien), die die gesamte moderne Pädagogik beeinflussen und die Entwicklung einer umfassenden Mythologie der »reinen« Kindheit ermöglichen sollte, einer Kindheit, die vor der Verunreinigung durch Erwachsene geschützt werden muß. Dies ist der Ausgangspunkt für die Konstitution einer Kinderkultur, aus der das Kind heraustreten muß, sobald es ins Erwachsenenleben eintritt (der Übergang vom Status des Kindes zu dem des Arbeiters ist folglich nicht so einfach, wie Rousseau es darstellte).

Ein drittes Prinzip besagt, daß Charakterbildung wichtiger ist als Unterricht; das Kind soll kein Gelehrter werden, es soll das Lernen lernen. Die vornehmste und zugleich schwierigste Lehre ist für Rousseau

zweitrangig zu sein. Die Toleranz gegenüber der »Geisteskrankheit« ist so groß, daß nur in seltenen Fällen eine Hospitalisierung notwendig wird. Die Solidarität der Gemeinschaft angesichts des individuellen Leidens erspart dem Patienten die für den Westen charakteristischen dramatischen Effekte der Isolierung, der Anonymität und der allgemeinen Indifferenz. Die Hysterie ist quasi inexistent. Ein chinesischer Arzt machte einen englischen Kollegen im Laufe eines Gesprächs darauf aufmerksam, daß die »Befreiung« der Frau in einer kapitalistischen Gesellschaft nur falscher Schein sei; denn die Frau, sagte er, ist in einem System gefangen, das sie dazu treibt, ihre Aktivitäten am Konkurrenzprinzip auszurichten und in zunehmendem Maße das zu wünschen, was sie nicht hat; eine Situation, die in China seiner Ansicht nach undenkbar wäre.
Vgl. Giovanni Jervis, »Notes sur la psychiatrie en Chine«, in: *Tel Quel,* Nr. 50; siehe auch Gregorio Bermann, *Eine neue Medizin für die Massen, – Sozialpsychiatrie in China,* Ffm. 1973.

[66] Diese Gedanken gehen auf eine Arbeit von Moustapha Safouan zurück, die im September 1967 im *Enfance aliénée* veröffentlicht wurde.

die von der Unwissenheit. Sie ermöglicht dem Kind, sich einem Wissen zu öffnen, um das es die »schulmeisterliche Unterrichtsmanie« betrogen hätte. Die Rolle des Hauslehrers besteht nicht darin, dem Kind Antworten zu liefern, sondern ihm ein logisches Werkzeug an die Hand zu geben, dessen das Kind sich bedienen kann, sobald es den *Wunsch* hat, zu lernen. »Ich selbst maße mir gar nicht an, Emile Geometrie beibringen zu wollen; er wird sie mir beibringen, ich werde die Proportionen suchen, und er wird sie finden; denn ich werde sie so suchen, daß er sie findet.«

Der Vorzug der Haltung eines Rousseau (von der man heute allzu oft nur die utopische Seite wahrnimmt) liegt vielleicht in der Tatsache, daß es ihm weniger darum geht, das *Bild* einer idealen Erziehung zu zeichnen, als um die Reflexion über das *Ideal* einer Erziehung (vermittelt durch die Infragestellung der verschiedenen möglichen Ideale). Und was bedeutet das? Einerseits organisiert sich ein Ideal immer im Umfeld eines *Mangels,* und andererseits ist es notwendigerweise auf die Dimension des Unmöglichen ausgerichtet.

Ich lege auf diese Feststellung besonderen Wert angesichts der frappierenden Begeisterung moderner Autoren (von Jean-Louis Vivès bis zu Dewey und Claparède) für »tugendhafte Seelen« im Stil einer idealen modernen Gesellschaft.[67] Die Erziehung wird dem Bild eines Ideals untergeordnet, das der Pädagoge von Anfang an festlegt; gleichzeitig verbietet dieser sich selbst jede Infragestellung seines Ideals, das heißt des *Wunsches,* der Träger seiner pädagogischen Entscheidung ist: Schließlich muß das Kind herbei, um die Berechtigung der Lehre zu illustrieren.[68]

Eine solche Entscheidung entspringt dem Imaginären (des Erziehers) und ist vom gleichen Schlage wie all die Träumereien von einer besseren Welt (Träumereien, die in allen Kulturen gegenwärtig sind). Pädagogische Untersuchungen, die das zu erreichende Ideal von Anfang an vorgeben, müssen verkennen, was die Wahrheit des Wunsches (beim Kind oder beim Erwachsenen) berührt. Aus dem pädagogischen System vertrieben, kehrt diese Wahrheit in Gestalt des Symptoms zu-

[67] Autorenkollektiv, *Les Grands Pédagogues,* herausgegeben unter der Leitung von Jean Chateau, Paris 1965.

[68] Diesen Gedanken habe ich in meinem Vorwort zu *Summerhill,* Paris 1970, näher ausgeführt.

rück und findet ihren Ausdruck in der Delinquenz, dem Wahnsinn und den verschiedenen Formen sogenannter Unangepaßtheit.

Umgekehrt bemühte sich Rousseau um das zu erziehende Kind, indem er erforschte, was es für ihn selbst bedeutete: diese Fragestellung, was denn das Kind für den Erwachsenen repräsentiert, ebnete zumindest der Reflexion über die Erziehung einen Weg.

Eine echte Reflexion über die Erziehung erfordert, daß man sich um die Konstitution einer wissenschaftlichen Lehre bemüht und sich von der das Imaginäre kennzeichnenden Orientierungslosigkeit freimacht.

Genau an diesem Punkt kann die Psychoanalyse ihre Besonderheit einbringen. Sie geht nämlich über die Dualität Natur-Gesellschaft[69] hinaus und betont die Beziehung beider zur Sprache, eine Beziehung, die durch die Erforschung der Entstehung des Wunsches beim menschlichen Subjekt psychoanalytisch faßbar wird. Das menschliche Subjekt hat, noch ehe es in der Lage war, das Wort zu ergreifen, die Erfahrung seiner Zugehörigkeit zur Welt der Sprache gemacht, es erkennt sich als einen Pol dieser Welt, sobald der Andere ihm mit ja oder nein antworten kann.[70] Die psychoanalytische Lehre markiert diesen Eintritt in die Signifikanten-Kette, der das Kind zum Subjekt macht. Indem man aufdeckt, was die analytische Aktion in der Beziehung des Subjekts zum Signifikanten grundlegend verwandeln soll, bezeichnet man zugleich, was diese Praxis von jeder sozialen, religiösen, pädagogischen oder politischen Aktion trennt.[71]

Die bisherige Entwicklung: auf dem Weg zur Politik?

Während die analytische Situation a-sozial ist, ist die Pädagogik wohl oder übel gezwungen, sich im Verhältnis zu einer gegebenen Gesellschaft zu definieren. So hängt jede Pädagogik von einer ideologischen oder politischen Entscheidung ab. Diese Dimension kann man sowohl im *Staat* von Platon als auch im *Emile* von Rousseau, zwei Utopien, als ethische Dimension qualifizieren.

[69] Lacan weist in diesem Zusammenhang darauf hin, daß die Natur ein Produkt der Kultur ist, und daß es falsch ist, Natur und Kultur als Gegensätze hinzustellen. *Séminaire* Sainte-Anne, 4. November 1971.

[70] Jacques Lacan, *Séminaire sur le désir et l'interpretation.*

[71] M. Safouan und Maud Mannoni, »Psychanalyse et Pédagogie«, in: *Recherches,* Sept. 1967.

Die Beschreibung der Stadt ist für Platon ein notwendiger Umweg, um zur Definition des Bildes vom gerechten Menschen zu gelangen; diesen Umweg als Konzept zu postulieren, wirft ein Problem auf.
»So nötige mich nicht zu beweisen«, sagt Sokrates, »daß das, was ich in Worten dargestellt habe, genau so auch in der Wirklichkeit vorkommen muß. Wenn wir nur herauszufinden vermögen, wie eine Stadt eingerichtet werden kann, die unserer Beschreibung möglichst nahekommt, dann darfst du sagen, wir hätten auch herausgefunden, daß das verwirklicht werden kann, was du verlangst. Oder willst du dich mit diesem Ergebnis nicht begnügen? Meinerseits wäre ich damit zufrieden.«[72]
Wie wir später sehen, erscheint das Bild vom gerechten Menschen als Kehrseite des Bildes vom Tyrannen – demjenigen, der der Zügellosigkeit erliegt, die Platon als widernatürlich bezeichnet. Dabei handelt es sich in Wirklichkeit um den Wunsch, so wie er im Schattenreich des Traums erscheinen kann (als Inzest- oder Mordwunsch etc.).
Haben Philosophen und Pädagogen den Wunsch deshalb auf die Ebene des Bedürfnisses reduziert, weil in ihm unhaltbare Dinge auftauchen? Bei Dr. D. G. M. Schreber haben wir auf jeden Fall gesehen, wie er den Kampf mit dem Wunsch aufgenommen hat, indem er ihn durch die Ausbildung von Automatismen ersetzte.
Rousseau dagegen fühlt sich von den abwegigen Eigenarten des Wunsches angesprochen und beginnt ihn zu erforschen. Aus der Beziehung zur Sprache entsteht beim menschlichen Wesen der Wunsch; die Methode Rousseaus legt es darauf an, den Schüler als ein logisches Wesen zu betrachten – das heißt, als sprechendes Wesen, das dort, wo niemand an seiner Stelle entscheiden kann, die Erfahrung eines Willens und einer Wahl (ja *oder* nein) macht.[73] Was das Kind realisiert, realisiert es mit Bezug auf eine Sprache, die ihm Halt gibt. Die Dialektik von Lehrer und Schüler, die sich im *Emile* entfaltet, beinhaltet nicht mehr und nicht weniger, als eine Art Aufnahme des Subjekts in die Signifikanten-Kette.
Auf einer ganz anderen Ebene kann man sich freilich fragen, was die

72 Platon, *Der Staat,* Zürich, München 1973, S. 293.
73 Mustapha Safouan, »De la structure en psychanalyse«, in: *Qu'est-ce que le structuralisme?,* Paris 1968; dt. in: F. Wahl (Hg.), *Einführung in den Strukturalismus,* Frankfurt/M. 1972.

Schwankungen Rousseaus (oder des Hauslehrers) zu bedeuten haben, der sich einmal auf die Seite des *imaginären* anderen begibt (alle Gedanken Emiles müssen ihm transparent sein) und dann wieder auf die Seite des *Anderen,* der vor den Dingen dieser Welt war: »Alles, was aus den Händen des Schöpfers kommt, ist gut; alles entartet unter den Händen des Menschen.«

Aus den unterschiedlichen Positionen in der Theorie gehen die Auswirkungen auf die Praxis klar hervor. Folglich gehört Platon in die Reihe der Politiker – denn er war nur durch die Politik und wegen der Politik zur Philosophie gekommen und dort geblieben.[74] Er hat ein Werk hinterlassen, das zwar zum Nachdenken über die Erziehung anregen kann, das jedoch, insofern es den Träumen vom idealen Staat Anregung gibt, in der Realität auch dem paranoischen Unterfangen der Schaffung eines totalitären und »perfekten« Staates dienen kann. Man findet bei ihm den Kult der kleinen Elite und des Herrschaftswissens; und die Askese der Regierenden (die das Unglück zu ihrem Schicksal erheben müssen) ist der Preis für die Zugehörigkeit zur Elite. So verweist Platons Werk auf das, was in uns nach Idealisierung strebte[75], und verschleiert den Archaismus der Institutionen.
Rousseaus Werk dagegen ist nicht im eigentlichen Sinne politisch, es ist das Werk eines Philosophen, der die Erziehung denkt, der sie vom Standpunkt *der Mutter* aus denkt, die er nicht gehabt hat. Man kann sagen, daß er durch eine schriftliche Abhandlung über die Erziehung selbst das Bild der idealisierten Mutter realisiert hat.
Ein Jahrhundert später nimmt Dr. D. G. M. Schreber das Thema der Erziehung wieder auf, und zwar unter dem Postulat, die Natur sei schlecht. »Ohne Mutter keine Kinder«, sagte Rousseau. »Die Mutter ziehe sich bescheiden zurück; wichtig ist nur die Stimme des *Vaters«,* antwortet ihm Dr. D. G. M. Schreber. Beide identifizieren sich mit ihrem Werk, und beide wiederholen durch das vergrößerte Bild der Kindheit hindurch ihre eigene verpfuschte oder verlorene Kindheit.
Bekanntlich wird um den Gedanken der *Perfektion* häufig ein theoretisches Gebäude errichtet, das unter dem Mantel der Wissenschaft eine

[74] Auguste Diès in seiner Darstellung von Platons Werk: *La République,* Paris 1948.
[75] Eine Suche, die ihrerseits auf ein Ich-Ideal verweist, ein tyrannisches und blindes Über-Ich.

als wahnhaft zu bezeichnende Haltung verbirgt. Rousseau als Philosoph läßt manche Frage *offen,* er steht auf der Seite des Traums, während Schreber von dem Augenblick an, wo er sich das Ziel setzt, »auf alles eine Antwort zu haben«, jede *Frage verschließt.* Insofern man bei Rousseau den Willen zur Bescheidenheit findet, hat sein Vorgehen Berührungspunkte mit einem analytischen Vorgehen. Der Ansatz des Dr. D. G. M. Schreber wäre wegen seines technischen und autoritären Anstrichs eher in der Nähe der Orthopädie anzusiedeln (auf die er sich übrigens beruft).[76]

Die Bescheidenheit Rousseaus hat freilich auch etwas Mystifizierendes an sich, die Mystifikation zeigt sich aber besonders darin, wie man nach Rousseau seine Gedanken in der Pädagogik anwendete: man bemächtigte sich seines Konzepts, um es in Rezepte zu verwandeln. Von nun an wurde der *Haß auf die Kindheit,* die Basis jedes »pädagogischen« Verhaltens, verschleiert. Man hat uns ein mythisches Kind fabriziert, um unsere Verbrechen zu entschuldigen; man hat den Begriff der Regression (als Paradies der Kindheit) und den Begriff der Reife (zum Nutzen der Verwaltung) geschaffen. *Den Rest hat die medizinische Autorität besorgt.*

Die Ratschläge zur Kinderpflege und -erziehung, die bis 1880 als eine Art »Lebenskunst« von Familienmüttern, Hebammen und Landärzten verbreitet wurden, werden in der Tat nach 1880 zum exklusiven Monopol der Pädiater, die sich zum Unterrichten berufen fühlen. Der Pädiater verfügt hinfort über ein theoretisches Wissen, das er kraft seiner Autorität verkündigt; er sucht die medizinische Legalität zu definieren.

Wenn das medizinische Wissen seinem eigenen Selbstverständnis nach auf diese Weise mit einer unwissenschaftlichen Tradition bricht, bricht es noch lange nicht mit den Einflüssen der Ideologie. Im 19. Jahrhun-

[76] Die Kritik an einem solchen Unterrichtsstil findet sich schon bei Baudelaire, der von Philibert Rouvière folgendes berichtet: »Im Konservatorium wurde Rouvière so schlecht, daß er es mit der Angst bekam. Die auf Orthopädie eingeschworenen Lehrer, die ihm Diktion und Bewegung im traditionellen Stil beibringen sollten, wunderten sich, daß ihr Unterricht plötzlich im Absurden verlief. Unter den Foltern der Schule verlor Rouvière seine natürliche Anmut, ohne je irgendeine pädagogische Anmut zu erwerben. Glücklicherweise konnte er diesem Hause noch rechtzeitig entfliehen; die Luft dort wäre seiner Lunge nicht bekommen ...« Baudelaire, *Oeuvres complètes,* t.I, Club du meilleur livre, S. 530.

dert rekrutieren sich die Ärzte nicht mehr ausschließlich aus den Kreisen, die man als Mittelschicht bezeichnen könnte; immer mehr junge Leute aus den oberen sozialen Schichten fühlen sich von diesem Beruf angezogen – so bleibt es auch nicht aus, daß die Regeln der Gesundheitslehre der sozialen Position Rechnung tragen: Die einfache Frau aus dem Volk braucht Regeln, mit denen sich nicht spaßen läßt; kulturlos wie sie ist, gilt sie auch für robust. Die Frau aus der Oberschicht dagegen verdient auf jede nur denkbare Art geschont zu werden; es ist wichtig, bei ihr eine der Kultur inhärente »Nervosität« zu berücksichtigen.[77]

Entsprechend haben in Frankreich die schulischen und medizinischen Institutionen gegen Ende des 19. Jahrhunderts ihre Autorität auf die *im Volk verbreitete Unwissenheit* gebaut – eine so notwendige Unwissenheit, daß alles dazu beitrug, sie zu erhalten.

Noch heute zeigen sich die Auswirkungen dieser Einstellung sowohl in der Form als auch im Inhalt eines Unterrichts, dessen Grundlage Initiationsriten und die Tugenden der Selektion sind. Was würde denn aus dem Unterrichtenden, wenn der Schüler in die Lage versetzt würde, *nicht mehr am Lernen gehindert zu sein?* Diese Frage wird uns noch beschäftigen.

Ist nicht auch der Patient in der Medizin, in der Psychiatrie, gelegentlich in einer Situation, die ihn am »Gesundwerden« hindert?

Jetzt ruft man den Psychoanalytiker, damit er die *Autoritäts*position bezieht, die im 19. Jahrhundert der Arzt begehrte; täglich ersucht man ihn um »pädagogische Ratschläge«. Dennoch, es ist gar nicht so sicher, daß die Zukunft der Vermehrung medizinisch-psycho-pädagogischer Akte gehört; diese rücken immer mehr in eine politische Dimension, die sich nicht mehr ignorieren läßt. Man kann nicht unablässig glücksbringende Heilmittel anbieten, wo die Strukturen selbst radikal in Frage gestellt werden müßten.

Die heutige Situation

Gefangen im Netz von Systemen, Techniken und einem wissenschaftlichen Absolutum, unfähig, unsere Kenntnisse zu relativieren, haben

[77] Dr. E. Bouchut, *Hygiène de la première enfance, guide des mères pour l'allaitement, le sevrage et le choix des nourrices,* Paris 1862; zitiert von Luc Boltanski, a. a. O.

wir selbst uns so manches Mal in eine *paranoische Situation* verstrickt, die von den inneren Spaltungen unserer Zeit zeugt und der wir uns auch als Analytiker beim besten Willen nicht entziehen können.
Die Jugendlichen bezeichnen durch ihre Ablehnung (Ablehnung der Schule, Ablehnung der Anpassung an unsere Normen, Ablehnung des Lebens), was ihnen an unserem Wertsystem als untragbar erscheint. Sie haben den Eindruck, die Werte seien durch Worte ersetzt worden.
Der Student spricht voller Zweideutigkeit von einem kulturellen Ghetto, ohne daß man wüßte, ob er der Kultur beraubt oder in ihr gefangen ist. Die Schul-Kultur ist zur Grundlage für Qualifikationen, Orientierungen, politische und soziale Selektionen geworden. Das Kind erhält sie wie einen Paß, einen Ausweis, den es am Schalter vorzeigen muß, ohne das Gefühl, daß sie ihm gehört.
Schon Michelet hat zu seiner Zeit den Studenten klargemacht, sie müßten aus sich selbst heraus und für sich selbst eine Gegen-Erziehung schaffen, wenn sie sich eine Kultur aneignen wollten, von der sie wie Objekte vorangebracht oder zurückgestoßen werden. Seiner Meinung nach war die Kultur (die offizielle Kultur, versteht sich) zu verwerfen. »Gebt mir Feste. Lange habe ich nicht gelacht, habe ich überhaupt jemals gelacht? Das ist es, was meinem Herzen, was Frankreich fehlt.«[78]
Das Leben selbst müßte neu entdeckt werden, aber das Leben ist ein unbestimmtes Wort, und es kommt nicht in Frage, noch einmal Robinson zum Vorbild zu nehmen; es geht um Institutionen, an erster Stelle um die Familie, die Schule und das Krankenhaus.
Wie Illich sagt, ist heutzutage die gesamte gesellschaftliche Realität »verschult«. »Reiche und Arme sind gleichermaßen auf Schulen und Krankenhäuser angewiesen, die ihr Leben lenken, ihr Weltbild gestalten und festlegen, was für sie legitim ist und was nicht. Reiche und Arme halten es für unverantwortlich, wenn man sich selbst kuriert; halten es für unzuverlässig, wenn man auf eigene Faust lernt; und betrachten ein Organisieren des Gemeinwesens, wenn dafür nicht die Behörden zahlen, als eine Form von Aggression oder Staatsfeindlichkeit.«[79]
Präventive Konzentrationslager für angehende Verbrecher, so fährt

[78] Jules Michelet, *L'Étudiant,* Vorwort von Gaétan Picon, Paris 1971.
[79] Ivan Illich, *Entschulung der Gesellschaft,* München 1972, S. 19 u. 28.

er fort, wären eine logische Weiterentwicklung des Schulwesens. Wie wir wissen, befinden sich unglücklicherweise schon zahlreiche westliche Länder auf diesem Weg.
Die Pflichtuntersuchungen auf sogenannte geistige Störungen, mit denen im frühsten Kindesalter begonnen wird, machen das Krankenhaus zu einer Verlängerung der Schule. Die immer zahlreicher werdenden Anpassungsschwierigkeiten müssen als Symptom der Krankheit der Institutionen verstanden werden.[80] Langsam beginnt man zu erkennen, daß eine Ausbildung, die nur Produktion und Konkurrenz im Auge hat, von der man glaubt, sie *rüste für das Leben aus,* in Wirklichkeit *am Leben hindert.*
Nun werden von verschiedenen Seiten Gegen-Institutionen angeregt; auch wenn sie keine Lösungen sind, müssen wir doch annehmen, daß sie zumindest ein Zeichen setzen, einen Mangel manifestieren.
Unser Glaube an die *Technik* steht einer echten pädagogischen Veränderung im Wege. Was etwa die Stärke eines Freinet[81] ausmachte, war seine *Randposition* in einer Gesellschaft, die ihn ablehnte. Der Nutzen einer solchen Position liegt weniger in den anerkannten Wirkungen (Freinets Entdeckungen: Druckerei, freie Texte, Ringbücher zur Selbstkorrektur), als in ihrer Beschaffenheit selbst: in dem Vorrang, den Freinet der Erziehung gegenüber dem Unterricht gibt, in dem Willen, sich in das Dorfleben einzugliedern, in der Bedeutung, die dem politischen und sozialen Erwachen des Kindes und seiner Bewußtwerdung in diesen Dingen beigemessen wird. Alles, was getan wurde, um einen Kampf an der Seite der Erwachsenen (jenseits der Absonderung der verschiedenen Altersstufen voneinander) zu fördern, verdient Beachtung.
Daß Freinet darüber hinaus eine ganze Mythologie des Kindes ent-

[80] Es wäre sinnvoll, die ausgezeichnete Untersuchung von Jacques-Alain Miller und François Regnault »La Vie quotidienne dans l'empire du fer«, in: *Temps modernes,* April 1971 durch eine systematische Untersuchung aller französischen Regionen zu ergänzen. Das gäbe uns die Möglichkeit, den Kontext besser zu verstehen, aus dem heraus der »Schulwiderwille« erzeugt wird, den die gesamte Nation zu brauchen scheint. Wir erfahren, daß allein in diesem kleinen Gebiet, der lothringischen »Hölle« (Fameck), 40 % bis 50 % der Schüler sich in Übergangsklassen befinden (der nationale Durchschnitt liegt bei 16 %). Die einzigen Arbeitsaussichten sind Aussichten auf verstärkte Ausbeutung. Wie soll man sich da noch über den hohen Prozentsatz an Delinquenten und angehenden Delinquenten unter den Jugendlichen wundern?
[81] Elise Freinet, *Naissance d'une pédagogie populaire,* Paris 1968.

wickelte, ist die banale Seite seines Unternehmens und natürlich die, die man sich gemerkt hat. Man weiß nicht genau, ob man sich darüber freuen oder beunruhigen soll, daß die Bewegung Freinets zur Zeit 20 000 Anhänger hat. In großer Zahl sind sie vielleicht weniger wirksam als Freinet zu einer Zeit, da er ganz allein die öffentliche Meinung gegen sich aufbrachte.

Die besondere Stellung von Fernand Deligny[82] resultiert aus dem, was *nicht* vereinnahmt werden kann. Sein Ziel besteht darin, am Rande der Institutionen »Lebensrichtungen« für die am stärksten Benachteiligten unserer Gesellschaft (Delinquente, Verrückte, Zurückgebliebene) zu schaffen, nach dem Vorbild der vor nicht allzu langer Zeit von Resistance-Kämpfern besetzten Orte außerhalb der Städte, außerhalb des »Etablierten«. Kurz gesagt, es soll verhindert werden, daß die Krankheit sich »institutionalisiert«, und es sollen die Bedingungen dafür geschaffen werden, daß das Sprechen des Kindes an der Oberfläche erscheint.
Fernand Deligny gerät damit in Gegensatz zu Fernand Oury[83], der eine pädagogische Veränderung innerhalb der bestehenden Strukturen herbeiführen will, während Deligny diese Strukturen radikal bekämpft. Deligny bleibt übrigens in der Einsamkeit des Dichters, während andere schon von Erziehungsmonopolen träumen.
Wenn die Position von A. S. Neill[84] besondere Bedeutung gewonnen hat, so weil er es verstanden hat, an einer auf der radikalen *Entmystifizierung der Unterrichtsfunktion* basierenden Wahrheit festzuhalten. Er zeigt und belegt mit Beispielen, daß die Pädagogik von einer technischen Perfektionierung nichts zu erwarten hat (selbst bedient er sich der altmodischsten Methoden). Mit seiner Annahme, nicht das Zukleistern der Störungen, sondern das Vorbeugen sei die Lösung des Problems, knüpft er in gewisser Weise an das an, was Rousseau unter der Bezeichnung »negative Erziehung« bekanntgemacht hatte. Man machte ihm zum Vorwurf, nur Kinder aus den bürgerlichen

[82] Fernand Deligny, *Vagebonds efficaces,* Paris 1967; siehe auch Ginette Michaud, »Analyse institutionelle et pédagogique« in: *Recherches,* Sept. 1969.
[83] F. Oury, A. Vasquez, *Vers une pédagogie institutionelle,* Paris 1967; F. Oury wird sich trotz allem der »unhaltbaren« Seite der offiziellen Struktur bewußt, denn er schreibt: »Wenn wir den Beruf nicht ändern können, sollten wir den Beruf wechseln« – und das hat er getan.
[84] A. S. Neill, *Summerhill,* Reinbeck 1969.

Schichten anzusprechen. A. S. Neill war der erste, der dies bedauerte: das Paradox dieses (kapitalistischen) Systems besteht in der Tat darin, daß es den Kindern der herrschenden Klasse eine radikale Auflehnung gegen die Gesellschaft ermöglicht, während sie sie den übrigen verweigert.

Eben aus diesem Grund gilt die Erfahrung der Schule von Barbiana[85] immer noch als beispielhaft. Sie hat als *einzige* in der zeitgenössischen Geschichte der Pädagogik den Mythos der Kindheit mit Erfolg zurückgewiesen.
Diese Schule ist übrigens keine wirkliche Schule, sie ist ein Ort in einem verlorenen Dorf Italiens, wo die Durchfallquote beim Volksschulabschluß eine der höchsten der ganzen Region ist. Angeregt von einem revolutionären Glauben setzt sich ein Priester in den Kopf, all diejenigen zu sammeln, die vom staatlichen Erziehungswesen ausgestoßen werden: alles Bauernkinder, deren Muttersprache nicht die ist, die in den Schulen gesprochen wird. Nur wenn sie etwas lernen, haben diese Kinder eine Chance, der unterdrückten Lage ihrer Eltern zu entgehen; doch der Zugang zur Schule wird ihnen *von Anfang an* unmöglich gemacht.
Auf diese politische Dimension des Problems werden die Kinder vom Priester aufmerksam gemacht. Er denkt gar nicht daran, sie in »altersgemäße Spiele« zu »verbannen«, sondern bringt sie zur Zeitungslektüre, zur Kritik an den Schulprogrammen und zu Sprachübungen in den modernen Sprachen. Die Arbeit ist fast schon ein Kraftakt, sie wird aber mit Begeisterung getan (mit Begeisterung, geboren aus der Gewalt und aus »Rachegefühlen«, da der Schulunterricht einem zu gewinnenden Krieg gleichgesetzt wird). Die Kinder kommen in die Lage, zugleich Unterrichtete und Unterrichtende zu sein – jedes muß einem weniger Begabten helfen.

»Die, die keine Grundlage hatten«, schreibt eines der Kinder, »die länger brauchten, um etwas zu verstehen oder zerstreut waren, fühlten sich vorgezogen. Sie wurden behandelt, wie bei euch die Klassenbesten. Man hätte meinen können, die Schule sei nur für sie da. Solange sie etwas nicht verstanden hatten, machten die anderen nicht weiter . . .

[85] *Lettres à une maîtresse d'école*, Paris 1968; siehe auch Ginette Michaud, a. a. O.

Es gab keine Pause, keine Ferien, nicht einmal am Sonntag. Das machte uns nichts aus, keinem von uns; die Arbeit ist nämlich noch ein ganzes Stück härter. Nur die Herren aus der Bourgeoisie, die immer zu Besuch kamen, die konnten das nicht schlucken.
Dann kam mal ein richtiges As von einem Professor zu uns ... schließlich ging er wieder, und Lucie, die sechzehn Kühe im Stall hatte, sagte ›Schule ist immer noch besser als Scheiße‹... Dieser Satz müßte über den Türen eurer Schulen eingemeißelt werden. Millionen kleine Bauern würden ihn unterschreiben ....
Ihr, ihr sagt, daß Kinder die Schule verabscheuen und sich lieber anders vergnügen. Uns Bauern habt ihr gar nicht erst gefragt. Aber wir sind eine Milliarde siebenhundert Millionen. Sechs von zehn Kindern denken wie Lucie, und die vier anderen, das weiß man nicht genau. Eure ganze Kultur ist so gemacht, als gehörte euch die Welt ...
Wer bei euch freiwillig zur Schule ginge, müßte mit zwölf schon ein Streber sein. Aber Streber mit zwölf, die kann man zählen. Wie wahr das ist, sieht man schon daran, daß fast alle eure Schüler die Schule nicht ausstehen können.«

Der Erfolg bei den Prüfungen ist durchschlagend. Die Kinder sind zum großen Teil *revolutionäre Lehrer* geworden. Barbiana als Unterrichtsstätte ist mit dem Tod des Priesters verschwunden. Die Lehre von Barbiana ist die, daß die Gesellschaft den schulischen Mißerfolg erzeugt (und »behandelt«), als bräuchte sie ein System, das die Produktion einer Elite (für vornehme Berufe) ebenso garantiert wie die Produktion von Handlangern, die die Arbeit für die Elite – die herrschende Klasse – verrichten.
Die Erziehung ist eine Frage, deren Lösung nicht in unserer Macht als Analytiker liegt. Die Psychoanalyse, sagt Freud, kann von der Erziehung als Hilfsmittel herangezogen werden, sie aber nicht ersetzen. Es gibt, so sagt er irgendwo, drei unmögliche Berufe, »Erziehen, Kurieren, Regieren«.[86]
Freud paraphrasierend könnte man sagen, die Psychoanalyse habe bei einer Reflexion über die Pädagogik nicht die Politik zu ersetzen. Sie befragt eine Situation und überläßt es anderen, den analytischen Diskurs abzulösen.

[86] S. Freud, *Geleitwort zu »Verwahrloste Jugend« von August Aichhorn,* in: S. Freud, GW, Bd. XIV, S. 565 ff.

2. Parallelschule und »Behandlungs«-Team[87]

Die im Zusammenhang mit der allgemeinen Schulpflicht gestiegene Quote schulischen Mißerfolgs (und der als »retardiert« qualifizierten Schüler) ist der ganzen Welt zu einem dringlichen Problem geworden. Der liberale Mythos von der Chancengleichheit für alle, die wir der Schule zu verdanken hätten, bricht langsam zusammen. Selbst Nixon[88] gibt zu, daß Amerika in diesem Bereich »zurückstecken« muß: er gesteht dem Unterrichtswesen keinerlei effektive Funktion bei der Transformation der amerikanischen Gesellschaft zu.

Mehr als einmal hat Ivan Illich[89] auf die Tatsache aufmerksam gemacht, daß die Einrichtung von spezialisierten Institutionen (zum Zwecke des Schulunterrichts) nicht im entferntesten eine Lösung des pädagogischen Problems bedeutet, sondern es im Gegenteil noch verdunkelt. »Zur Unterweisung in Fertigkeiten taugt die Schule nicht, weil sie an Curricula gebunden ist ... Der Glaube an den Wert von Konzessionierung läßt Leute knapp werden, die Fertigkeiten lehren können ... Die meisten konzessionierten Lehrer in Berufsschulen sind weniger erfindungsreich und weniger begabt, sich mitzuteilen, als die besten Handwerker und Gewerbetreibenden selber.«[90]

Eine der berühmtesten Reformen im chinesischen Bildungswesen (die auch von unseren Schülern begrüßt würde) bestand darin, daß neben dem professionellen Lehrer auch *Handwerker* (Schreiner etc.) und *Bauern* unterrichteten und zwar vom ersten Schuljahr an.

Im Westen denkt man gar nicht daran, das Unterrichtswesen strukturell zu revolutionieren. Im Gegenteil, man ist eher daran interessiert, die aus einem unzeitgemäßen Unterricht hervorgehenden Störungen auszugleichen. Ausgleichen heißt in diesem Fall, die Medizin einsetzen, wo der Unterricht versagt.

[87] A. d. Ü. Der französische Sammelbegriff »école parallèle« bezeichnet nicht nur sonderpädagogische Einrichtungen im engeren Sinne, sondern alle Arten von Zusatzschulen außerhalb der Regelschule.

[88] *Le Monde,* 26. März 1970, Artikel von Jacques Amalric und Alain Clément, zitiert von R. Lourau in: *Analyse institutionelle et Pédagogie, 1971.*

[89] Vgl. Ivan Illich, a. a. O.

[90] I. Illich, a. a. O., S. 37 und 35.

In den USA sprießen Parallelschulen in Form von heilpädagogischen Zentren, Beratungszentren, etc. als Verdoppelung der Regelschule nur so aus dem Boden, ohne daß der *Lebensstil* auch nur im geringsten in Frage gestellt würde, obwohl dieser für die wachsenden Anpassungsschwierigkeiten verantwortlich ist (in den USA sind 46,4 % der vorhandenen Krankenhausbetten für Geisteskranke reserviert, 11,2 % in der UdSSR). Untersuchungen und Forschungsprojekte über Lebensstile scheinen sich in der »Gesundheits«- und Schulpolitik des Landes kaum niedergeschlagen zu haben (infolgedessen auch nicht in der unsrigen, da unsere Normen und unsere Forschungsprogramme nur ein Abklatsch der Programme der Weltgesundheitsorganisation sind).
Thomas Szasz[91] hat gezeigt, wie die Lösung des Problems einer bedrohten Gesellschaftsordnung in den USA statt an den ohnmächtigen Lehrkörper an die Medizin delegiert wurde. Die Ärzte richten sich in Schulen ein. *»Müssen unsere Schulen nun zu Tageskliniken werden?«* fragt sich Thomas Szasz.
Den Parallelschulen wirft er Befriedungsprogramme vor, die allein auf »Normalisierung«[92] bedacht sind. Ironisch werden alle Arten von Tageskliniken »Agenturen der moralischen Manipulation« für zwei verschiedene Arten von Klienten genannt: die, die sich freiwillig zu den angebotenen moralischen Zielen bekehren wollen, und die Zwangseingewiesenen.
»Während Gott und Teufel Schlüsselsymbole der mittelalterlichen Theologie waren«, sagt Thomas Szasz an einer anderen Stelle, »sind geistige Gesundheit und Krankheit zu zentralen Begriffe der psychiatrischen Ideologie unserer Zeit geworden. Die Dichotomie von Gut und Böse wird heute durch die von Geisteskrankheit und Gesundheit ersetzt.«[93] Im Endeffekt hat sich die medizinische Autorität zum zuverlässigsten Bundesgenossen der Polizei entwickelt.
Wie sieht es nun in Frankreich aus? Genauer gesagt: Ist nicht auch der sogenannte »wissenschaftliche« Diskurs, der heutzutage im Arbeitsbereich Krankenhaus abläuft, von Einstellungen durchzogen, die eher mit Glauben als mit Wissenschaft zu tun haben?

[91] Thomas Szasz, »The psychiatrist, a policeman in the schools«, in: *This book is about schools,* New York 1970.
[92] Edgar Friedenberg, zitiert von Thomas Szasz, a. a. O.
[93] Thomas Szasz, *Ideology and Insanity,* 1970.

Ich will versuchen, eine Analyse (die zwangsläufig fragmentarisch bleiben muß) des medico-psycho-pädagogischen Problems in Frankreich (der Parallelschule) zu erstellen, indem ich mich an den offiziellen Positionen in diesem Bereich orientiere, denen, die den herrschenden Diskurs bestimmen. Im nun folgenden Abschnitt beziehe ich mich auf den genauen und aufrichtigen Bericht über einen Kongreß, der 1966 in Paris stattfand und unter dem Titel *L'Équipe de psychiatrie infantile et son Psychiatre*[94] veröffentlicht wurde. Die Ereignisse des Mai haben die offiziellen Positionen, die auf besagtem Kongreß im Sinne einer Unterordnung unter die medizinische Ideologie zum Ausdruck gekommen waren, nur noch verhärtet. Das Dokument hat folglich nicht an Aktualität verloren.

Weshalb Spezialzentren?

Das erste psycho-pädagogische Zentrum entstand in den Nachkriegsjahren in Paris, unter dem Einfluß von Georges Mauco, der mehr als zwanzig Jahre darum gekämpft hat, dieser Art von Beratung ihre psychoanalytische Orientierung zu bewahren. Aber auch er konnte die Entwicklung der Verwaltung nicht aufhalten, die immer stärker auf ein doppeltes Monopol von Medizin und Heilpädagogik drängte. Inzwischen haben sich die Zentren im ganzen Land vervielfacht. Das Bedürfnis nach medizinisch-psychologischer Beratung wurde in der Öffentlichkeit erst mit Hilfe der Medien hergestellt. In manchen Vierteln wird sogar »medizinisch-psychologische Anwerbung« betrieben.
Durch die Stagnation der Schule sehen sich immer mehr Einrichtungen veranlaßt, die »Schulversager« psycho-pädagogischen, medico-pädagogischen oder Beobachtungszentren zuzuführen. Die öffentlichen und privaten Organe der Berufsberatung können die Aufgabe nicht mehr bewältigen, allen Kindern und Jugendlichen, die man zu ihnen schickt, Orientierungshilfen auf dem Sektor des Spezialunterrichts zu geben.
Als Georges Mauco 1945 die Psychoanalyse in den öffentlichen Bereich einbrachte, glaubte er, wie Freud die »Pest« zu verbreiten und damit einen selbstkritischen Prozeß bei den Organen der öffentlichen Hand in Gang zu setzen. Doch die öffentliche Hand hat der »Pest« den Weg

[94] Privatdruck 1967.

gewiesen; besser noch, sie hat ein parallel arbeitendes Erziehungsmittel daraus gemacht (Pädagogen und Ärzte machen sich gegenseitig das Monopol streitig).

Nun gibt es zunächst einmal eine ganze Reihe von Problemen *innerhalb der Gruppe.*

Da die Psychoanalyse, einmal verdaut, zum Hilfstherapeuten herabgesetzt wird, reklamieren Heilpädagogen, Logopäden, Lehrer etc. gemeinsam das Recht, auch Therapeuten zu sein. Während des Kolloquiums von 1966 wurde die Forderung laut: »Jeder ist ein Therapeut«, eine Forderung, die bekanntlich im Mai 68 wieder aufgegriffen wurde.

Gleichwohl beruft man sich bei Kinderbeobachtungen in der Regel weiterhin auf die Begriffe des Normalen und des Pathologischen. Die Schüler werden mal als besonders »zarte« Wesen, mal als »Psychotiker auf dem Wege der Besserung« (sic!) beschrieben; in der Tat zwingen die Krankenkassen zur »Konservierung« medizinischer Benennungen schon aus finanziellen Gründen (jede noch so geringfügige schulische Schwierigkeit ist auf der Suche nach ihrem eigenen Arzt).

Während sich die Forschung auf eine *Einheitspathologie*[95] konzentriert, wird der Kranke nur noch sauberer zerlegt und *anteilig* an Spezialisten weitergereicht. Für die tägliche Praxis ergibt sich daraus das Problem, ob man beim Umgang mit einem »kranken« Kind die Arbeitsteilung vorantreiben, oder ob das Team eine ideale »Fusion« realisieren soll.

Der Behauptung mancher Ärzte: »*Wir alle sind Erzieher*« stehen »korporatistische« Reaktionen von Pädo- und Neuropsychiatern entgegen, die daran erinnern, daß ohne medizinische Deutung der Störungen von der Krankenkasse keine Hilfe zu erwarten ist – ein Argument, das immer stimmt. Auf diese Weise wird der Arzt von der Verwaltung zum Gewährsmann für das reibungslose Funktionieren der Institution ernannt, das heißt, für ihre reibungslose Finanzierung.

In der Tat wurde die Arbeitsteilung der Spezialisten bislang kaum in Frage gestellt, es sei denn durch die (auf Schuldgefühlen beruhende) Freigabe der »Berechtigung zur Therapie« für alle Mitglieder eines Teams: ein höchst fragwürdiger Akt, da das therapeutische Objekt

[95] Vgl. Michel Foucault, *Psychologie und Geisteskrankheit*, Ffm. 1968

eine Inflation auf der imaginären Ebene erleidet. Das Übel wird auf diese Art eher zugeschüttet denn befragt.

Diese inneren Probleme verdoppeln sich durch das der Ansiedlung der Zentren *in der Gesellschaft.*

Es ist frappierend, wie die Psychiater im Verlauf des Prozesses eine militärische Sprache entwickeln, wie sie sich in Termini der »psychiatrischen Ausrüstung« an die Öffentlichkeit wenden und nach gesellschaftlicher *Reintegration* der Kinder, nach Einheit und *Solidarität* der Teammitglieder verlangen.

Weit davon entfernt, die Schulpolitik in Frage zu stellen. (was auch die Strukturen des Unterrichtswesens radikal in Frage gestellt hätte), wurde die 1945 eingeführte psychoanalytische Orientierung zur Aufrechterhaltung der Ordnung vereinnahmt. In Hinsicht auf eine politische Problemstellung hat die Psychoanalyse nicht nur versagt, sie hat sogar dazu beigetragen, das Ausmaß der Krise staatlicher Institutionen zu verschleiern. Die ausschließliche Beschäftigung mit dem »Sozialen« hat das »Politische« verschüttet und unterstützt von daher die Erhaltung des Systems.

Offensichtlich beginnt das ganze Problem bei dem Chefarzt des jeweiligen Organismus. Er ist es, der die administrative Macht besitzt, Funktionen und Geld zu verteilen: er ist es, dem die notwendigen Kredite bewilligt oder abgeschlagen werden, durch ihn lebt das Team und in ihm soll es sich erkennen. Was immer der Chefarzt tun mag, seine administrativ definierte Position ist unbequem; gemeinsam mit den anderen Mitgliedern des Teams partizipiert er an einem strukturell bedingten Unbehagen, er sitzt mit ihnen in einer Falle. Er hat nun die Wahl: entweder bürgt er für ein unmögliches Vorhaben, oder er bekämpft die vorgeschriebenen Strukturen und gerät in kürzester Zeit in Konflikt mit der ökonomischen Realität (größere Summen werden von der Krankenkasse nur im Hinblick auf die Verschiedenheit der herangezogenen Spezialisten bewilligt; die Kasse zwingt auf diese Weise zu einer unnötigen, wenn nicht gar unverhüllt schädlichen Arbeitsteilung).

Ist nicht die Art und Weise, wie Erzieher, Lehrer und Psychologen heutzutage ganz offen auf der Suche nach ihrer »Identität« im Verhältnis zur Gesellschaft sind, selbst schon ein Zeichen der Zerrüttung?

Was heißt unangepaßt? (Drei Beispiele)

Heutzutage wird weniger über die Unangepaßtheit der Kinder gesprochen als über die der »Behandelnden«, die sich in zunehmendem Maße hinsichtlich der ihnen vorgeschriebenen Aufgabe »unangepaßt« fühlen – und die in Ermanglung einer Antwort Anpassungsschwierigkeiten tatsächlich überdeterminieren können.
Mit Fragen wie: *wer sind wir?* und: *wozu dient das?* wenden sich die Unterrichtenden an die Strukturen der Parallelschule und entschleiern gleichsam den Unsinn der Situation, in der sie eingeschlossen sind.

Emilie, Psychologin, 25 Jahre alt, arbeitet als Mathematiklehrerin in einem sogenannten therapeutischen Team für Readaptationskurse. Sie unterrichtet Mathematik von der dritten Klasse aufwärts. Ihre Schüler sind verhaltensgestörte, neurotische oder psychotische Jugendliche. Sowohl der Direktor der Sonderschule als auch die Eltern verlangen von ihr, daß sie den Jungen den »Stoff liefert«, den sie beim Examen sozusagen wieder »auszuspucken« haben.
Um dieses Ziel zu erreichen, gibt sie sich streng und anspruchsvoll – bis sie sich schließlich für ein minimales Resultat total verausgabt hat. Von nun an verweigert sie sich dem Platz, den ihr Eltern und Verwaltung zugewiesen hatten.
Sie gibt die Mathematik, die Ausrichtung auf die Prüfung auf und macht sich die Frage ihrer Schüler zu eigen: Mathematik, wozu dient das eigentlich? In der Klasse breitet sich Unruhe aus, es entstehen zwei Fronten, die einen fordern ihren Prüfungsstoff, die anderen träumen von Ausbruch. Emilie ihrerseits entdeckt die auf sie gerichtete Übertragung, gegen die sie sich ohne es zu wissen dadurch gewehrt hatte, daß sie das Bild vom idealen Schulmeister verkörperte. Von dem Augenblick an, wo sie sich als Wunschobjekt akzeptieren kann, gehen einige Kinder wieder an die Arbeit und verlangen Aufgaben; Rechenübungen werden auch ohne die Lehrerin gemacht, aber in Wirklichkeit für sie. Andere lassen alles fallen.
Bei der Teamsitzung wird Emilie darauf hingewiesen, daß X der Therapeut sei und nicht sie. Man wirft ihr vor, sie überschreite ihre Funktion, die des Unterrichtens. Ihre Antwort: »Ich spiele nicht den Analytiker, aber ich befürworte die Verweigerung.«

– Unmöglich, erwidert man, die Eltern beschweren sich, und einige Kollegen beschweren sich ebenfalls. Sie sind zuständig für den Unterricht und X für die »Behandlung«.
– Was ist die »Behandlung«?
– Nun ja, eine Stütze der Mathematik!
Wie der Schüler sich auch wenden mag, er muß passiv schlucken, was seinem ganzen Wesen widerstrebt. Die Erwachsenen werden daran erinnert, »daß sie dafür bezahlt werden« (für Instruktion, nicht für Erziehung). Wenn auch die Verweigerung in Form eines Ausbruchs aus Schule oder Familie nicht gestattet ist, wird ein stereotyper Oppositionsstil gegenüber dem Lehrer sehr wohl toleriert: diese Auflehnung erhält den Namen »Krankheit« und wird an Ort und Stelle von einem Therapeuten »behandelt«.
Die Institution Schule löst die Institution Familie ab, der Zwang wird verstärkt und die Schwierigkeiten des Kindes aus eben diesem Grunde verschlimmert, Unterricht erweist sich in diesem Kontext als unmöglich und Erziehung weicht einer Vielzahl von Techniken, die als *Suggestion* eingestuft werden könnten.

Charlotte, Psychologin, 24 Jahre alt, arbeitet in einer auf »Beziehungstechniken« spezialisierten Tagesklinik. Jeder sogenannte psychotische Jugendliche verfügt über einen »selbstgewählten« Erwachsenen, an den er sich im Fall einer »Krise« wenden kann, wenn er etwa mit der Gruppe, dem Lehrer oder seinen Kameraden in Konflikt gerät. Der »ausgewählte« Erwachsene kann sich nicht entziehen, er muß den vom Patienten zugewiesenen Platz auch einnehmen. »Nun schau doch her«, sagt ein Kollege zu Charlotte, »er will eben dich und keinen anderen!«
Wenn der Jugendliche nun in der Realität einen Erwachsenen findet, »den er sich unter den Nagel reißen kann«, läuft er Gefahr, in dem ihn von der Außenwelt abschirmenden Imaginären zu verharren. Diese im pervertierenden Kontext von »Scheinsicherheit« gefangene Beziehung zum Erwachsenen kann eine pathologische Mutterbindung ablösen. Nicht selten suchen solche »bemutterten« Jugendlichen dann im Wahnsinn eine Möglichkeit, jeder Vereinnahmung zu entgehen. Aber kaum treten sie als Wahnsinnige auf, sind sie zu ihrem Unglück auch schon interniert.

Was Charlotte an dieser Erfahrung am meisten erstaunt hat, waren die massiv »therapeutischen« und »verschmelzenden« Aspekte des Teams, das vom Krankhaften so sehr fasziniert war, daß es selbst das Krankhafte erzeugte.

Fanny, eine verhaltensgestörte siebzehnjährige Jugendliche (die mit 6 Jahren wegen einer als psychotisch qualifizierten Episode 4 Jahre lang in Analyse kam), besucht als externe Schülerin einen gemischten Nachhilfekurs für sogenannte »normale« Kinder. Bis dahin kannte sie nichts als das eintönige, strenge Leben in einem Mädchenheim. Der plötzliche Wechsel ist brutal. Die Ausgelassenheit der Jungen fasziniert und beängstigt sie zugleich. Die etwas reiferen Mädchen, die sich in ihrem Körper wohler fühlen, schüchtern sie ein (und machen sie eifersüchtig). Fanny fühlt sich wie vom Lande, etwas verloren; sie fürchtet, intellektuell nicht auf der Höhe zu sein. Den Volksschulabschluß hat sie nur knapp geschafft, mit einer Sechs in Rechnen. Von Mathematik hat sie nie etwas verstanden. Trotzdem wird sie in genau diesem Fach in kürzester Zeit die Beste. Noch ein Jahr zuvor hatte man ihr wegen des verheerenden Ausmaßes ihrer Desorganisation in Raum und Zeit die verschiedensten heilpädagogischen Verfahren nahegelegt. Und dann scheint plötzlich innerhalb von einem Monat alles wieder in Ordnung gekommen zu sein: einzig und allein, weil der Lehrer (ein Mann) ihr gefällt.
Aber unglücklicherweise ist sie nicht die einzige, die den Lehrer mag. Es kommt zur Rivalität gegenüber anderen Mädchen. Fannys Erfolg bei Jungen ihres Alters ist gleich Null. Sie verschließt sich im Mutismus. Damit schafft sie Unruhe, intrigiert und erobert zugleich ihren Platz als *einzigartige* zurück.
Die in »Beziehungstechniken« geschulten Lehrer sind auf diesem Ohr schwerhörig. »Wir werden uns um dieses junge Mädchen kümmern, das nicht kommuniziert«, sagen sie sich und erklären der Klasse die Bedeutung von Kommunikation. Man fordert die Schüler auf, ihr Geheimnis preiszugeben. Nur Fanny schmollt. Sie arbeitet gut, aber mit der Kommunikation ist nichts zu machen! Sie beginnt auszureißen. Nun gewinnen die Jungen Interesse an ihrem geheimnisvollen Verhalten. Die Lehrer drängen sie, sich auszusprechen. Ob sie unglücklich ist? Was denn eigentlich los ist? Und schon sind die Kanäle offen.

Fanny erzählt von ihrer Familie, ihrer Isolierung, ihrem Pech, bietet sich als außergewöhnliches Opfer an und offenbart das ganze Ausmaß des Unglücks, das sie erdrückt. Die Familie wird alarmiert, man fordert sie auf, Fanny behutsamer zu behandeln.
Wie sollte das Kind auch erklären, daß es sich in dem selbsterfundenen Roman als Subjekt verloren hat, wenn es mit dem Helden, zu dem es inzwischen geworden ist, identifiziert wird?
Die Begegnung Familie-Schule lüftet den Schleier einer Mystifikation, nimmt aber der Jugendlichen die ihr eigene private Welt. Das Verständnis der Erwachsenen verbaut ihr jede Möglichkeit zur Flucht: man weiß, daß sie lügt, sich Geschichten ausdenkt, etc. Wie soll sie den Platz zurückgewinnen, den zu besetzen ihr vorher gelungen war? Wie soll man diesen Erwachsenen beibringen, daß sich das Wahre in der Lüge einnistet – daß man, wenn man das Wahre über das Wahre will, seinen sprachlichen Ausdruck konfisziert?
Eines Tages, auf den Boulevards, erregt Fanny öffentliches Ärgernis. In einem Café verteilt sie ihr ganzes Geld und setzt verstört ihre Träume in Handlung um. Man ruft das Überfallkommando. Ehe sie sich versieht, ist sie in einem Pariser Krankenhaus und wird infolge eines diagnostischen Irrtums zunächst auf die Entbindungsstation gebracht[96]; später transportiert man sie in die psychiatrische Abteilung zu den Unruhigen. Als die Familie zu ihr kommt, ist sie aschfahl wie die Wand. Fanny selbst, vollkommen abwesend, wartet auf die Fortsetzung ihres unglaublichen Abenteuers. Gegen den Willen der Ärzte wird sie nach Hause zurückgebracht.
Nach diesem Ereignis wird die Arbeit für die Schule definitiv zurückgewiesen, allein zugunsten des Imaginären (Ausreißversuche und Diebstahl werden zum Hauptsymptom). Ein wenig später verstehen die Lehrer, daß sie durch ihr Insistieren auf der »Beziehung« verpaßt haben, was auf der symbolischen Ebene erkannt werden wollte (bis dahin hatte sich das Wiedererkennen im Bereich des Imaginären gehalten).

[96] Nachdem der Assistenzarzt eine Untersuchung durchgeführt hatte, die er für vaginales Abtasten hielt, kam er (obwohl es sich um eine Jungfrau handelte) zu dem Schluß, daß eine Geburt unmittelbar bevorstand. Als die Jugendliche in den Kreißsaal gebracht wurde, bekam sie panische Angst ... Eine diensthabende Krankenschwester, die selbst Kinder hatte, bezweifelte die Diagnose des Assistenzarztes und brachte Fanny, nachdem er weggegangen war, »hoch« in die Psychiatrie, wo sie *wie üblich* mit einer Beruhigungsspritze empfangen wurde ...

Nun wird die Jugendliche nach London geschickt; in einem Milieu, wo die ihr gegenüber (unpersönlich) geäußerten Ansprüche minimal gehalten werden, kommt sie wieder zu sich. Ihre Flucht in den Negativismus wird voll akzeptiert. Von da aus, und nur von da aus, kann Fanny eine eigenständige Entwicklung vollziehen.

Hätte der Lehrer es verstanden, die Übertragung auf sich zu nehmen, ohne selbst aktiv in ein scheintherapeutisches Register abzugleiten, wäre eine Art Sublimierung möglich gewesen. Da das phantasmatische Reden des Kindes durch eine Intervention auf der Ebene der Realität sanktioniert worden war, kam es zu einer Konfusion von Sprachen, die dem Kind jeden Bezugspunkt raubte, besser gesagt, die ihm unter den bekannten Bezugspunkten nur den der Krankheit ließ.

Hinzu kommt, daß der Begriff der »Pflichtbehandlung« Machtmißbrauch (von dem kaum gesprochen wird) zur Folge hat: das Kind muß dafür teuer bezahlen, manchmal mit einem Drama. Was soll man von Erwachsenen (Eltern, Unterrichtenden, Ärzten) halten, die dem Kind das Recht streitig machen, nein zu sagen? Im Fall Fannys wäre noch viel darüber zu sagen, wie der Psychiater die Auswirkungen des »Irrtums« des Assistenzarztes herunterspielte, indem er die Dringlichkeit einer ganzen Reihe anderer, vollkommen unnützer neuro-psychiatrischer Untersuchungen darüberstülpte.[97] Der Arzt war gewiß ebenso formal in seinen Äußerungen gegenüber der Familie, wie er wegen des »diagnostischen Irrtums« seines Kollegen verstört war.

Es wäre falsch, abzustreiten, daß in einem solchen Vorgehen eine der Quellen des pädagogischen Denkens im allgemeinen liegt. Wenn nämlich eine Infragestellung für den Erwachsenen untragbar wird, bietet er unverzüglich eine Antwort an[98] und versucht sogar, ihr auf dem

[97] Die bürgerliche Familie widersetzte sich solchen Untersuchungen und verlangte gleichzeitig die unverzügliche Entlassung des Kindes. Ein solches Verhalten wäre keiner französischen Durchschnittsfamilie möglich gewesen, denn es wird einem ganz klar zu verstehen gegeben, daß es hier um *Pflichtuntersuchungen* geht; die Aufnahmestation unterscheidet sich in diesem Punkt kaum von einem Polizeirevier, wo einem nicht ungestraft ein Student »rausgegeben« wird, der auf der Straße »aufgelesen« wurde.

[98] Das Verhalten des Arztes in diesem Fall (sein Vorschlag, das Kind einer ganzen Reihe von Untersuchungen zu unterziehen) wurde nur noch von seiner Ignoranz übertroffen. Man hat sich nie die Frage gestellt, ob die panische Angst des Kindes etwas mit der traumatischen Situation zu tun haben könnte, in die es hinein manövriert wurde.

Auch seine »Krise« auf den Boulevards stand in einem Kontext von Dramatisierungen, die, um sich auf die symbolische Ebene übertragen zu können, um keinen Preis in ei-

Umweg über eine theoretische Ausarbeitung universelle Gültigkeit zu verleihen.

Das medizinisch-psychologische Team und seine Gesellschaft

Die Erziehung ist dem Unterricht gewichen; aber auch dieser ist mittlerweile unmöglich geworden und hat seinen Platz der Medizin überlassen – gleitende Übergänge, die eine mythische Einheit, genannt »medizinisch-psychologisches Team« (Metapher der *medizinischen Körperschaft*), hervorgebracht haben, eines der verwirrendsten Phänomene unserer Zeit.

Die Team-Gruppe, verstanden als *Individualität*, läßt ihren Mitgliedern kaum eine andere Wahl als die der *Integration* (die auf soziale »Anpassung« vorbereitet). Innerhalb einer Kleingruppe kommen Idealisierungsmechanismen zum Zuge, die imaginäre Wirkungen von Verfolgung und Zerstücklung begünstigen, in denen die Erwachsenen sich verlieren – und mit ihnen auch die Kinder. Die auf dem gespenstischen Begriff des medizinisch-psychologischen Teams aufbauende Parallelschule schafft infolgedessen für das Kind manchmal eine Umgebung, die pathogener als die Schule ist.

Darin steckt ein analytisches Problem, hinter dem sich ein politisches Problem verbirgt, das nicht übersehen werden sollte – denn gibt es die Schule überhaupt noch?

Die pädagogischen Erfahrungen und Innovationen der letzten zehn Jahre sind in Frankreich gegen die undurchdringliche Mauer des Konservatismus gestoßen. Fast einstimmig geben die Unterrichtenden den Bankrott der Erziehungsinstitution[99] zu, das heißt den Bankrott einer Gesellschaft, die lieber auf jede Erziehung verzichtet, als eine Veränderung der bestehenden Sozialstrukturen in Kauf zu nehmen. Die Gesellschaft überantwortet die Aufrechterhaltung des Systems an die Institutionen (reicht die Schule nicht aus, fügt man Parallelschulen hin-

ner medizinischen Diagnose (auch nicht der der Epilepsie) hätten »fixiert« werden dürfen. Es ist immer besser, Untersuchungen aufzuschieben. (Im vorliegenden Fall haben sich die sechs Monate später durchgeführten Untersuchungen alle als negativ erwiesen.)

[99] René Lourau, a. a. O.

zu – und warum nicht auch in nächster Zukunft Präventivlager für Verhaltensgestörte?).
Wie Lourau bemerkt, ist die Alternative, die den Institutionen angeboten wird (Zwangspädagogik oder Dialog), eine Scheinalternative. Der springende Punkt liegt woanders, und jeder weiß das. Die Bereiche Forschung und Erziehung sind in der Tat nicht zu modifizieren, ohne daß die gesamtgesellschaftliche Ideologie angetastet würde (das heißt, ohne daß man an die ökonomische Entwicklung rührt). Folglich handelt es sich in erster Linie um ein politisches Problem.
Michel Foucault[100] hat gezeigt, daß der Gedanke der Regression (der in den Vorstellungen von Geisteskrankheit und Charakterstörungen wirksam ist) unmittelbar mit einer Kultur zusammenhängt, die die Vergangenheit integriert, sie aber gleichzeitig zum Verschwinden verurteilt, indem sie zwischen Gegenwart und Vergangenheit unüberwindbare Schranken errichtet.
»Die Regressionsneurosen bringen nicht die neurotische Natur der Kindheit zum Vorschein«, schreibt er, »sondern sie offenbaren den archaisierenden Charakter der die Kindheit betreffenden Institutionen.« Sie sind der Reflex einer zwischen dem Traum von einer idealen Erziehung und der Realität der Lebensbedingungen zerrissenen Gesellschaft, die ihren Mitgliedern eben diese Bedingungen auferlegt.
»Wenn der Mensch dem, was in seine Sprache eingeht, fremd bleibt, ... wenn die ökonomischen und sozialen Bestimmungen ihm Zwang antun, ohne daß er in dieser Welt sein Vaterland erkennen kann – dann lebt er in einer Kultur, die eine pathologische Form wie die Schizophrenie möglich macht; fremd in einer realen Welt, ist er auf eine ›private‹ Welt angewiesen.« Die sogenannten »behinderten« Kinder, mit denen wir zu tun haben, sind Produkt einer Familiengeschichte; aber das, was ihre »Krankheit« genannt wird, steht in einem determinierten sozialen Kontext, der eine pathogene Entwicklung – das heißt, eine den gesellschaftlichen Ausschlußmechanismen entgegenkommende Entwicklung – fördert oder hemmt.

[100] Michel Foucault, *Psychologie und Geisteskrankheit*, a. a. O.

II. Theoretische Praxis

»Zu der bürgerlichen Heuchelei gehört auch die Behauptung, die Schule könne außerhalb der Politik stehen. Sie wissen sehr gut, wie verlogen diese Behauptung ist. Und die Bourgeoisie, die diese These verficht, hat ja selbst ihre bürgerliche Politik zum Eckstein der gesamten Arbeit in der Schule gemacht und bemüht sich, das ganze Schulwesen darauf abzustellen, für die Bourgeoisie gehorsame und rührige Diener, Vollstrecker ihres Willens, Sklaven des Kapitals abzurichten.«

Lenin

3. Die gesprengte Institution

Prinzipien

Gegen die Institution

»Lassen junge Menschen es erst einmal zu«, schreibt Illich[101], »daß ihre Phantasie durch Unterweisung nach Curriculum geformt wird, so werden sie für institutionelle Planung jeglicher Art konditioniert. ›Unterweisung‹ vernebelt den Horizont ihrer Phantasie.« Die Struktur jeder Institution (Familie, Schule, Krankenhaus) hat die Funktion der *Konservierung* einer (kulturellen, sozialen, etc.) Errungenschaft zum Zwecke der *Reproduktion* des so übermittelten Erbes.

Die Schwerfälligkeit der administrativen Routine – aus der keine Institution ausbrechen kann – erzeugt ihrer Tendenz nach eine Situation, in der ein dialektisches Vorgehen unmöglich ist. Auf diese Weise werden Strukturen errichtet, mit deren Hilfe die Institution alle Effekte der sogenannten freien Rede abwehrt. Insofern sie als »pathogen« verstanden wird (als das vom Patienten Zurückgewiesene), findet die »befreite« Rede keinerlei Zugang zu einem Transformationsprozeß. Und eben weil diese Rede von ihren Adressaten wie ein Abfallprodukt behandelt, weggeworfen wird, kehrt sie mit derartiger Konstanz, ja sogar mit Gewalt immer wieder zurück.

Diese Situation, die die psychiatrischen Institutionen gleichermaßen betrifft, hat Basaglia[102] dazu gebracht, die Ablehnung der Institution zur Vorbedingung für jede Veränderung zu machen. Wir wissen, daß die Grenze einer solchen Position in dem Eingeständnis liegt, daß es unmöglich ist, Geisteskranke ohne Umwälzung der Sozialstruktur selbst zu behandeln. Das Problem ist nach Basaglia also gesellschaftlicher und politischer Art.

Die gleiche Einstellung liegt den heutigen *Kommunen, Gegenuniversitäten* oder *Anti-Institutionen* zugrunde; man sucht nach Möglichkei-

[101] Ivan Illich, a. a. O., S. 64.
[102] F. Basaglia, *Die negierte Institution*, Ffm. 1971.

ten einer radikal neuen Szene, die an keine administrative Macht gebunden ist – einer Szene, die Freiheit im Sagen und Handeln verschafft, außerhalb der erdrückenden gesellschaftlichen Konventionen und Verbote. Man sucht nach einem Lebensstil, der nicht auf Wettbewerb und Gewinnsucht beruht, die für den Verfall der menschlichen Beziehungen verantwortlich gemacht werden.
Der Begriff Anti-Institution (im Zusammenhang mit Krankenhaus, Schule, etc.) drückt demnach den Willen aus, sich dem institutionellen Rahmen nicht zu unterwerfen, insofern dieser den Widerstand des Individuums gegen jegliche Innovation verstärkt. Eine gewisse Rigidität des Rahmens kann indessen nicht angetastet werden, ohne sogleich psychotische Ängste bei denjenigen Patienten zu mobilisieren, die hinter dem Schutzwall institutioneller Routine Deckung suchen. Die Frage ist also gar nicht so einfach: die bloße Vorsilbe *anti* hebt die sklerotisierenden Effekte der Institution nicht auf.
Mehr noch: ein gegebenes Gesellschaftssystem ist nicht die einzige Ursache für den Haß und die Gewalt im Kern jeder menschlichen Beziehung.
Was charakterisiert denn die Beziehung des Menschen zu seinesgleichen? Das Ich eines jeden ist immer in Gefahr, in Situationen fundamentaler Instabilität vom anderen überwältigt zu werden. Das Verhältnis des Ich zum anderen ist daher, wie Lacan betont, zunächst ein Verhältnis der »Objektivierung« (und beinhaltet zwangsläufig eine aggressive Antwort). Durch die Entdeckung seiner Subjektivität, wenn es sich die Sprache des Anderen aneignet, befreit sich das Kind bis zu einem bestimmten Punkt von der Entfremdung, in der es gefangen ist. Hiermit wird ein Weg unterstellt, in dessen Verlauf sich das Kind bei seiner Geburt als Objekt in die symbolische Ordnung einfügt, um sich später als Subjekt dort anzusiedeln – wenn es die Entdeckung einer von der symbolischen Ordnung gestalteten Realität macht. Der Eintritt des Kindes als Subjekt in die symbolische Ordnung geht einher mit der phonematischen Organisation der Realität, wie wir sie etwa beim Spiel des *Fort – Da* beobachten können. Erst danach ist das Kind in der Lage, Personalpronomen zu gebrauchen (wobei es häufig den Eigennamen vorzieht, der für Entfremdung weniger anfällig ist, als das *Ich*).

Fort – Da

Freud hat das mittlerweile klassische Spiel des *Fort – Da* genau beschrieben. Beim Weggehen der Mutter läßt das Kind eine Spule verschwinden und versucht auf diese Weise, sich hinsichtlich einer Abwesenheit zu orientieren – einer Abwesenheit, die es durch eine signifikante Identifikation mit der »verlorenen« Mutter, die es mittels der Spule wiederkehren läßt, unter Kontrolle zu bringen versucht. Die Entstehung des Subjekts vermittelt sich hier gewissermaßen durch die imaginäre Abwesenheit eines Objekts und die signifikante Markierung (die Oszillation der Spule), die die Abwesenheit besiegelt. Das Subjekt ist das abwesende Objekt[103]; dessen Bedürfnis, vom Signifikanten erfaßt zu werden, kann sich einer Subjektivierung nicht entziehen. Erst die Wiederkehr eines mit dem Signifikanten verknüpften Objekts wird dem Kind Befriedigung verschaffen.

Der sogenannte Schizophrene hat, entsprechend seiner Verwechslung von Subjekt und Objekt, Schwierigkeiten, diese Suche nach dem verlorenen Objekt[104] zu vollziehen. Als Stütze fehlt ihm ein von seinem eigenen Bild dissoziiertes Bild des anderen. So verharrt er in der rein halluzinatorischen Beschwörung der Spur, die das verlorene Objekt hinterlassen hat. (Françoise Dolto schreibt in diesem Zusammenhang, auf der Suche nach dem verlorenen *Objekt* sei dem Schizophrenen nicht klar, daß er eigentlich dem verlorenen *Sein* in einer objektlosen Welt nachjagt.[105])

Das Spiel des *Fort – Da,* bzw. die Oszillation zwischen *hier* und *dort,*

[103] *Fort* erscheint als Signifikant des Mangels. Es dient dem Kind als Merkmal, an dem es sich orientiert. Man kann dies als signifikante Identifikation mit der (fortgegangenen) Mutter verstehen.

[104] Eine Suche, die nach vollzogener Verdrängung des primären Wunsches (des Wunsches nach reiner Verschmelzung mit dem verlorenen Objekt) die Einrichtung von sekundären Wünschen ermöglicht.

[105] Françoise Dolto hat gezeigt, daß das Objekt aus der Zersplitterung des Subjekts hervorgeht. Während das Kind sich in der Phase, die Lacan als »Spiegelstufe« beschreibt, seines Körpers als Form bewußt wird, ist seine einzige Beziehung zum Anderen vor der Spiegelstufe eine Beziehung, die auf dem *Sein* aufbaut. Erst mit der Spiegelstufe wird eine Beziehung möglich, die auf dem *Haben* beruht, erst zu dieser Zeit entsteht ein Ich für die anderen. In der vorhergehenden Phase werden die verschiedenen Körperteile der Mutter vom Kind als sein Eigentum erlebt. Der Rhythmus von Anwesenheit und Abwesenheit macht die Mutter zum zerstückelten Objekt. Das Kind »entspringt« dieser Zerstückelung.

spielt in der Versuchsschule von Bonneuil immer dann eine besondere Rolle, wenn der Aufenthalt eines Kindes mit einem Aufenthalt woanders, in einer einsameren Gegend (in den Cevennen, der Dordogne oder in Le Grand-Fougeray) abwechselt. Verbunden mit dem Kommen und Gehen öffnet sich ein signifikanter Raum; in diesem Raum soll das Kind sich verlieren, sich der Illusion einer Wiedergeburt hingeben, während es sich durch das Spiel einer Skandierung von Anwesenheit und Abwesenheit[106] als Subjekt bestärkt. Im Unterschied zu dem, was beim *Fort – Da* geschieht, geht nicht die Mutter weg, sondern das Kind verläßt sie und verläßt Bonneuil. Identisch bleibt die Art des Diskurses, der sich aus einer verlorenen Anwesenheit ergibt.

Gelingt die Trennung, wird das Kind in seiner Eigenschaft als abwesendes Objekt zum Subjekt; seine Entscheidung für oder gegen die Rückkehr an den vorherigen Ort ist gleichsam eine Umsetzung dieser Erfahrung. Die Skandierung im Wechsel des Aufenthaltsortes *hier* und *dort* bringt – beim Psychotiker – ein wesentliches Element ins Spiel, sofern es ihm gelingt, einen Platz im imaginären Raum zu besetzen, den er bisher hatte leerstehen lassen. Manche Kinder können in der

[106] Man macht uns den Vorwurf, diese Aufenthalte zeitlich so zu skandieren, daß sie nicht dem Rhythmus des Kindes entsprechen. Man sagt, es sei nicht gut, wenn das Kind das Datum seiner Rückkehr ins Familienmilieu kenne.

Es ist richtig, daß die Dauer des Aufenthaltes (die willkürlich von den Erwachsenen festgelegt wird) in Frage gestellt werden können müßte, um der Wahrheit des Kindes so weit wie möglich zu entsprechen; andererseits stellt das Datum der Rückkehr manchmal den einzigen Anhaltspunkt dar, auf den das Kind sich beziehen kann, um der Leere, in die es sich versetzt fühlt, zu begegnen. Sollte es ihm passieren, daß es nur für den Augenblick der Rückkehr lebt, so nicht deshalb, weil ihm ein Datum (das immer revidiert werden kann) genannt wurde, sondern weil ihm eine Grundsicherheit fehlt, die notwendig ist, um in Trennung von dem Erwachsenen, an den man sich gebunden fühlt, leben zu können, ohne daß man fürchten muß, daran zu sterben. Manchmal erlebt das Kind die Trennung im Realen als Verdikt des Todesurteils. Alternierende Aufenthalte an verschiedenen Orten dürfen natürlich nicht willkürlich irgendwie und irgendwann eingeführt oder gar Objekt einer administrativen Reglementierung werden.

Es wäre naiv, das *anderswo* als geographischen Ort zu materialisieren. Entscheidend ist eine Dialektik von Anwesenheit und Abwesenheit. Durch die Abwesenheit bin ich, durch sie muß die Rede zum Durchbruch kommen; was mich konstituiert, ist der Unterschied (aber was sich als Unterschied konstituiert, kann niemals vollständig gesagt werden). Der ganze mythische Diskurs (des Unbewußten) siedelt sich im Umkreis der Methaper der Abwesenheit an. Wie soll man ihm dazu verhelfen, daß er eine konnotative Macht bewahrt, die der Rede erlaubt, sich Gehör zu verschaffen? Dies ist die Frage, die sich aus dem angesprochenen Problem ergibt.

Zeit, die Kommen und Gehen skandiert, nur abwesend leben. Natürlich darf das autistische Kind nicht willkürlich zu jedem beliebigen Zeitpunkt zu einem Wechsel seines Aufenthaltsortes veranlaßt werden, der eine harte, nicht immer leicht zu bestehende Prüfung darstellt.[107]

Winnicott hat gezeigt, wie sehr die durch das Spiel des *Fort – Da* vermittelte Erfahrung der Bemächtigung erschwert wird, wenn es der Mutter beim Fortgehen nicht gelungen ist, sich dem Rhythmus des Kindes anzupassen, denn dies ist Voraussetzung für einen angstfreien Weg von der *Illusion zur Desillusion* – wobei die für eine erfolgreiche Entwöhnung notwendige Illusion darin besteht, daß die Brust der Mutter dem Kind gehört. Besondere Bedeutung legt er darauf, daß die Besetzung langsam von den in den Bereich der Illusion gehörigen Objekten abgezogen wird, um kulturellen Interessen Platz zu machen. Im Fall des Autismus wird eben dieser Abzug der Besetzung verhindert; kommt es in der Zeit der Illusion zu Störungen, sucht das Kind im Schutz seiner »Festung« zu bleiben, es ist taub gegenüber der äußeren Realität, und nur die Begegnung eines absichernden Mutterersatzes wird ihm ermöglichen, die Frustrationen zu überwinden und einer fremden Welt furchtlos zu begegnen.

Der Raum, dem das Kind bei seiner Geburt und im Verlauf der Entwicklung begegnet, ist – wie wir schon gesagt haben – von den anderen strukturiert[108]; sie sind es, die ihm die Möglichkeit geben, oder nicht, sich außerhalb ihres Einflußbereichs zu entwickeln. Der andere ist es, der dem Kind das Gefühl vermittelt, einen Platz zu haben. Das Kind hat nämlich eine Funktion im Phantasieleben der anderen Familienmitglieder; sie bleiben Herr über die Entscheidung, ob ihre Nachkommen eine Entwicklung im eigenen Namen vollziehen dürfen oder nicht.

Der Platz, den man sich zugesteht, die Funktion, die man (ohne es zu

107 Dieses Problem des *Kommens und Gehens* hat verschiedene Konnotationen, je nachdem, ob es sich um ein – wie man sagt – neurotisches oder ein psychotisches Kind handelt.

108 R. D. Laing, *Das Selbst und die Anderen*, Köln 1973.
Das Wichtigste jener Phase, in der das *a-subjektive* Kind noch nicht in Beziehung zu Objekten steht, ist nach Lacan die Entdeckung des Unterschieds, der an die Alternation von Anwesenheit und Abwesenheit der Lusterfüllung in dieser »objektlosen« Welt gebunden ist.

wissen) als X (»Kranker«, »Verrückter«) gegenüber einem anderen (dessen Angst man zudeckt) einnimmt, sind die Bestandteile einer Schachpartie, die in der Familie, aber auch in jeder anderen Institution gespielt wird. Das Spiel wird umso flexibler, je weniger es sich in den rigiden Rahmen einer Institution einfügt (wo die »Behandlungsabsichten« die erzieherische Fürsorge der Familie noch verdoppeln).[109]

Wie ein Individuum sich an seinem Platz in dieser Welt fühlt, hängt ebenfalls mit der Frage zusammen, ob und wie es in seinem Leben *für jemand anderen gezählt* hat – ob es gezählt hat, ohne daß es sich deshalb als Subjekt hat auslöschen müssen. Dieses »für einen anderen zählen« ereignet sich in der Institution immer wieder von neuem. Die Kinder werden angeregt, reihum die Rolle der Eltern, des Bruders, des Freundes, etc. zu übernehmen; aus dem Verlauf solcher Spiele geht ganz klar hervor, welche Funktion die »Krankheit« im Feld des anderen innehat (wenn man als »Kranker« für ihn zählen will). Obwohl es sich, wie wir später, bei fortgeschritteneren klinischen Fällen noch sehen werden, um ein Spiel zu mehreren handelt, muß dafür gesorgt werden, daß sich die Kinder nicht auf einmal etablierte Rollen festlegen.[110]

[109] Dazu ein Beispiel aus Bonneuil: Denise hatte Jacques zwar die Quasi-Heilung ihrer halbseitigen Lähmung zu verdanken (er hatte ihr beigebracht, mit ihrer untauglichen Hand zu schreiben), doch als Jacques bemerkte, daß die »geheilte« Denise sich ihm entzog, geriet er in eine schwere Krise. Er wollte Denise um keinen Preis »aufgeben«: man sollte sie ihm krank »erhalten«.

M. M.: Denise möchte sich allein durchschlagen, mit der »Behandlung« gehst Du ihr auf die Nerven.

J.: Aber Denise wacht über meine Kontrolle. Wenn ich Denise verliere, verliere ich meine Beherrschung!

P.: Laßt ihm Denise doch, wenn er sie braucht.

D.: Ich will alleine ausgehen.

J.: Also gut, okay, du kriegst die Verantwortung für die Filzläuse und ich ziehe mich zurück. Die Verantwortung für mich selbst reicht mir vollkommen. Ich trete ab, das ist die Lösung. Hat denn eigentlich niemand gemerkt, daß ich mich, seit ich Denise verloren habe, am Anfang meines eigenen Endes fühle? . . . übrigens ist der Mutismus ein gutes Mittel, den Leuten zu verstehen zu geben, daß man sie für Scheiße hält.

[110] In Bonneuil:

– Ihr habt Euch an die Unangepaßten angepaßt, ich will das nicht, ich bin normal, ich will weg von hier.

– Normal? Pierre, der »Würger der Omis«?

– Man hat ihn zum Würger gemacht, erklärt Paul, durch verletzende Worte hat man ihn zum Würger gemacht.

Unter dem, was wir als Sprengung der Institution bezeichnen, verstehen wir die Entschleierung der Funktion, die ein Kind für die anderen einnimmt.[111] Ausgehend vom Mangel eines Liebesobjekts entfaltet sich ein dialektischer Prozeß, das heißt, ausgehend von Einschnitten im kollektiven Diskurs, der, sofern er in der Institution gefangen bliebe, zu einem Ritual erstarren würde, das der pathologischen Situation entspricht, die sich zwischen verschiedenen Personen etabliert hat.[112]
Hinter dem von uns eingeführten Begriff der *gesprengten Institution* steht die Absicht, aus allen *ungewöhnlichen* Vorkommnissen Nutzen zu ziehen (aus dem Ungewöhnlichen, das man gewöhnlich unterdrückt). An Stelle der Permanenz bietet der Rahmen der Institution von nun an auf der Grundlage der Permanenz *Öffnungen* nach außen, Breschen aller Art (beispielsweise Aufenthalte außerhalb der Institution). Unverändert bleibt er nur als Ort des Rückzugs; aber der wesentliche Teil des Lebens spielt sich woanders ab, bei der Arbeit oder in irgendeinem Projekt außerhalb. Vor dem Hintergrund dieser *Oszillation von einem Ort zum anderen* kann ein Subjekt entstehen, das sich nach seinem eigenen Willen befragt.

Das soeben Gesagte ist in Hinsicht auf die Phantasie zu verstehen.
Wie wir schon gesehen haben, sucht das Kind im anderen das Objekt seines Wunsches und richtet sich dabei nach Merkmalen, die das Ob-

[111] Wie der Schwarze, der seine Negritude fordert (die einzige Möglichkeit, anerkannt zu werden) ist auch das als »verrückt« etikettierte Kind nicht so leicht bereit, auf seinen Status des Wahnsinns zu verzichten. Um sich wohl zu fühlen, muß es entweder verrückt sein oder einen Verrückten haben. Die Kinder selbst schaffen den Platz des pflegebedürftigen Behinderten, des unheilbaren Behinderten.
[112] In Bonneuil:
P.: Ich verstehe nicht, warum meine Eltern mich hierher gebracht haben.
J.: Deine Eltern sagen sich, solange er dort ist, haben wir unsere Ruhe.
P.: Das Leben ekelt mich an, ich möchte abhauen.
Dieses Thema, das Abhauen, kommt bei anderen Gelegenheiten in folgender Form zum Ausdruck: Ich möchte mich erschießen, um zu wissen, wer ich bin. Genau diese Frage muß unterstützt werden, damit ein willensfähiges Subjekt aus ihr hervorgeht. Die Funktion einer Institution indessen liegt meistens in dem Bestreben, die Lücken zu stopfen und dem Subjekt sogar seine Beziehung zur Angst zu nehmen.

jekt im Vorübergehen hinterläßt.[113] Der sich herausbildende Stil des Verlangens[114] erscheint wie ein Effekt dieser Suche, die sich durch die Montage der Phantasie aktualisieren läßt – eine Art Inszenierung von Subjekt und Objekt seines Wunsches. Die Umsetzung ins Reale erfolgt in den Erfahrungen, die das Subjekt von nun an mit Anwesenheit und Abwesenheit der Mutter macht. Die ersten Ausdrucksregungen sind Wiederbelebungen von Merkmalen der mütterlichen Antwort. Durch die Skandierung von Verlust und Wiederfinden der Mutter öffnet sich dem Kind der metaphorische Bereich, aus dem das Verlangen entspringt. Der vom Verlangen ausgehöhlte Zwischenraum, dieser Mangel des Seins, bietet dem Kind Gelegenheit, selbst einen Appell auszusenden, um vom Anderen das Komplement zu erhalten. Ist die Mutter zu gegenwärtig und allzu besorgt, das Kind auf der Ebene seiner Bedürfnisse zu befriedigen, wird es diesem unmöglich, sich im Register des Wunsches (des gesprochenen Worts) auszudrücken.
Diesen ganzen Weg versuchen wir mit dem autistischen Kind noch einmal zurückzulegen; einen Weg, der ihm einen neuen Entwurf seiner selbst ermöglicht, und zwar durch einen Bruch, der das Aufkommen des gesprochenen Worts als seiner eigenen (Objekt-)Welt begünstigt. In einer Analyse haben wir mit einer Phantomwelt (den Basisphantasien) zu tun, unter deren Eindruck sich das Subjekt in die Analyse hineinbegibt (oder in der es lebt). Aber diese Phantasiewelt, die oft von der ganzen Familie geteilt wird, bringt es nicht nur in die Analyse, sondern an jeden beliebigen Ort mit, in die Schule oder ins Krankenhaus.

Aus dem Fenster seiner Phantasie nimmt das Subjekt andere Wesen in einer bestimmten Art wahr. Gemeinsam mit den anderen Familienmitgliedern muß es ein oftmals prekäres (Familien-)Gleichgewicht etablieren und kann dann den Rahmen der Familienbeziehungen manchmal nicht mehr verlassen ohne Gefahr zu laufen, von seinen Angehörigen für »krank« erklärt zu werden. Zwar kann ihm eine Illusion von Autonomie vermittelt werden, aber in Wirklichkeit trägt

[113] Jacques Lacan: »Was das Subjekt als Objekt im Auge hat, ist das Verlangen des Anderen; was das Subjekt verlangt, wenn es versucht, das unfaßbare Objekt seines Wunsches zu fassen, ist das Objekt des Anderen.« *Séminaire* vom 30. Mai 1962.

[114] Schon in diesem Zusammenhang wollen wir daran erinnern, daß das Baby, aber auch das autistische Kind, besonders sensibel auf abrupte Geräusche reagiert, die durch Diskontinuität und Alternation, ja sogar durch Einschnitte gekennzeichnet sind.

alles dazu bei, ihm den Ausbruch aus der Familie und im weiteren Sinne aus der Institution zu verbieten.[115]

Häufig stellt sich die Familie als undifferenzierter Block dar, wo jeder nur als Parasit des anderen lebt (das kommt in den Familien der Psychotiker ganz offen zum Ausdruck). Jeder Versuch, sich vom anderen zu differenzieren, konfligiert mit dem Wunsch des »Clans«, den Unterschied zu neutralisieren. Nicht selten reproduziert die Institution (Schule, Krankenhaus) in ihren Strukturen die ganze Misere der psychogenen Familien, sie liefert ihnen in vielen Fällen sogar das Modell; jedes ihrer Mitglieder »gehört« ihr und kann sie nur unter dramatischen Umständen verlassen.

Jede Trennung im Hinblick auf die Familie (oder die Institution) wird als verboten empfunden. Findet sie dennoch statt, so in einem Kontext der Gewalt, der das Subjekt in den Schoß der Familie (oder einer Ersatzfamilie, wie Anstalt oder Gefängnis) zurücktreibt. Dieser Typ von Familie begünstigt ein »wir« (der Vereinigung auf der Grundlage einer Fusion der »Ichs« der verschiedenen Mitglieder des »Clan«.

Unter als »normal« zu bezeichnenden Umständen erscheint die Mutter dem Kind von Anfang an ausschließlich auf der Basis der Abwesenheit. Dies (die Restriktion in Hinsicht auf den Besitz des anderen) ist die notwendige Voraussetzung, wenn es dem Kind gelingen soll, sich aus dem fesselnden Griff des narzißtischen Doppels zu befreien und sich jenseits eines tödlichen Zusammenpralls als anderer zu konstituieren.

Besteht ein unersättliches Verlangen, mit dem anderen eins[116] zu sein,

[115] In Bonneuil:
P.: In Wirklichkeit bedeutet dieses Schild (»Versuchsschule«) Deppenschule. Das ist es, was hier besichtigt wird. Ich bin intelligent, fast normal, aber da drin schäme ich mich.
J.: Kinder, die ausflippen und streiten, machen einen schlechten Eindruck.
M. M.: Hättet ihr lieber eine Schule, die von der Außenwelt abgeschnitten ist?
J. C.: Genau, ohne Beziehung zur Außenwelt.
G. S.: Du meinst, man muß sich von der Außenwelt abschneiden?
J.: Wenn ich da bin, ja. Ich fühle mich von den anderen aufs Blödsein festgenagelt. Und Denise erst mal, sie erscheint zwar nicht blöd, aber mit 13 kann sie immer noch nicht lesen, und dann bekommt man einen schlechten Eindruck von uns ... für mich ist es sowieso aus, meine Eltern haben gesagt, da wäre alles verloren.
Vgl. auch R. D. Laing: *Das Selbst und die Anderen,* a. a. O.

[116] Mit dem anderen *eins* zu sein ist eine logische Unmöglichkeit, da das Eins auch ein Zwei verlangt. Es kann also sein, daß das Kind die Funktion der Null einnehmen möchte, das heißt, es möchte das werden, was dem anderen fehlt.

kann der Wunsch nicht bestehen, da jede Vermittlung in der Beziehung zum anderen ausgeschlossen ist. Ein gegenseitiges Verschlingen charakterisiert zahlreiche Familien von Psychotikern. In manchen Fällen reicht die Toleranz gegenüber dem Parasitentum zwischen Kind und Erwachsenem so weit, daß die Familie sich aus allen sozialen Beziehungen herauslöst, um sich der Tyrannei des »verrückten Kindes« auszuliefern.

Die Einführung eines dritten Elements zwischen Mutter und Kind (das dem Kind die Mutter als Eigentum raubt) vermittelt die Dimension des *Mangels,* aus der der Wunsch hervorgeht. Aus diesem Grunde wird das Kind zum *Zeugen* des Wunsches der Eltern.

Bei aller Freizügigkeit, die die Kinder in Bonneuil genießen, geraten sie mit einer Restriktion, auf deren Einhaltung strengstens geachtet wird, in Konflikt: sie dürfen die anderen nicht am Leben hindern. Wenn das Geschrei eines Kindes die anderen hindert, sich zu verstehen, wird es gebeten, in den Garten zu gehen und mit den Kieseln zu reden. Es kommt vor, daß ein Kind Monate allein in der Gesellschaft von Steinen verbringt. Ausgehend von einem Einschnitt, einem hergestellten Mangel wird das Kind schließlich zum gesprochenen Wort finden und menschliche Gestalt annehmen.

Autismus und gesprengte Institution

Das autistische Kind[117] hat seine Mutter nur in den seltensten Fällen als geschlechtliches und autonomes Wesen kennengelernt. Jede Trennung des kindlichen Körpers vom mütterlichen Körper wird von bestimmten Müttern schon als Gefährdung ihrer eigenen narzißtischen (körperlichen) Integrität empfunden; unter diesen Umständen wird die Entbindung als pathologische Trauer erlebt, die ihren extremsten Ausdruck in der Kindbettpsychose findet. Zu einem bestimmten Zeitpunkt in der Geschichte der Mutter kann die Ankunft eines Kindes Teile ihrer eigenen Abwehr aus dem Gleichgewicht bringen; die Folge ist gewöhnlich, daß das Kind in eine mütterliche Ahistorizität hinein-

[117] Diese Definition läßt sich bekanntlich – und dies wird auch im weiteren Verlauf dieses Buches festzustellen sein – im eigentlichen Sinne nur auf Kleinkinder anwenden.

geboren wird.[118] (Und genau dadurch wird das Kind bei jeder späteren Berührung mit dem Gesetz auf die *mütterliche Willkür* zurückgeworfen, das heißt in das gesetzlose Universum, in dem die Mutter sich ansiedelt.)

Das Fehlen eines Dritten zwischen Mutter und Kind schafft eine besondere Art der Bindung zwischen dem Körper der Mutter und dem Körper des Kindes; jedes Geschehen spielt sich auf der Ebene des imaginären Körpers ab, als wären Kind und Mutter eine Einheit, als gäbe es für das Kind keinen Platz außer in der narzißtischen Überbesetzung der Mutter. Es ist (wie Piera Aulagnier bemerkt) »ein endogenes Produkt, wie etwas, das sich dem eigenen Körper hinzugesellt«.[119] Aus dieser Sicht kann der reale Körper des Kindes nur als Verlängerung der Mutter bestehen: er wird zum Denkmal der Mutterfunktion. In der Herrschaft über die Organe ihres Kindes findet die Mutter einen Sinn (für ihr eigenes Leben); ihre Trauer wiederholt sich mit jeder erneuten Trennung vom Kind. Sie macht es unfähig zur Flucht aus dem abgeschirmten Territorium, das die Mutter für sich und ihr Kind konstruiert hat, und verleitet es zu einem geregelten und geschützten Leben jenseits aller ungewöhnlichen Ereignisse, auf das es auch in Zukunft konditioniert wird.

Ist das Kind räumlich von der Mutter getrennt, bleibt es dennoch auf der Ebene der Organe mit ihr verbunden, so daß Trennungen manchmal zu mehr oder weniger auffälligen organischen Krankheiten oder Störungen führen, die für das Kind allerdings unentbehrlich sind, um sich als von der Mutter abgelöstes Wesen zurückerobern zu können.

Aus eben diesem Grunde werden den autistischen Kindern, wie den Älteren, Aufenthalte in Bonneuil ermöglicht, die mit Aufenthalten an anderen Orten abwechseln. Ein solcher Einschnitt im Bereich des Realen bleibt auf beide, auf das Kind und die Mutter, nicht ohne Wirkung, insofern realer und imaginierter Körper des Kindes für die Mutter eine Einheit bilden und das Kind, nachdem es in eine real »unbewohnte« Gegend versetzt worden ist, schließlich seine mitgebrachte Stereotypie des Schutzes aufgibt, auch auf die Gefahr hin, in einer anderen Phase wieder darauf zurückzugreifen.

118 Piera Aulagnier, »Remarques sur la structure psychotique«, in: *La Psychanalyse*, Nr. 8.

119 Piera Aulagnier, a. a. O.

In der Zeit zwischen Abwesenheit und Rückkehr liegt für die Mutter wie für das Kind die Möglichkeit einer radikalen dialektischen Umwälzung. In gewissem Sinne lernen beide, mit einem Verlust umzugehen, einem Verlust, den das Kind oft nicht vollziehen kann, weil die Erwachsenen es unfähig dazu machen (es ist der Erwachsene, der das Kind hindert, *sich* abzunabeln). Es kommt vor, daß das Kind bei seiner Rückkehr Vorwürfen begegnet, hinter denen sich die Schuldgefühle hervorrufende Angst des Erwachsenen verbirgt, der es nicht ertragen konnte, von der Ausübung der Herrschaft über die Organe seines Kindes abgeschnitten zu sein.
Aus dieser Art der körperlichen Beziehung erklärt sich, daß das, was dem Körper auf der Ebene des Realen zustößt, beim autistischen Kind in solchem Ausmaß im mütterlichen Diskurs vertreten ist (und entsprechend im symptomatischen Diskurs des Kindes). In allem, was dem Körper widerfährt, in dem Platz, den der reale Körper in der Beziehung zum anderen einnimmt (ein Körper, der jeder autonomen Körperhülle entblößt ist), zeigt sich, was in der Mutter-Kind-Beziehung nicht symbolisiert werden konnte; das Kind wird sozusagen im Zustand des Nicht-Wiedererkennens gehalten. Ihm wurde kein Platz zugestanden, sich als Glied in eine signifikante Kette einzufügen. Es bleibt der absurde Zeuge einer mütterlichen Ahistorizität.
Eben weil in Bonneuil ein Ortswechsel möglich ist, findet man auch unmittelbaren Zugang zu dem Drama, in dem das autistische Kind und seine Mutter gefangen sind; durch die Abwesenheit ist beiden die Möglichkeit gegeben, die Beziehung zum anderen umzubilden.
Wenn das Kind zurückkehrt, gibt es meistens ein negatives Bild von seinem Aufenthaltsort, auch wenn es sich dort wohl gefühlt hat. Diese Ablehnung scheint letztlich den Verlust eines selbstgewebten »Spinnennetzes« zu betreffen, in dessen Schutz das Kind leben wollte, wie ein Scheintoter. Die gleiche Ablehnung äußert sich beim Mutisten in Form einer vorübergehenden organischen Störung.
Das Kind sollte den Ort wechseln, sobald sich eine adaptive Stereotypie einstellt. Die Veränderung mit ihren »heilenden« Wirkungen vermittelt sich durch das, was *zwischen* zwei Orten aufbricht.
Das besagte »Spinnennetz«, hinter dem das Kind Deckung sucht, erscheint als Substitut des Mutterleibs, den es nicht mehr integrieren kann. Die unmögliche oder verbotene Reintegration enthüllt bzw.

verdeckt all das, was mit dem Verbot des Verschlingens (das dem Mordverbot entspricht) zu tun hat, das Grundlage aller menschlichen Beziehungen ist und bei bestimmten Familien von Psychotikern fehlt.
Durch die Trennung (und manchmal um den Preis einer organischen Störung) gelingt dem autistischen Kind dic symbolische Rückgewinnung eines Körpers, den es – auf der Ebene des Realen – aufgegeben und der Macht eines anderen überantwortet hatte (der Mutter, die über seine Organe herrschte). Es geht als wünschendes und sprechendes Subjekt aus dem Prozeß hervor.
Der Drehpunkt des Diskurses erinnert bei den autistischen (und auch bei manchen psychotischen und perversen) Kindern in einigen Punkten an das Tabu des Kannibalismus (des Parasitentums). Bei einem anderen Typ von Kindern konzentriert sich der Diskurs auf die Dimension der Kastration, den wunden Punkt der sexuellen Wünsche.

Sexualität und gesprengte Institution

Die Frage nach geschlechtlichen Beziehungen wurde in Bonneuil von den Vätern aufgebracht, die verlangten, ihre Töchter sollten nicht herumgereicht werden.
Das Problem wurde ganz offen mit den Kindern diskutiert. Übereinstimmend sahen wir in der Entscheidung der Väter einen Akt der Willkür, die noch untermauert wird durch eine Gesellschaft, die das Alter, in dem Minderjährige frei über ihre eigene Sexualität verfügen dürfen (das heißt, als verantwortlich für die Frucht ihrer Handlungen betrachtet werden), gesetzlich festlegt. Es liegt auf der Hand, daß wir binnen kürzester Zeit auf der Anklagebank säßen (wegen Anstiftung Minderjähriger zur sexuellen Ausschweifung), wenn wir den minderjährigen Jungen und Mädchen alle sexuellen Freiheiten ließen.
So haben wir willkürlich beschlossen, daß die Kinder von Bonneuil in der Schule nicht anbändeln dürfen, da die Väter ihre Töchter nicht freigeben wollten. Den Jungen sagten wir: ihr könnt mit allen Mädchen anbändeln, nur nicht mit denen von hier.
Kaum waren die Schranken gefallen, die Mädchen außerhalb der Schule erreichbar geworden, kamen Schwierigkeiten anderer Art an den Tag. Diejenigen, die am lautesten nach Lust geschrien hatten, erlebten sie

in Wirklichkeit als verboten. Sprachlich schimmerte der Schatten des Ödipus durch die Frage: »Gibt es wenigstens ein Mädchen, das mit Sicherheit nicht meine Mutter ist?« Im Mythos offenbart und verdunkelt sich der Abgrund des Verbots gleichermaßen – Überschreitung bedeutet unmittelbar die Herstellung von Unordnung –; entsprechend führte die Erlaubnis, anzubändeln, aber nur außerhalb der Schule, zu folgender Antwort: »Das ist doch künstlich, als hießen wir alle Bonneuil und müßten deswegen woanders anbändeln.«

Ausgesprochen wurde diese Antwort von Jacques, einem Kind, das gerade einen Gott (Pelchat) erfunden hatte, den er bei den Vorfahren der Mutter eines Freundes ansiedelte, dem der Vater die Übertragung seines Namens verweigert hatte. Dieser perverse Gott sollte Jacques geben, was der Gott der Menschen ihm vorenthielt. Nicht nur Denise (ein Mädchen aus der Schule von Bonneuil) wollte er besitzen, sondern darüber hinaus hatte er es auf seine eigene Mutter abgesehen. Der Gedanke, daß dieser Besitz ihm verwehrt würde, stürzte ihn in eine schwere depressive Krise.

In einer zweiten Phase schob Jacques der Frau die Verantwortung für die Entartung des Mannes zu. Er machte der inzestuösen Mutter, die homosexuelle und psychotische Kinder produziert, den Prozeß: »Die Mutter ist ein Gefängnis. Will man die Gefängnisse abschaffen, muß man die Mütter abschaffen.« Und dann stellte er die schon zitierte Frage: wer kann garantieren, daß das Mädchen, mit dem man schläft, nicht die eigene Mutter ist?

Diese Garantie ist notwendig als Schutz gegen den Wahnsinn. Der Wahnsinn erscheint jedoch seinerseits als Schutz gegen die Kastration, die Jacques, obgleich er nichts davon wissen wollte, kennenlernen mußte, sobald er sich als wünschendes Wesen zeigte.

Eines Tages brach er zusammen; gleichzeitig vollzog er eine grundlegende Wende: wir hatten ein Recht auf den Zusammenbruch unterstützt, den er nachträglich als »Lusterlebnis« bezeichnete. Genau von diesem Moment an konnte er sich anders verhalten. In diesem Zusammenhang soll nur noch gesagt sein, daß Jacques zu jener Zeit, als er das Recht verlangte, die Mädchen aus der Schule von Bonneuil (und seine Mutter) zu besitzen, in Wirklichkeit kaum mit der Masturbationslust zurechtkam. Eine Beziehung zur Frau konnte er notfalls noch bewältigen, wenn sie als *Besitz* erschien, doch hinsichtlich einer Beziehung zur Frau als Signifikant steckte er in einer hoffnungslosen Sackgasse.[120]

Die Frage nach der sexuellen Freiheit stellt sich natürlich ganz anders an einem Ort, wo die Studenten das, sagen wir, legale Alter (so komisch das klingen mag) erreicht haben; aber selbst dort kommt es vor, daß die Administration sich einsatzfreudig das Recht anmaßt, die Sexualität der Studenten im Sinne einer Asexualität zu verwalten, in der sie die Garantie für die Aufrechterhaltung der Ordnung sieht.

Gleichwohl ist das Problem der sexuellen Freiheit in der Institution gar nicht so einfach. Derjenige, der sexuelle Freiheit fordert, ist nicht unbedingt frei genug, ohne Schuldgefühle damit umzugehen. Zwischen den Willen eines Subjekts und sein Geschlecht können sich eine Menge Hindernisse schieben, da das Geschlecht nicht zwangsläufig mit dem *Ich* (Je) harmoniert, das dem Wunsch preisgegeben ist.[121]

Die Fragen im Zusammenhang mit der Sexualität, dem Tod, werden in Bonneuil, wie alle anderen Fragen, auf eine offene Plattform gestellt, die sich anderen Orten nicht verschließt. Nichts kann eingemauert werden. Es geht um einen Weg, skandiert von Brüchen. Dem Subjekt wird die Möglichkeit geboten, aus dem psychotischen Raum, in dem es sich (an einem bestimmten Ort) mit einem anderen installiert hatte, auszubrechen. In den psychotischen Familien gibt es kein Entkommen. Die von uns initiierte Umwälzung wird in dem Maße wirksam, in dem neue signifikante Beziehungen ans Licht kommen und der Bruch mit einem wesentlich toten Mythos vollzogen wird.

Das Kind kann aus einer verrückten Situation erst dann hervorgehen,

[120] Safouan hat auf dem Kongreß der *École freudienne* in Aix-en-Provence 1971 einige Merkmale genannt, die ich hier wieder aufnehmen möchte: »Eine Integration des Wunsches in die Ordnung des Gesetzes ist nur dann möglich, wenn sie auf eine anfängliche Unordnung zurückgeht, denn das Subjekt geht von der Verkennung seiner eigenen Insignien aus. Und ausgehend von dieser Verkennung stellt das Subjekt die Beziehung des Wunsches zum Gesetz auf die Probe ... Der Ödipus ist nur eine kulturelle Form unter anderen. Dies ist der Ausgangspunkt für den Aufstieg des Mangels im Bereich des Psychischen ... Die Herstellung des Mangels erfolgt aufgrund der Induktion des Imaginären durch das Symbolische ... Nur weil es das Symbolische gibt, gibt es den Wunsch.«

[121] Bei den bisherigen Untersuchungen über die Sexualität wurde die Befriedigung auf der Ebene des *Bedürfnisses* meistens mit dem verwechselt, was mit dem *Wunsch* zu tun hat und in einer Sackgasse steckenbleibt. Die klinische Erfahrung sollte uns zeigen, daß eine Ideologie des Sexualkonsums nichts mit einem Seinsanspruch zu tun hat.

wenn ihm die Möglichkeit gegeben wird, sich durch eine Verweigerung zu bestätigen, wie es etwa die Geschichte von Pierre illustriert, auf die wir nun zu sprechen kommen.

Der Fall Pierre

Pierres Weg

Bei unserer ersten Begegnung ist Pierre vierzehn Jahre alt. Aus dem normalen Kreislauf der »Readaptation« hat er sich hinauswerfen lassen. Die Tagesklinik will ihn nicht mehr und vermittelt ihm ein Bett in der Anstalt X.[122]

Er ist heftig, impulsiv; manche seiner Angehörigen wollen in ihm einen potentiellen Mörder sehen: »Er wird als Krimineller enden, seine Großmutter erwürgen und ihre Ersparnisse rauben.« Dieses Etikett des *Würgers* geht in Wirklichkeit jedem Versuch des Würgens voran. Pierres Brutalität drückt sich gewöhnlich durch völlig unerwartete Fausthiebe aus; in solchen Augenblicken verzehnfacht sich seine Kraft, eine blinde, erdrückende Kraft. Es gibt Momente, wo er jeden angreift, der sich ihm nähert; der Angriff kommt urplötzlich, das Opfer wird in einem blitzartigen Kampf außer Gefecht gesetzt. Diese Manifestation von Gewalt findet ihresgleichen nur in der von ihr provozierten Angst.

Die Eltern geben sich nicht mit der Anstalt zufrieden, sie wollen Pierre nicht aufgeben. Als Übergangslösung wird ein Kompromiß gefunden; ein Krankenhaus erklärt sich bereit, ihn nachts (in einer Zelle und vollgestopft mit Neuroleptika) zu beherbergen, tagsüber sollen wir ihn aufnehmen. Diese Situation erweist sich in kürzester Zeit als unhaltbar! Pierre oszilliert zwischen einem Zuchthausmilieu (im Krankenhaus) und der Freiheit von Bonneuil. Es dauert nicht lange, und er spielt das eine gegen das andere aus. Obendrein steht er ständig unter

[122] Die Psychiater sehen in ihm einen »perversen Psychopathen, der für sich und andere gefährlich ist«. Das Kind zeigt in der Tat primitive aggressive Reaktionen, die dem Gesetz des »alles oder nichts« folgen.

einer hohen Dosis Neuroleptika, während es die Chemotherapie in Bonneuil so gut wie gar nicht gibt.[123]

Die Kinder sprechen von Medikamenten wie von einer Gewalt, die ihnen angetan wurde, ehe sie nach Bonneuil kamen. Sie denunzieren diese Gewalt in Hinsicht auf Pierre. Vom ersten Tag an wird ihm der Status eines »Opfers der Psychiater, der Gesellschaft und der Familie« verliehen. Sein »mörderischer Wahn« findet so viel Nachsicht, daß er enttäuscht ist, nicht mehr die Person des »gefährlichen Verrückten« zu verkörpern.

Tatsächlich bekommt man ihn in den ersten zwei Monaten in Bonneuil kaum zu Gesicht. Pierre verbringt die meiste Zeit in den Kellern der benachbarten Sozialwohnungen, wo er sich Aggressionen hingibt, die wiederholt zum Einschreiten der Polizei führen; das hält so lange an, bis die Polizei auf unseren Vorschlag hin akzeptiert, sich nicht mehr einzuschalten. Von nun an richtet sich jeder Hilferuf der Nachbarn an uns. Wir gehen hin, weniger um den Flüchtigen zurückzuholen, als um mit den Bewohnern zu reden. In der Nachtklinik hat Pierre so viel Schrecken verbreitet, daß die schwangeren Frauen schon fürchten, er würde ihnen den Bauch aufschlitzen.

Die Zuchthauswelt ist Pierre übrigens nicht ganz unlieb; manchmal schleicht er sich am Tag dort ein und sucht die Gesellschaft eines Pflegers, um diesem zu klagen, was er in Bonneuil alles zu erleiden hat (wo er gerade nichts zu »erleiden« hat). Er flüchtet sich auch zu seiner Großmutter, die er zum Zeugen seines ganz persönlichen Unglücks macht.

Durch seine Schönheit (blasser Teint und große schwarze Augen) wirkt Pierre anziehend, sympathisch. Darauf reagiert er mit verführerischen Gesten, die eine unvorhersehbare Gewalt verbergen; so provoziert er Angst und Ablehnung.

Über seine Familiensituation weiß bald jeder Bescheid, sie gehört zum Dekor, das er von einem Ort zum anderen mit sich schleppt. Er wurde von einer Mutter zur Welt gebracht, die diese Geburt zwei Jahre lang verrückt gemacht hat (was die Geburt eines zweiten Sohnes während dieser Zeit nicht verhinderte), und die anschließend ihre Familie verlassen hat.

[123] Ein Verzicht auf Chemotherapie ist nur dann möglich, wenn man einen neuen Lebensstil erfindet.

Pierre und sein jüngerer Bruder wuchsen dann bei der Großmutter väterlicherseits auf, die nur Pierre Beachtung schenkte: »Jetzt bist du mein kleiner Junge«, pflegte sie zu sagen, »dein Vater ist nicht mehr mein kleiner Junge.« Pierre soll also mit drei Jahren bei der Großmutter den Platz eines Sohnes einnehmen, der sie durch seine Heirat verraten hat. Einige Jahre später zündet Pierre – in den Ferien bei seiner Mutter im Ausland – das Haus derer an, die ihn verlassen hat. In Wirklichkeit hängt dieser Mordimpuls mit einem Mißverständnis zusammen, das anläßlich der Geburt eines Babys in der zweiten Ehe seines Vaters aufkam. Mit dreizehn Jahren erlebt Pierre ein »Familienleben« zwischen seinem Vater, seiner Stiefmutter, seinem Bruder und dem Neugeborenen. Die »Pflege«, mit der man das Baby umgibt, interessiert ihn, und er stellt der Stiefmutter folgende Frage: »Habe ich auch so eine Mutter gehabt, die mich gesäugt, gewickelt und verhätschelt hat?«

»Nein, du hast keine Mutter gehabt, die das alles für dich getan hätte«, war die Antwort – im Namen einer Wahrheit, aber welcher Wahrheit?

Von zwei Gebär-Müttern stammend, einer »gesunden« und einer »verrückten«[124], sucht Pierre vergeblich, sich an einem Bild festzumachen, aus dem er als menschliches Wesen hervorgehen könnte.

»Woraus bin ich eigentlich geboren?« sagte er eines Tages weinend. Und dann präsentiert er sich, nach dem Vorbild der Frauen, die ihn verlassen oder umgebracht haben, bald selbst als ablehnend. Pierre bringt sein Drama in einem Bild unter: Seiner »verrückten« Mutter folgt die Großmutter, die ihn um den Preis aufnimmt, daß er ihr seinen Vater ersetzt (dadurch macht sie sich ebenfalls zu einer Mutter, die ihren eigenen Sohn ablehnt). Und schon bringt ihm dieser Vater, das Opfer der Frauen, eine Frau, die ihn, Pierre, ermorden wird. Nun hat Pierre nur noch einen Gedanken: *der stärkste Mann der Welt zu sein* (im Gegensatz zu einem Vater, den man eher als Opfer denn als Agent der Kastration einstufen würde).

In Bonneuil greifen die Kinder einige Elemente seines Dramas auf, die sich im Sinne einer Rechtfertigung seiner »Krankheit« verwenden lassen. Wie eines der Kinder sagte: »Manchmal ist ein Leben nicht lang genug, um sich zu rächen.«

124 Die beiden Mütter: die, die vor der Geburt war, und die der ersten Lebensjahre.

Pierre hat nur ein einziges Ziel, anderen durch seine Kraft Angst zu machen. Schulprogramme interessieren ihn kaum. Angezogen fühlt er sich von handwerklicher Arbeit, die eine große Verausgabung von Energie verlangt.

Nach zwei Monaten verläßt Pierre die Nachtklinik, er stellt dic Einnahme von Medikamenten ein, die ihn keineswegs beruhigt haben, sondern im Gegenteil als *Urheber von Gewalt* betrachtet werden können (je mehr Pierre sich durch die Wirkung der Drogen gehemmt fühlte, umso heftiger wurde er in seiner Wut, sie zu besiegen). Eine Familie (Freunde von Fernand Deligny) erklärt sich bereit, ihn abends aufzunehmen. Mit seiner eigenen Familie kommt Pierre nur am Wochenende zusammen, das gewöhnlich dramatisch verläuft.

Genau von dem Tag an, wo Pierre das Zuchthausmilieu der Nachtklinik verläßt, wird eine Dialektik möglich. Das soll nicht heißen, Pierre hätte Bonneuil wirklich akzeptiert; er bewahrt eine nostalgische Sehnsucht nach dem, was er als Gefängnis beschrieben hatte, einem Gefängnis, das ihm erlaubte, für seine Fehler zu büßen.

Nach kürzester Zeit ersetzt er die *Gefängnisidee* durch Selbstverstümmelungsphantasien: »Und wenn ich mir ein Auge aussteche?« Diese Frage wechselt mit einer anderen: »Was macht es dem Vogel aus, wenn ich ihm ein Bein breche?« Das gleiche vorherrschende Thema taucht in jedem Ausagieren gegenüber Menschen auf. Als Pierre mir eines Tages einen Hieb ins Auge versetzt, ist er unmittelbar danach sehr zärtlich:

»Ich wollte dir nicht weh tun, aber jetzt weinst du, was hat es dir bloß ausgemacht, daß du so weinst?«

»Was macht es einem aus, ein Herz zu haben?«

»Glaubst du«, fragt er mich ein anderes Mal, »daß ich aus einem guten Bauch komme? Oder war es ein verrückter Bauch?«

Wenn Pierre nach Anhaltspunkten dafür sucht, was er selbst ist (ob er gut, böse, normal oder verrückt ist), bezieht er alle seine Fragen auf die Mutter, die er auf den Kontext des »Wahnsinns« festlegt. Befragt er die Vergangenheit, die ihn mit seiner Großmutter väterlicherseits verbindet, so nur um die Komplizenschaft zu belegen, die die beiden Frauen im gegenseitigen Einverständnis aneinanderschweißte. Nichts anderes als die Natur dieser Komplizenschaft ist der Grund für seine Ablehnung jedes väterlichen Gesetzes: er ist bereit, sich zu verstümmeln, die schlimmsten Qualen auf sich zu nehmen, wenn nur das »Gesetz« seines Wunsches respektiert wird, das er über alle menschlichen Gesetze stellt. Sein Agieren ist eine fortgesetzte Herausforderung anderer; er sucht den Beweis dafür, daß er, Pierre, sich keiner Regel zu unterwerfen braucht.

Die einzige Regel, die ihm in Bonneuil auferlegt wird, ist das Verbot, dem Leben der anderen zu schaden (faktisch das Verbot zu töten); die Übertretung des Verbots fasziniert ihn so sehr, daß man sich manchmal fragen könnte, ob er nicht nur dafür lebt.

Endlich wird Pierre es leid, seine Tage in den Kellern der Nachbarhäuser oder unter Autos zu verbringen. Seit die Polizei ihm nicht mehr nachstellt, läßt auch sein Interesse für Versteck- und Aggressionsspiele nach. Er interessiert sich für die Küche. Pierre sucht sich Freunde unter den Älteren von Bonneuil, die autistischen Kinder indessen erregen seine Eifersucht; er versteht nicht, warum man »so etwas« am Leben läßt.

In den Versammlungen (Zusammenkünften von Kindern und Erwachsenen) spricht Pierre wenig und immer in einem unpersönlichen Stil. »Ich bin ein angezogener Affe«, sagt er. Diese Zusammenkünfte, genannt Versammlungen, gehen ihm auf die Nerven, mit Vorliebe beginnt er zu agieren, indem er irgendeinen Kleinen angreift, von dem er weiß, daß ein Erwachsener an ihm hängt.

»Was würde es dir ausmachen«, sagt er zum Erwachsenen, »wenn man ihn umbringt?«

Das alles ist in erster Linie ein verbales Spiel. Auf der Ebene des »Seins« kann Pierre sich nur verkleidet präsentieren. Da er als Objekt, das für einen anderen zählt, wegfällt, gibt er sich böse, in der Hoffnung, wenigstens in Form von Sorgen, Schmerz etc. für den Anderen zählen zu können.

Pierres Stärke liegt auf der Ebene des »Tuns«. Allein die reale Arbeit befriedigt ihn ganz. »In Bonneuil wird mir zu viel geredet.«

In Wirklichkeit hat er einerseits das gesprochene Wort erotisiert, andererseits sucht Pierre in seinem Streben nach radikaler Einsamkeit die Stille. »Das beste Mittel, nicht von anderen zerrissen zu werden, ist, sich vorher selbst umzubringen.«

Die Älteren versuchen, Pierre abwechselnd als »Verrückten« oder als »Delinquenten« zu gängeln. Eines Tages gelingt es ihm, die Roll-

treppe in der Metro anzuhalten; Panik bricht aus, Pierre verschwindet, und Jacques, der mit ihm zusammen war, bleibt trunken vor Freude wie angewurzelt stehen. »Das war das schönste Schauspiel meines Lebens«, betont Jacques.
Nach drei Monaten dreht sich das Leben in Bonneuil ausschließlich um die (imaginäre) Faszination der von Pierre verkörperten Todes- oder Mordgedanken.
Auf diese Weise ist das, was ich kollektiven Diskurs nenne, ebenso pathologisch geworden, wie er in einer Anstalt sein könnte. Auf direktem Wege dringt das Gespenst der Anstalt ins Herz unseres sogenannten antipsychiatrischen Ortes. Wie soll man die sich einschleichende Institutionalisierung der »Krankheit« bekämpfen?
Fernand Deligny[125] erklärt sich bereit, Pierre in den Cevennen aufzunehmen. Das Dorf bereitet dem Kind einen Empfang. Doch innerhalb von acht Tagen versetzt Pierre alle in Angst und Schrecken. Die Schulkinder verschanzen sich hinter Erdhaufen, die Einwohner geben sich schon gar nicht mehr die Mühe, ihre zerbrochenen Fensterscheiben zu zählen, die Jagdhüter berufen sich vergeblich auf Einhaltung der Gesetze. Alle sind unterlegen, Pierre ist wirklich der Stärkste.
Was tun? Ist die Anstalt nicht doch die letzte Rettung? Deligny hat eine Idee: Pierre soll ganz allein mit einem der Mitarbeiter in den Bergen leben. Dort kann er nur den Steinen schaden. Nach zwei Monaten wird es ihm langweilig. Bei einem Spaziergang entdeckt er Arbeiter, die gerade ein Haus bauen, und gesellt sich zu ihnen. Pierre unterscheidet sich in nichts von einem anderen, sein Verhalten ist unauffällig.
Als er zwei Monate später nach Bonneuil zurückkommt, begegnet er uns als »normales« Kind, er ist begierig zu lesen und neugierig auf politische Nachrichten, von denen er radikal abgeschnitten war.
Jacques und Paul können das nicht begreifen. Wozu sind sie überhaupt noch da, wenn Pierre, ihr »Schützling«, ihnen entwischt? Sie geben beide keine Ruhe, solange sie Pierre nicht wieder in Gang gebracht haben ... bis er wieder als »Verrückter« funktioniert. Es dauert kaum acht Tage, und Bonneuil ist ein einziges Narrenschiff. Jacques und Paul fühlen sich in ihrer Berufung als »Betreuer« umso mehr bestätigt, als sie die Hauptverantwortlichen für Pierres verschlechterten

125 Siehe oben.

Zustand sind, als es ihnen gelungen ist, ihn wieder gefährlich zu machen.
Pierre ist sich der Situation bewußt: »Sie ziehen die Fäden, und ich gehorche wie ein Blöder.«
»Die anderen haben dich am Gängelband«, antwortet man ihm, »aber du hast die Wahl. Du spielst den gefährlichen Verrückten, der du gar nicht bist, und wir, wir haben die ›Betreuung‹ allmählich satt, wir müssen das ausbaden.«
Am nächsten Tag kommt es erneut zu aggressiven Handlungen, und Pierre wird – wie angekündigt – zu Deligny zurückgeschickt. Er weint:
»Das tut mir weh, ich fühle mich wohl in Bonneuil.«
»Uns tut es auch weh, wenn du uns verläßt«, antwortet man ihm, »aber wenn wir dich behalten, geht das auf Kosten der Kleinen.«
»Wir sind ekelhaft«, sagen schließlich die Älteren, »immer brauchen wir jemanden, den wir abschieben können, damit es uns gut geht.«
Das Thema des Ausschlusses, die Wiederholung des Ausgestoßenseins aus der Familie, wird mit den Älteren weiter diskutiert. Pierres Abwesenheit läßt sie begreifen, wie sehr sie ihn als Verrückten brauchten. Pierre hatte sie immer nur in diesem Sinne interessiert. »Es ist unwahrscheinlich gut, einen Verrückten in der Hand zu haben, das vertreibt einem die Angst«, sagt Jacques.
Pierres Rückkehr nach Bonneuil – drei Monate später – verläuft ohne Zwischenfälle.
»Ich möchte Sachen herstellen und viel Geld verdienen«, sagt er.
Von nun an verbringt er einen Tag in der Woche bei einem Bildhauer, interessiert sich für Schreinerei und möchte sich in einen Fernkurs eintragen.
Zum anderen greift er die Ereignisse der Vergangenheit wieder auf, er spricht von den Aggressionen in den Kellern der Nachbarhäuser. »Die Polizei«, sagt er, »hat das nicht vergessen, und wenn irgendwo ein Blödsinn angestellt wird, werden sie sagen, also schon wieder dieser Pierre ... aber sieh da, dieser Pierre ist verschwunden.«
Pierre möchte eine Ganztagsarbeit außerhalb von Bonneuil; aber unsere Bemühungen bleiben ohne Erfolg; wir finden nicht, was er sich wünscht (er möchte wie Paul im Hotelgewerbe arbeiten; aber niemand will die Verantwortung, ein Kind in die Lehre zu nehmen, das ab

und zu noch die Faust gebraucht). Für ihn ist eine solche Arbeit (Sein auf der Ebene des Tuns) jedoch unentbehrlich, denn nur auf dieser Ebene fühlt er sich stark genug, als »gut« erkannt zu werden, nur auf dieser Ebene findet er ein »Du«, mit dem er reden kann.
In Hinsicht auf das Sein verliert er sich in einer Maskerade. Schon bald vergeht ihm das Interesse am Schulprogramm: »Jetzt bin ich fünfzehn und immer noch auf dem Niveau der 5. Klasse. Was soll's?«
Pierre klagt die Absurdität eines Systems an, das ihn von jedem realen aktiven Leben abschneidet. Aufenthalte bei Deligny haben ihren Reiz verloren. »Die Cevennen sind eine Anstalt ohne Mauern. Bonneuil ist auch nicht besser, da sind nur Verrückte. Ich, ich bin ›normal‹. Wie lange will man mich eigentlich noch mit all den Abgeschobenen im Abseits halten?«
»Das schlimmste ist die Anpassung der Erwachsenen an die Unangepaßtheit. Das bringt einen noch dazu, einfach abzuhauen.«
Pierre spuckt die Schule von Bonneuil aus, er verleugnet die Cevennen und beschuldigt die Gesellschaft, das Unglück zu fabrizieren. »Glückliche Hilfsarbeiter, die könnt ihr gebrauchen, wie? Was würde aus euch, wenn es die nicht gäbe?«
Von nun an beteiligt sich das Kind an Aktivitäten anderer Jungen seines Alters in der Stadt Bonneuil. Treffpunkt ist eine von Sozialarbeitern errichtete Hütte im Stadtrandgebiet. Pierre lernt jugendliche Arbeiter kennen, aber auch entlassene Strafgefangene und Arbeitslose. »Die ganze Welt ist ein Gefängnis«, schreit er eines Tages, »das ist doch kein Leben!« Pierre geht mit dem ganzen Unglück ins Gericht und erklärt, allein Gewalt sei hier am Platze. Alles ist abscheulich; auf diese Weise bürdet sich Pierre die Klagen einer ganzen Gruppe von Drogenabhängigen, Arbeitslosen und Ausgestoßenen unter zwanzig auf, die er in den Außenbezirken der Stadt Bonneuil kennengelernt hat. Eines Tages sagt er: »Ich würde gern in ein anderes Land gehen.«
In der Tat wird zu dieser Zeit in Bonneuil viel über England geredet. Die Älteren sollen dorthin gehen (manche auf eine Landwirtschaftsschule, andere in eine Pferdezucht).
Die Landwirtschaftsschule ist bereit, Pierre aufzunehmen. Die Lehrer dort haben noch nie etwas von psychologischen Störungen gehört. Kaum ist er in einem Milieu, dessen Sprache er fast gar nicht kennt,

fällt Pierre in die Verhaltensstereotypie zurück, die er anfangs in Bonneuil gezeigt hatte. Er versteckt sich, boxt und benimmt sich wie ein Rohling.

»Ist Pierre verrückt oder nicht?« lautet die Frage, die die Schule an uns richtet. Man sagt uns, das Ansehen der englischen Schule stehe auf dem Spiel. Es käme nicht in Frage, ein Kind dort zu behalten, das aus »Sondereinrichtungen« kommt.

Genau an diesem Punkt schließen wir eine Wette ab. »Pierre ist nicht verrückt«, heißt unsere Antwort. Kaum hat das Kolleg ein Attest in der Hand, in dem bestätigt wird, daß Pierre nicht verrückt ist, ruft der Direktor seine Schüler zusammen und fragt sie, ob sie einverstanden sind, den »frenchy« zu behalten. Ein einziger Schüler lehnt das ab. Die anderen sind bereit, sich um ihn zu kümmern.

Innerhalb von 48 Stunden scheint *der Fall Pierre* geregelt (bei der ersten Aggression gegen einen Jüngeren wird Pierre von den Älteren so verdroschen, daß er für mehrere Tage ans Bett gefesselt ist). Danach fügt sich Pierre in den morgendlichen Unterricht und gewinnt Interesse an der landwirtschaftlichen Arbeit. Lernen ist möglich geworden, da man auch die Interessen des Kindes am aktiven Leben respektiert hat.

Das Problem der Gewalt, deren Gegenstand Pierre selbst geworden ist, muß aus seinem Kontext heraus verstanden werden: In ihrer Sinnhaftigkeit kommt diese Gewalt einer *symbolischen Kastration*[126] viel näher als alle »betreuerischen« und verbalen Gewaltanwendungen, deren Objekt er bisher gewesen war – in einem Register, das ihn auf eine imaginäre Beeinträchtigung festlegte. In England haben ihn nicht die Erwachsenen bloßgestellt, sondern die Älteren haben ihm gesagt: »Wir mögen dich gern, aber wenn du grundlos auf die Kleinen losgehst, sie überfällst, brichst du unseren Ehrenkodex.«

Diese zwei Jahre, skandiert von Brüchen, einem ständigen Kommen und Gehen zwischen Bonneuil und den Cevennen, Bonneuil und England, und später England und Le Grand-Fougeray, haben es Pierre ermöglicht, durch außerordentlich regressive[127] Perioden hindurch

[126] Sofern Pierre von seinem Platz, *eine Ausnahme zu sein*, vertrieben worden war.

[127] Es kann gar nicht oft genug wiederholt werden, daß das, was *Regression* genannt wird, keine als *Krankheit* zu verstehende Rückkehr in die Vergangenheit ist, sondern als *Rückgriff* zu begreifen ist, der die Signifikanten jener Ansprüche, die der Verjährung zum Opfer fallen, wieder zum Vorschein bringen soll.

dialektische Umwälzungen zu vollziehen, deren Wirkung sich daran ablesen läßt, daß die Beziehung zum anderen nicht mehr auf Zerstörung basiert. Zunächst hatte Pierre sich in seiner Beziehung zum anderen als Objekt verloren, nun wird er sich als Objekt ansiedeln, das sich erobern läßt. Erst nachdem er diesen Platz im Realen aufgegeben hat, kann die Wiedergewinnung auf der symbolischen Ebene erfolgen. In der Abwesenheit hat Pierre den Verlust des anderen (der ihm fehlte) wieder empfunden und die Frage formuliert: »Kann ich wirklich auf einen Anderen und für einen Anderen zählen?«

Der Institution entkommen

Der Fall Pierre ist ziemlich exemplarisch für das, was in unseren Sozialstrukturen unter dem Etikett »perverser Psychopath« läuft (für das, was in die Anstalt oder ins Gefängnis verstoßen wird). Es ist noch zu früh, die Zukunft vorauszusagen. Zumindest ist es Pierre gelungen, der Anstalt und dem Gefängnis zu entkommen. Er ist für eine normale Umgebung erträglich geworden und fähig, manuelle Arbeiten verantwortungsbewußt durchzuführen. In knapp drei Monaten hat er gelernt, die englische Sprache zu gebrauchen.

Die »Regression« ist ein verzweifelter Versuch, eine andere Art von Merkmalen wiederzufinden, und manchmal ist es notwendig, dem Patienten diesen Weg zu gestatten. Pierre wollte in einer bestimmten Phase mit dem Ehepaar Guérin und seinen Babies in Ferien fahren (während wir es für besser hielten, wenn er in die Cevennen fuhr). Eine Zeitlang näßte und kotete er sich ein und masturbierte von morgens bis abends; in Identifikation mit dem drei Monate alten Baby Guérin lebte er ein rein vegetatives Leben. Die »Scheißerei« ersetzte die »Gefährlichkeit«. Dabei wiederholte sich etwas von seiner Eifersucht gegenüber dem Kind aus zweiter Ehe (eine Eifersucht, die, wie wir gesehen haben, noch vor dem sogenannten »Krankheitsbeginn« ihren Höhepunkt erreichte). Manchmal erträgt der Erwachsene ein »tönendes« und »gefährliches« Kind besser als das verlorene Kind, das seinen Körper und sein Leben aufzugeben scheint. Und doch sind solche Prüfungen (die dem Erwachsenen Schuldgefühle vermitteln) ganz wesentlich. Durch sie wird das Kind verletzbar, durch sie wird es auch fähig, auf seine Abwehr durch »Boshaftigkeit« zu verzichten: dem »alle Jungen sind meine Feinde« folgt ein »ich bin unglücklich«. Die Flucht in die »normale Welt« wird zum einzigen Leitmotiv. Diese Flucht schaffte Pierre in England, aber er schaffte sie immer nur für kurze Zeit. Er lernte Englisch, dann kehrte er in die Cevennen zurück, immer in der Hoffnung, wieder abzureisen, als Reisender ohne Hab und Gut in einer Welt, in der er seinen Platz nicht finden konnte. »Welches Land, ist mir egal . . . Hauptsache, ich finde ins Land meiner Mutter zurück«, sagte er eines Tages.

Eine im Alter von acht Jahren begonnene Psychoanalyse hatte, so sagte man uns, zu nichts geführt. Sie hatte mit einem Ausagieren (beim Analytiker) geendet. Als wir ihn kennenlernten, wurde jede analytische Deutung von Pierre unmittelbar in ein Register des Imaginären zurückgeholt, er spielte auf eine exotische Art mit Worten, wobei diese stets von ihrer Sinnhaftigkeit abgelöst waren.
Im Gegensatz dazu haben alle Trennungen eine befördernde Wirkung gezeigt, insbesondere, wenn die Einschnitte den gemeinsam mit einem anderen (der Großmutter, einem Älteren etc.) elaborierten, entfremdeten Diskurs betrafen. In der Abwesenheit hat Pierre, wie einer seiner Angehörigen sagte, »sein Herz entdeckt«. Die Cevennen haben einige Zeit als mögliche Zuflucht in einer vorgesellschaftlichen Welt gedient; Bonneuil war Knotenpunkt zwischen verschiedenen Orten, und von dort aus konnte Pierre anderswo »normale« Beziehungen zum anderen herstellen, ohne diesem aggressiv zu begegnen.
Pierres Drama besteht darin, daß er als Kind kein Mittel gefunden hat, seine Beziehung zur Mutter metaphorisch umzusetzen. In seinem Verhältnis zu anderen ist er in mörderischem Verschlingen steckengeblieben, ohne daß es ihm gelungen wäre, mittels dessen, was die Analytiker Kastration nennen (gemeint ist eine Situation, in der er seine phallische Überlegenheit hätte verlieren müssen, um sie auf einer symbolischen Ebene als reale Beherrschung zurückzugewinnen), auf ein anderes Niveau überzuwechseln.
Was Pierre gefehlt hat, ist ein realer Vater, der in der Lage gewesen wäre, den symbolischen Vater abzulösen. Er war (durch seine Erfahrungen mit dem Geschlecht der Frauen) allein der verschlingenden Mutter ausgeliefert, das heißt, er war Beute einer denkbar radikalen Einverleibung, der er in panikartiger Angst zu entrinnen suchte, indem er sagte: *»Ich bin der Stärkste«* (zu verstehen als: ich laufe nicht Gefahr, getötet zu werden).
Es ist schwierig, alle Jugendlichen, die das Etikett »gefährlich für sich selbst und andere« tragen, aus den Institutionen zu entlassen. Gleichwohl illustriert der beschriebene Fall exemplarisch das Risiko, dem jeder Jugendliche ausgesetzt ist, daß nämlich seine Symptome in einer »Behandlungs«-Einrichtung und durch sie unterstützt werden, während die Störungen an anderen Orten eine Chance haben, ihre Beschaffenheit zu verändern und zu verschwinden. Die Vereinnahmung

des Sprechens durch die Behandlung führte bei Pierre nur zur Erotisierung des gesprochenen Worts, das abgelöst von einem Sinn in absurder Isolierung stand. Durch seine Rolle als vorübergehende Stätte des Rückzugs (ähnlich den Rückzugsstätten während der Résistance) hat Bonneuil Pierre Gelegenheit gegeben, sich ausgehend von einer Weigerung[128] »wiederzufinden«. Weil sie der Behandlung entkommen war, konnte sein Reden in einen Transformationsprozeß eingehen. In diesem Fall hätte die Permanenz des institutionellen Rahmens das an das Verdikt der Unheilbarkeit fixierte Symptom zum Erstarren gebracht.

Im Wechsel von Kommen und Gehen spielt Pierre sozusagen ein Wesen, das vom Gesetz der anderen, einem Gesetz, das er für schlecht erklärt, ausgeschlossen ist. Er ersetzt es durch seinen Schmerz und seine Selbstkasteiung, die er den Gewissensbissen des anderen, des Zeugen seiner Sühne, vor Augen hält. Oder aber er macht sich umgekehrt zum Zuschauer seiner selbst. Es wird ein Schauspiel in Szene gesetzt, das bestimmt ist für einen Richter, den er herausfordern will.

Pierres Schicksal ist gewissermaßen besiegelt durch die mütterliche Rede (bzw. die der Großmutter): »Für mich ersetzt du, das dreijährige Kind, jetzt deinen Vater« – das heißt, dein Wunsch ist Gesetz, und die Wurzel deines Wunsches kann der Mord am Vater sein. Daß Pierre wie Ödipus gelegentlich angeboten hat, sich die Augen auszu-

[128] Für Winnicott (vgl. *De la psychanalyse à la pédiatrie,* a. a. O.) ist das asoziale Kind ständig auf der Suche nach einer *verlorenen Umgebung*. Hinter dem antisozialen Akt »steht eine Hoffnung«. Winnicott hält es für positiv, wenn es dem Kind zur gegebenen Zeit gelingt, den Bankrott seiner familiären Umgebung als für sein Unglück verantwortlich zu bezeichnen.

Das Kind wird auf seine antisozialen Tendenzen nur dann verzichten können, wenn es ihm mit Erfolg gelingt, in einer Umgebung zu leben, die ihm eine *Periode der Hoffnung* (die einhergeht mit einer Erprobung des Milieus) *und* eine *Periode der Verzweiflung* zugesteht. »Erst jenseits dieses Stadiums«, sagte Winnicott, »liegt die wirkliche Lebensmöglichkeit des Kindes.« Diejenigen Personen, die dem Kind Gelegenheit geben, diese verschiedenen Prozesse durchzumachen, tun eine Arbeit, die mit der analytischen Arbeit vergleichbar ist. Während der Zeit, die Winnicott als *Periode der Verzweiflung* bezeichnet, werden relativ häufig die Effekte einer regressiven Situation sichtbar (Bettnässen, Zwangshandlungen etc.), die anstelle des antisozialen Akts stehen. Dies ist als »Gelegenheit für das Auftauen einer erstarrten Situation« und als Ankündigung einer Veränderung in der Beziehung des Individuums zu seiner Umgebung zu verstehen. Die Eltern holen ihr Kind (aufgrund ihrer Schuldgefühle) häufig schon nach Hause zurück, ehe es die für das Erreichen einer wirklichen Autonomie unerläßliche Periode der Verzweiflung durchgestanden hat (das war unglücklicherweise auch bei Pierre der Fall).

stechen, läßt durchblicken, welch eines Verbrechens er sich seit jener Zeit angeklagt fühlte.[129] Um weiterhin zu sehen (den Schrecken dieser Welt zu sehen, den er durch das Drama, aus dem er geboren wurde, denunziert), wäre Pierre bereit, das Verbrechen gleichsam zu entschuldigen oder gar zu legalisieren.

Die hier ins Spiel kommenden Mechanismen ähneln in bestimmten Punkten denen, die Freud unter dem Namen *traumatische Neurose* (zwanghafte Wiederholung einer Handlung[130]) beschrieben hat; es besteht ein Zusammenhang zwischen Ausagieren und Trauma. Wenn die narzißtische Integrität des Subjekts bedroht ist und das überschwemmte Ich sich überfordert fühlt, wird das Subjekt selbst zur Szene und erwartet die Antwort auf seine Provokation im Realen (Krankenhaus, Gefängnis).[131] Wird ihm diese Antwort tatsächlich von der frühesten Jugend an zuteil, bleibt dem Subjekt angesichts eines erstarrten Szenarios keine andere Möglichkeit, als sein Schicksal im Gefängnis oder in der Anstalt zu erfüllen. Genau das wollten wir mit Hilfe der Brüche vermeiden, die Pierre mehr oder weniger lange Aufenthalte in »ländlicher« Umgebung ermöglicht haben. Es ist gewiß zu früh, die Zukunft eines Kindes vorauszusehen, dessen Prognose anfangs düster schien.[132]

[129] Piera Aulagnier, »Aspect théorique des Perversions«, in: *Cahiers Laennec*, Sept. 1965.

[130] Vgl. S. Freud, *Jenseits des Lustprinzips*, GW, Bd. XIII, S. 3–69.

[131] Piera Aulagnier, Congrès de la société française de psychanalyse, Frühjahr 1963.

[132] Je nach den Lebensbedingungen, unter denen Pierre sich entwickelt, ist er gefährlich oder nicht. Das Familienmilieu ist deshalb schädlich, weil Pierre dort über die Macht verfügt, das Elternpaar zu zerstören. Wenn Pierre eine gewisse Beziehung zum Gesetz (das sich in Bonneuil im wesentlichen auf das Verbot des Parasitentums und des Mordes beschränkt) nicht in einem »normalen« Milieu finden kann, wird er sie in einer Form der Delinquenz suchen, die ihm jene Ethik gewährleistet, die ihm im »normalen« Milieu gefehlt hat. Wie wir gesehen haben, ist Pierre nach England gegangen, weil es in Frankreich außer segregativen Lösungen keine Möglichkeiten gab. Er kam mit der Vorstellung nach Frankreich zurück, sich eine bezahlte handwerkliche Arbeit zu suchen. Es wird eine medizinische Untersuchung verlangt. Doch um auf keinen Fall das Risiko einzugehen, als geisteskrank »in die Kartei einzugehen« und in das sonderpädagogische System eingewiesen zu werden, zieht Pierre sich von dem ganzen Spiel zurück und macht eine schwierige Phase durch. Die Administration hat sich ihm gegenüber stets wie eine Ersatzfamilie verhalten, indem sie die gleichen Mechanismen von nicht gehaltenen Versprechen, Willkür und Machtmißbrauch ins Spiel brachte. Es war zwar möglich, diesen Jugendlichen in eine Situation zu versetzen, in der er nicht gefährlich war, aber das Problem, das sich aus der sogenannten »sozialen Readaptation« ergibt, bleibt voll und ganz bestehen.

Indessen steht fest, daß in einem bestimmten Augenblick ein spektakulärer Umschwung erfolgte; auf die Frage, die sich daraus ergibt, kann nur jenseits der üblichen Segregationslösungen geantwortet werden (besonders in schweren Fällen, die stärker als die anderen von der Institutionalisierung der »Krankheit« bedroht sind).

Genau hier stoßen wir an die Grenzen unseres Vorhabens, und hier beginnt die politische Dimension des Problems der Entfremdung und Delinquenz. China hat seine Bauern (die zu Erziehern ausgebildet werden), Frankreich dagegen verfügt kaum über Gegenden (und wenn, dann sind es immer arme Gegenden), wo das Verhalten der Einwohner, ihr Lebensstil, einem Kind die Chance läßt, nach seinem eigenen Rhythmus zu leben und die Abwehrhaltung der »Boshaftigkeit« fallen zu lassen. Niemand ist moralischer als der Perverse.[133]

An de Sade hat Lacan gezeigt, wie der *Perverse* auf dem Umweg

Anfangs war Pierres Symptom ganz sicher das Produkt eines Familiendramas, und doch bot die Gesellschaft ihm nichts anderes als Ersatzfamilien (in Form von Tageskliniken und verschiedenen Überwachungssystemen). Obwohl er das gesetzlich vorgeschriebene Alter erreicht hatte, wurde ihm das Recht auf Arbeit eine Zeitlang rundheraus verweigert. Hätte es sich bei diesem Kind um ein Arbeiterkind gehandelt, wäre es ganz offensichtlich schon längst in der Anstalt oder im Gefängnis.

133 Die Cevennen bieten einem Kind die Möglichkeit, mit jeglichem sozialen Zwang zu brechen. Der »wunderbare« Effekt eines Aufenthaltes dort verschwindet, sobald sich der Überrachsungseffekt in Routine verwandelt.

Gelegentlich besetzen die Eltern die Cevennen als einen Ort, der ihnen hilft, einen Störenfried loszuwerden. Aus diesem Grunde besteht für die Freunde von Deligny die Gefahr, daß sie von den Kindern zu Kerkermeistern oder Wächtern gemacht werden (und in einem repressiven Kontext kann gar nichts mehr gemacht werden; die Weigerung des Kindes muß gehört und bestätigt werden, wenn eine Erfahrung nicht pervertiert werden soll).

Le Grand Fougeray oder die Dordogne sind für das Kind eine ganz andere Etappe. Dort teilt es das Leben der Bauern (Tierpflege, Landarbeit) in einem manchmal von ökonomischen Schwierigkeiten gezeichneten Milieu. Die Toleranz gegenüber dem »Verrückten« läßt jedoch nach, sobald die Höfe zu nah beieinander liegen. Das »Netz«, das wir konstituieren konnten, besteht im Wesentlichen aus den Jugendfreunden, Bekannten und der Familie von Yves Guérin. Dank J. J. Bouquier konnte kürzlich auch in der Dordogne ein solches Netz eingerichtet werden.

Im Juli siedelte die ganze Schule von Bonneuil in die Bretagne über; tagsüber werden alle Kinder auf benachbarte Höfe verteilt. Auf gut Glück wählen die Kinder ihren Arbeitsort selbst. Man ist sich gegenseitig behilflich, eine Rede zirkuliert. Der Erfolg dieser Aufenthalte hängt ohne Zweifel von der Arbeit ab, die von den Guérins und den Familien geleistet wird, sowie von den Anregungen der französischen und ausländischen Praktikanten, die am gemeinschaftlichen Leben teilnehmen. Im Monat August bleibt ein Teil der Kinder im Dorf, ein anderer Teil geht in ein nahegelegenes anderes Dorf, das als Gemeinschaft organisiert ist und sich am Modell früherer Gemeinschaften orientiert.

über den Fehler versucht, die Instanz des Gesetzes zu reintegrieren.[134] Die Achse, der das gesprochene Wort sich zuordnet, verknüpft den Wunsch mit dem Gesetz[135] (dem Inzestverbot). Es ist keineswegs gleichgültig, in welcher Form die Problematik der Kastration[136] an einem repressionsfreien Ort erscheint. Dies herauszufinden ist Ziel des folgenden Kapitels.

(Man lebt dort gegen die moderne Welt, in der Zeit der alten Bretagne und der Bräuche von ehemals). Natürlich bringen derartige Orte die größte Toleranz gegenüber dem Wahnsinn auf.

Auf das Verschwinden der Gemeinschaft aus den Dörfern folgt der Verlust einer Erziehungstradition (im weiteren Sinne). Wo die Kleinfamilie dominiert, besteht immer die Gefahr, daß der Effekt ihrer Struktur zerstörerisch wirkt. Unter bestimmten Gesichtspunkten sind Pierres Lebensschwierigkeiten das Symptom einer Gesellschaft und ihrer Verdammung. In seiner Revolte hat Pierre uns immer wieder das Ausmaß unserer Ohnmacht vor Augen geführt: Pierres Zukunft hängt vollständig davon ab, auf welche Art und Weise es einem normalen Milieu gelingt oder mißlingt, den Auswirkungen eines gelegentlich asozialen Verhaltens zu begegnen. Das Eindringen des Polizisten – der sich in der Anstalt seiner entledigt – wird von Pierre als Gewaltakt empfunden, der geradezu zu einem Rückfall in »pathologische« Reaktionen auffordert. Es ist die Gesellschaft, die das »Pathologische« eingebracht hat, als sie Pierre mit zwölf Jahren in das psychiatrische Umlaufsystem eingliederte. Die Erziehung (durch gleichaltrige Jungen) hätte Pierre vielleicht vor den Auswirkungen einer »Verantwortungslosigkeit« bewahrt, die ihm so schon sehr früh zugeschrieben wurde.

134 Zitiert und ausgeführt bei P. Aulagnier, »Aspect théorique des perversions«, in: *Cahiers Laennec*, 1965.

135 Lacans Verweise auf das *Gesetz* und die *symbolische Ordnung* stehen unter dem Einfluß der Arbeiten von Marcel Mauss und C. Lévi-Strauss, für die das Unbewußte ein Universum von inhaltlich leeren Regeln ist, vergleichbar denen, die die Sprache beherrschen.

Diese Zusammenhänge der Lacanschen Theorie wurden durch gewisse Personen seltsam verzerrt. Was Lacan für besonders wichtig hielt (die Parallele zu den phonologischen Gesetzen, die die Organisation der Differenzialelemente als binäre Oppositionen beherrschen), wurde juristischen Begriffen geopfert, die in den Institutionen zur Aufrechterhaltung der Ordnung benutzt wurden. Man spricht vom »Lacanschen Gesetz«, als handle es ich um ein Gesetz im juristischen Sinne. Das Gegenteil ist richtig.

136 In der letzten Zeit wurde der Psychoanalyse vorgeworfen, sie habe »das Primat der Kastration restauriert, den Mythos vom großen Anderen und den Aberglauben des Signifikanten«. Dennoch ist es den Autoren nicht gelungen, klarzumachen, was in der psychoanalytischen Theorie als Mythos bestimmt werden kann (und damit als symbolische Grenze betrachtet werden müßte) und was als Mystifikation zu denunzieren ist. Wenn die Psychoanalyse anfangs von der medizinischen Ideologie vereinnahmt worden ist, trachtet die gleiche Bewegung heute danach, das Medizinische durch das »Politische« zu ersetzen, und zwar in einer Perspektive, die die Abwehr der Psychiatrie gegenüber dem Wahnsinn verstärkt.

4. Wahnsinn, Inszenierung und Sprachspiele

Verbales Spiel und averbales Spiel

Wenn wir den Typ des Diskurses bestimmen wollen, der zwischen Jugendlichen (die das Etikett Neurotiker, Psychotiker oder Perverse tragen) und Erwachsenen abläuft[137], überrascht uns mit Sicherheit die Theatralisierung des Sprechens. Auf der Grundlage eines Minimums etablierter Konventionen (»sagen darf man, was man will, nur tun darf man es nicht«) findet gleichsam die *Inszenierung* eines Phantasiestücks statt (die Inszenierung des Subjekts, des Wunsches und seines Objekts). Die Anordnung des Szenarios hängt mit der persönlichen Geschichte des Subjekts[138] zusammen, das heißt mit dem, was es als überdeterminierte Lust (Unlust) erlebt hat und auf dem Weg der Phantasie wiederzufinden sucht.

Der Platz, den das Subjekt im Diskurs des ersten Anderen (der Mutter) einnimmt, ist ein Köder, ausgelegt vom Wunsch des Anderen. Unter der Herrschaft dieser ersten Illusion wird sich das Subjekt in der Phantasie als Ursache und Wirkung des Wunsches ansiedeln. In ihrem Diskurs stellt die Mutter das Kind an den Platz, der Ursache ihres eigenen Wunsches ist. Wie gesagt, ein höchst trügerischer Platz, insofern die Mutter im Kind nicht als solchem, sondern im Namen von etwas anderem[139] (das Kind wird als Signifikant ihres eigenen Mangels herangezogen) eine Befriedigung findet, die sie erfüllt. Die erste Desillusionierung des Kindes erfolgt, wenn es bemerkt, daß es nicht als das geliebt wird, was es ist, sondern als etwas anderes – als phallische Verlängerung der Mutter. Das Kind realisiert nun bei sich selbst dieses (phallische) Bild, dessen die Mutter beraubt ist – und zwar von der Spiegelstufe an, der Zeit, wo es ein Spiegelbild von sich selbst gewinnt.

Im Umfeld dessen, was den *Mangel* der Mutter symbolisiert, artiku-

137 Dank der Tonbandaufnahmen der tatsächlich abgelaufenen Diskurse wurde diese Untersuchung möglich.

138 Piera Aulagnier, »Le Désir de savoir«, in *Inconscient*, Nr.1.

139 Mustapha Safouan, *Le Phallus dans le rapport mère-enfant*, 1964 (unveröffentlicht).

liert sich nun das Verlangen des Kindes[140] (ein Verlangen nach etwas, was es nicht unbedingt wünscht). Das Vorhandensein eines solchen Objektmangels ermöglicht dem Kind den Zugang zum Ich (das dem Wunsch ausgeliefert ist), wobei das Subjekt den Ort darstellt, wo Anwesenheit und Abwesenheit sich schneiden.[141] Das Verlangen ist also der Weg, der die Zirkulation des Diskurses möglich macht, der Weg, durch den der Wunsch befördert wird.[142]

Der Neurotiker zieht das, »was er zu sagen hat«, aus der Verstellung; derjenige, den man als Psychotiker oder Perversen bezeichnet, unterwirft seinen Diskurs dem Anspruch auf Lusterfüllung; für den »Perversen« folgt »das, was er zu sagen hat«, zwangsläufig aus dem Wunsch des Anderen, dem er seinerseits eine Lust aufzwingt, die ihm seinen Anspruch auf den Besitz der Insignien der Allmacht bestätigt.

Wie soll man dem Ritual entgehen, das das Verhalten der sprechenden Individuen definiert – ein Ritual, das sie (als Eigentümer eines bestimmten *Typs* des Diskurses) auf im voraus vereinbarte Rollen festlegt, das sie an Orte fixiert, die eigens dafür geschaffen sind, einen

140 Die Schwierigkeiten des Kindes werden dann besonders groß sein, wenn die Mutter ihre eigene Markierung durch den Mangel nicht bejaht. In einer solchen Situation erdrückt die Mutter ihr Kind durch ihre Anwesenheit und ihre Pflege, oder sie verstößt es aus Verdruß (aus Ärger darüber, daß ihr Kind anders ist als das Kind ihres Traums).

141 Freud verbindet das Aufkommen des Wunsches beim Subjekt mit dem Bestreben des Subjekts, eine Äquivalenz zwischen einer gegenwärtigen Unbefriedigtheit und einer vergangenen Befriedigung herzustellen.

142 Lacan wirft der traditionellen Psychoanalyse vor, sie habe sich auf eine reduzierte Dialektik des Subjekts fixiert. Die Analytiker haben vergessen, sagt Lacan, »daß Freud zwischen Mutter und Kind einen dritten Begriff eingeführt hat, ein imaginäres Element, dessen signifikante Rolle den anderen überlegen ist: den Phallus« (Nov. 1956). Lacan weist nach, wie die metonymische Beziehung zwischen diesen drei Begriffen (Mutter, Kind, Phallus) durch die metaphorische Funktion des Vaters (der der symbolische Vater ist) umgebildet wird. Auf dieser Grundlage untersucht er das Problem des »Objektmangels« in seiner Beziehung zum Imaginären, zum Realen und zum Symbolischen.

Indem er den Penis vom Phallus und das Bedürfnis vom Wunsch unterscheidet, entgeht Lacan dem Phallozentrismus, der der traditionellen Psychoanalyse angekreidet und vorgeworfen wird. Immer wieder betont Lacan, daß der Mangel die Ursache des Wunsches ist, und indem er den Signifikanten als das definiert, »was das Subjekt für einen anderen Signifikanten repräsentiert«, bringt er das Subjekt an den Ort zurück, wo Anwesenheit und Abwesenheit sich überschneiden (wie etwa beim Spiel des *Fort-Da*).

»Etwas ist signifikant, sofern etwas anderes, etwas, das ein Ganzes konstituiert, das Zeichen, gerade nichts bedeutet. Damit beginnt die Ordnung des Signifikanten, und damit unterscheidet sie sich von der Ordnung der Signifikation.« (Lacan, *Séminaire* vom 11. April 1956).

autorisierten oder erwarteten Typ des Diskurses aufzunehmen? Anhand einiger klinischer Fälle will ich mich im folgenden Abschnitt um die Klarstellung dieser Frage bemühen.

Die gesprochene Szene: Jacques

Bei seiner Ankunft in Bonneuil ist Jacques zwölf Jahre alt; unter der Einwirkung der ihm verabreichten Neuroleptika sieht er stumpfsinnig aus und sabbert. Er trägt das Etikett paranoisch (oder vielmehr paranoid); man rät den Eltern ab, ihn weiterhin zur Schule zu schicken. Da er in der Tat seit seinem dritten Lebensjahr nacheinander von allen Schulen wieder entlassen worden war, wird er als »Kranker« betrachtet, der eine spezielle »Behandlung« braucht.

Als einziger Sohn an eine Mutter fixiert, die sich zur Komplizin all seiner Streiche gemacht hatte, lehnt er sowohl seinen Vater als auch dessen Namen ab. Diesem Namen (über den die Gleichaltrigen sich lustig machen) schreibt er den Ursprung seines Unglücks zu. Schon nach kürzester Zeit wird Bonneuil für Jacques zu einer Szene, die seinem »Wahnsinn« freie Entfaltung erlaubt. Seit er keine Neuroleptika mehr einnimmt, legt er auch die Maske des Idioten ab; er erweist sich als intelligent; ja, es kommt sogar ein für sein Alter außerordentlich umfangreiches autodidaktisches Wissen zum Vorschein.

»Was ist das für ein Ort, wo es keine Schulmeister, keine Schule und nichts von alledem gibt?« Diese Überlegung beschäftigt Jacques schon bei seiner Ankunft. Zwar lehnte er das »Schulwesen« ab, aber was sollte er mit einem Ort anfangen, wo man Unterricht gar nicht ablehnen kann, weil es ihn nicht gibt!

Jacques beschließt, selbst der Lehrer zu *sein,* den er nicht *haben* kann. Einen Monat lang versammelt er die Kinder täglich für eineinhalb Stunden und hält in religiöser Stille einen Kurs über die Urtierchen ab. Nach dieser Zeit gibt Jacques auf. »Das sind alles Nullen, Nichtsnutze, für die lohnt sich keine Mühe.«

Hochmütig verschließt sich Jacques in seiner Genugtuung. Endlich hat er Gelegenheit, sich an den Lehrern, Ärzten und Erwachsenen zu rächen, die an ihm verzweifeln wollten. Nun ist es an ihm, aus der Position des Erwachsenen, die er bezogen hat, lauthals seine Verachtung zu verkünden und die Kinder in düsteren Prognosen zu ersticken: »Hier sind alle verrückt. Es ist nichts zu machen, wir sind alle verflucht. Wenn ich mich weiterhin so für sie einsetze, werde ich mich noch selbst aufgeben.«

Um sich nicht selbst aufgeben zu müssen, beginnt Jacques, der sich einen russischen Namen (Kalmaroff) zugelegt hat, Russisch zu lernen; er will der Russe sein, der seinem Namen entspricht. Eines Tages verkündigt er: »Im Namen der Gerechtigkeit werde ich, Kalmaroff, russischer Bürger, euch beistehen, diese Kinder vor der absoluten Entartung zu bewahren. Wir werden die ungerechten Gesetze abschaffen.«

In Hinsicht auf Pierre fügt er hinzu: »Er muß gerettet werden; nicht er, sondern seine Stiefmutter gehört in die Anstalt. Welch eine Gewissensfrage für diesen Vater, der gezwungen ist, sich zwischen seiner Frau und seinem Sohn zu entscheiden!«

Mit der Wahl eines russischen Namens wählt Jacques nach eigener Aussage die Insignien des Übermenschen. Nachdem er sie zuerst abgelehnt hatte, werden die Kinder in einer zweiten Phase zum Gegenstand eines Rettungsversuchs; der Name seines Vaters dagegen wird verhöhnt[143], wie auch seine Macht als kastrierender Vater verhöhnt wird.

Mit der Erlaubnis, mit allen Mädchen zu flirten, außer mit denen der Schule, kommt die Frage nach dem Vater, die Jacques bisher gleichsam vermieden hatte, in vollem Umfang zur Geltung. Im vorhergehenden Kapitel haben wir gesehen, wie sich Jacques, sobald der Name *eines Vaters*[144] auftaucht, einen mütterlichen Gott beschafft, der ihm angeblich in diesem Augenblick versprochen hat, ihn nie zu verlassen (das erfahren wir erst viel später): »Ich habe deinen Körper zu meinem Sitz erwählt«, sagt der Gott ›Pelchat‹, »nun bist du gegen jede Gefahr gefeit«.

Daß Jacques (in Bonneuil) mit einem Vater rechnen muß, der ihm seine Tochter nicht geben will, und daß er sich diesem Wunsch (auch wenn er auf Willkür beruht) beugen muß, bestimmt den Mittelpunkt seines Diskurses während der ersten zwei Jahre seines Aufenthalts.

Im ersten Jahr verzichtet er auf Denise hinsichtlich des Geschlechtsver-

[143] »Wenn der Briefträger einen Brief mit meinem Namen bringt«, sagt Jacques, »könnt ihr ihm sagen, er solle diesen Namen auf den Müll werfen.«

[144] Vgl. den Abschnitt »Sexualität und gesprengte Institution«.

kehrs, um in der Realität ihr Erzieher zu sein (er verhilft diesem einseitig gelähmten Mädchen zur Wiederbelebung ihres rechten Arms und bringt ihr Schreiben bei). Danach läßt er sie fallen wie ein Stück Dreck. Er kann sich anderswo an Mädchen heranmachen. Die Sackgasse, in die er nun gerät, haben wir schon beschrieben. In Freiheit machen ihm die Mädchen Angst, wie ihm auch der Gedanke Angst macht, eines der begehrten Mädchen könnte seine Mutter sein. »Ich wäre lieber als Mädchen auf die Welt gekommen«, sagt er, »das hätte mir Sicherheit gegen die Jungen gegeben.« »Zum Schutz gegen die Mädchen muß ich mich im Haß verschließen, ich muß widerstehen.« Wem? »Der Liebe. Sexualität dürfte es gar nicht geben, sie kann für den Mann nur gefährlich sein.«
Jacques gibt sich wie ein Grobian, er möchte als »sadistisch« gelten, die Mädchen werden geschlagen, ihr Dasein muß verhindert werden. »Wer nicht sadistisch ist, läuft in die Falle (der Frau).«

Trotz allem ist Jacques sich bewußt, welchen Zirkus er aufführt:
»Ich spiele den Clown ja nur, um mich zu retten.«
»Dann geh zu Lefort«, antwortet Paul.
»Du begreifst also immer noch nicht, daß ich einen Chirurg brauche«, erwidert Jacques. »Könnte ich mich kastrieren lassen, wäre ich glücklich. Die Frauen brächten mich nicht mehr in Versuchung. Ich könnte leben ohne Angst, angegriffen zu werden. Obwohl, mit meinem Geschlecht habe ich gar keine Schwierigkeiten. Nur sollte das männliche Geschlecht nicht mit dem weiblichen zusammenkommen.«
»Die Frauen auf der einen Seite und die Männer auf der anderen? Dann gäbe es ja nur noch Blöde auf der Welt!« meint Paul.
»Ja und? Genau das will ich doch!«

Ab und zu oszilliert Jacques zwischen einer imaginären Identifikation mit der Mutter (die ihm die Gegenwart eines Vaters garantiert) und der Suche nach einer realen Verstümmelung, die ihm gewissermaßen die symbolische Kastration ersparen könnte. »Mein Problem ist nicht das Rechnen, sondern die Mädchen. Ich werde mit meiner Mutter zum Chirurgen gehen und mich operieren lassen. Dann lege ich meine Eier in ein Glas mit Spiritus und schon hab ich meine Ruhe. Übrigens, meine Mutter mag kastrierte Tiere.«

Nach seinen eigenen Worten gibt ihm die verheiratete Frau eine *Garantie.* Jacques würde sie gern als Fetisch benutzen, um sich (in der Phantasie) vor dem *Anblick* eines verfügbaren weiblichen Geschlechts zu bewahren. Ein Anblick, der ihm so abscheulich erscheint, daß er ihn letzten Endes ins Geburtstrauma zurückversetzt. Die Phantasie vom Geschlechtsverkehr zwischen Vater und Mutter wird gelegentlich auf die Szene von Bonneuil projiziert: mal ist Jacques in den Klauen der Verfolgungsangst, mal benutzt er das vorbereitete Szenario für die Aufführung eines Schauspiels über die Mißhandlungen, die eine Frau ihm zugefügt haben soll.[145] Von nun an müssen wir zwei verschiedene Metamorphosen der Urphantasie verfolgen: die der Darstellung und die der Artikulation in der Realität.

Es gibt andere Augenblicke, wo er sich mit Humor über die Schrekken hinwegsetzt, wo er die störende Realität vertreibt, indem er sie in den Dienst der Illusion stellt.

Die Rolle, die die »Objekte« (Mutisten, Mädchen, Pierre, Geld) in den in Szene gesetzten Phantasien einnehmen, verleiht Jacques' Diskurs gewissermaßen eine ihm eigene »Fabrikationsmarke«. Mal sind die Mutisten, die Mädchen etc. böse Objekte, die Ablehnung verdienen, mal sind sie Objekte, die es Jacques ermöglichen, sich selbst freizukaufen, oder ihm gar Zugang zur Realisierung eines Werkes verschaffen. Es sieht so aus, als hätten diese »Intermediär-Objekte« die Funktion, die Phantasie zu befreien, die ihn gefangen hält (die Phantasie ist das, was im Bann des Wahns die »paranoischen Schrecken« auslöst, die später durch die sukzessive Produktion von symptomatischen Diskursen überwunden werden). Unter Einwirkung der Probleme, die sich aus der Sexualität ergeben, und entsprechend ihrer Ansiedlung in seiner Phantasie nimmt Jacques eine Neuordnung der Objektwelt vor.

Eines Tages faßt er den Entschluß, die autodidaktischen Russischkurse aufzugeben, und bittet um Erlaubnis, sich für den Fernkurs des Kul-

145 »Du bist nur ein armer Tropf«, sagte sie immer. »Deine Eltern haben Verbrecherblut. Ihr seid alle dazu verdammt, als Kriminelle oder Verrückte hinter Gittern zu landen. Auch später werdet ihr niemals freie Menschen sein. Diese Schlampe hat es gewagt, uns zu beschimpfen. Es ist eine Schande, einer solchen Frau unangepaßte Kinder zu überlassen. Sie redete mit uns, als wären wir weniger als nichts. Sie behandelte uns wie Sklaven und schlug uns mit ihrem Besen auf den Rücken.«

tusministeriums einzuschreiben. Gegen jede Erwartung besteht er die Prüfungen, zu denen er sich unter seinem wirklichen Namen angemeldet hatte, nachdem er seine Zugehörigkeit zum Geschlecht der Übermenschen mit gebührender Trauer abgelegt hatte.
Nun geht er mit Bonneuil ins Gericht, bezeichnet es als Ort der Segregation, den man schnellstens verlassen sollte, wenn man nicht zu den Ausgebeuteten gehören will, die der Staat, so sagt er, ebenso braucht wie die Armen, Irren und Idioten.
Von dem Tag an, wo es Jacques gelingt, seinen Part als Schauspieler in der Phantasie, die er gemeinsam mit seiner Mutter aufgebaut hat, in den Griff zu bekommen, kann er auf den Schutz des Wahnsinns verzichten.
Bonneuil hat Jacques als Theater gedient, wo seine Stellung in Gesellschaft und Familie gespielt wurde; es erscheint nicht ganz unwichtig, die Funktion der *Provokation* in diesem Theaterstück besonders zu betonen, denn sie hat ihm erlaubt, sich die Maske vom Gesicht zu reißen (nicht nur sich, sondern auch uns). Am Anfang, in einem Konflikt um den Bruch mit dem täglichen Leben und der Institution, stößt man auf einen Diskurs, der dank einer permanenten Kritik am Bestehenden nie zum Erstarren kommt, einer Kritik, die übrigens nicht in der Institution gefangen bleibt, da Jacques die Vorbereitung seiner Abreise von Bonneuil auf der Ebene des Realen ermöglicht wird. Kaum hat er sich aus der symbiotischen Mutterbindung gelöst, ist Jacques tatsächlich in der Lage, die Außenwelt zu betreten, ohne daß er fürchten müßte, sich darin zu verlieren oder sich *selbst aufzugeben.*[146]

Die gesprochene Szene: Paul

Paul ist zwölf Jahre alt, als wir ihn kennenlernen. Das abwechselnd als debil und psychotisch etikettierte Kind mußte schon vor seinem

[146] Zur Zeit ist Jacques in der zweiten Klasse eines gemischten Gymnasiums. Er hat sich mit Mädchen angefreundet, was ihn zugleich in die Lage versetzt hat, das Russisch (als Erstsprache) wieder aufnehmen zu können. Bestimmte Leute werfen uns vor, wir hätten ihn für das System »wiederhergestellt«; dem würde ich entgegenhalten, daß sein vorübergehender Aufenthalt in Bonneuil ihm den Weg zu einem »gelungenen Protest« geöffnet hat, und zwar genau dort, wo er »unheilbar« in einem mißlungenen Protest erstarrt wäre.

fünften Lebensjahr Spezialberatungen über sich ergehen lassen. Trotz drei Psychoanalysen und drei heilpädagogischen Versuchen ist sein schulisches Niveau mit zwölf Jahren dem eines Schulanfängers kaum überlegen. Er ist unstabil, cholerisch; keine Schule wollte ihn behalten; schließlich wird ihm ein Platz in einer medizinisch-pädagogischen Institution für Debile angeboten, eine Lösung, die die Eltern ablehnen.
Als ältestes von fünf Kindern ist es Paul nicht gelungen, einen Platz unter seinen Brüdern zu finden – er gehört nirgendwo hin. In ständiger Wiederholung sucht er die Antwort auf das, was sich in seinem Wunsch abspielt, im Realen. Vom Realen wird also verlangt, die symbolische Funktion zu erfüllen. Paul geht so weit, die eigene Verstümmelung (in Form körperlicher Aggression, chirurgischer Eingriffe etc.) zu fordern. Seit seiner frühesten Kindheit immer wieder weggeschickt, geschlagen und operiert (wegen einer Enkopresis), hat Paul eine privilegierte Beziehung zu seinen Eltern dadurch hergestellt, daß er sie dazu herausfordert, ihn schlecht zu behandeln.
Wiederholt versucht Paul, seiner Angst durch ein *Agieren* zu entkommen. Das Szenario, das er in Bonneuil aufbaut, ist nicht unabhängig von den Szenen[147], die mit der Urphantasie (oder dem ursprünglichen Mythos) zusammenhängen.
Es ist bezeichnend, daß Paul eines Tages mit folgenden Worten auf die Dinge eingeht, die Jacques beschäftigen: »Das Kind kann also niemals seine Mutter heiraten, auch nicht, wenn der Vater tot ist? Aber es hat doch so eine Geschichte gegeben, von einem Sohn, der seiner Mutter ein Kind gemacht hat. Ist es wahr, daß manche Kinder an dem kaputtgehen, was ihnen passiert?«
Paul faßt das, was sich in Bonneuil abspielt, als Rivalitäten und Spannungen zwischen den Kindern auf und verbalisiert es auch in diesem Sinne. Er sträubt sich dagegen, sich wie Pierre in eine Situation hineinziehen zu lassen, die ihn (oder Pierre) zum Clown macht, damit »Jacques etwas zu lachen hat«. »Ja, wie ein Blöder lasse ich mit mir umspringen, das macht ihnen einen Heidenspaß, was?«

Einige Monate nach seiner Ankunft in Bonneuil zeigt Paul leidenschaftliche Begeisterung fürs Kochen und wird als Praktikant in einem Restaurant angenommen. Sogleich ändert sich seine Stellung zwi-

[147] Die Urszene, die Kastration etc.

schen seinen Brüdern. Zunächst wird er von ihnen beneidet, dann bewundern sie ihn (er bringt Geld mit nach Hause, kommt aus einer Erwachsenenwelt, von der sie ausgeschlossen sind).
Aber die Tatsache, einen Platz oder gar eine Aufgabe in der realen Welt gefunden zu haben, ist noch keine Lösung für Pauls Identifikationsprobleme und für seine (Kastrations-)Angst. Von dem Augenblick an, da seine Zukunft im Willen der Eltern auf die Formel gebracht wird: »Wir werden dir eine Stelle im Restaurant verschaffen, in der Zwischenzeit lern du das Metier«, setzt Paul alles daran, (auf der Bühne) zu *zeigen,* daß er nicht der ist, für den man ihn hält, indem er Zurückgebliebenheit und Wahnsinn abwechselnd zum Problem macht. »Die Leute glauben, wir wären übergeschnappt, also können wir auch nichts.« »Ich bin verrückt, da kann ich mich auch gleich erschießen.« »Meine Großmutter hat zu mir gesagt: du bist ein Spätentwickler.«
Mit dem Hinweis auf diese Großmutter fordert Paul, nachdem er sich schon als »Chefkoch« gesehen hatte, man solle ihn aufs Gymnasium schicken, wo man Latein macht, etwas lernt. Von dem Moment an, da der Beruf des Chefkochs ihn für immer zum Spätentwickler oder Verrückten stempelt, sagt ihm diese Tätigkeit überhaupt nichts mehr.
Zwei Jahre lang oszilliert Paul zwischen handwerklicher Arbeit und dem Ausbruch aus dieser Arbeit, zwischen Bonneuil und einer Flucht aus Bonneuil in die Cevennen, zwischen (suizidärer) Depression und überschäumender Aktivität. Das Hauptsymptom, in dem sich alles kristallisiert, sind seine Schwierigkeiten im Rechnen. In der Anfangszeit in Bonneuil war Paul radikal gegen die Schule eingestellt, doch eines Tages, als er aus dem Restaurant kommt, stellt er die Frage: wie berechnet man die 12 % Trinkgeld? »Das will ich wissen.«
Da das Rechnen nach seinen eigenen Worten gleichzeitig das bleibt, »wovon er absolut nichts wissen will«, steckt Paul in einer Sackgasse. Um aus ihr herauszukommen, hat er nur ein einziges Mittel, den Appell an den anderen, der zur Provokation wird. In einem Anfall von Angst versucht er eines Tages, sich vor ein Auto zu werfen, um, so sagt er uns, im Tod eine Lösung für seine Schwierigkeiten zu finden (das heißt, um im Realen eine Antwort auf den Mangel der symbolischen Kastration zu finden). Bonneuil, das Restaurant, werden in solchen Augenblicken zur Theaterbühne einer Dramatisierung – ohne

Spielleiter. Die unbewußte Phantasie (der Kastration) wird gleichsam auf eine Leinwand projiziert. Der Wunsch (dieses oder jenes zu vollenden) erscheint gemeinsam mit dem, was sich ihm entgegenstellt, ohne Kompromißmöglichkeit; daher der Ausbruch von Gewalt (gegen andere oder gegen sich selbst).

Der *Wiederholungsmechanismus* ist immer derselbe: die Schwierigkeit (zu lernen), im Realen zu leben (und damit auf einer bestimmten Ebene der symbolischen Organisation), findet nur im Realen der Verstümmelung eine Antwort.

Was hier als traumatische Bedingung erscheint, stammt aus einem Drama zwischen dem Kind und seinen beiden Eltern. Paul hat den Eindruck, daß er von ihnen nur akzeptiert wird, wenn er nicht ist. Jeder Zugang zu einer Anerkennung als Subjekt in den Händen des Wunsches erscheint ihm in solchen Augenblicken versperrt. So sucht er in ständiger Wiederholung nach einer Verdoppelung der Aggression auf der Ebene des Körpers. Es aktualisiert sich ein Körper, der auf der Bühne als Ort der *Kastration* präsentiert wird. Die Reden der Großmutter oder der Eltern stürmen auf ihn ein wie Urteilssprüche – auf die Paul mit Flucht oder dem Versuch, sich auszulöschen, reagiert.

In den kurzen Augenblicken, in denen Paul sich wie jenseits der Zeit fühlt, wird er sozusagen von seiner Phantasie getragen; ob Aggressor oder Opfer einer Aggression, er verschwindet als Subjekt, er geht in der projizierten Szene auf.

Es ist keine Oszillation zwischen einem Wunsch nach Aggression und einem Wunsch, sich auszulöschen, sondern ein plötzlicher Verlust aller Orientierungspunkte auf der Ebene des Ich. Der Körper erscheint wie von einem gefährlichen Realen bedroht, das Symbolische kehrt ins Reale zurück und hinterläßt das Subjekt vollständig entblößt.

In diesem Augenblick der Spannung wirft Paul die Frage nach seiner Internierung in einem psychiatrischen Krankenhaus[148] auf; er will wissen, was er ist: verrückt, zurückgeblieben? Er geht auch zu R. Lefort, verbietet sich aber, dies öfter zu tun, aus Angst, seinem Vater zu mißfallen. Die Abreise in die Cevennen, die als Skandierung auf jede Angstperiode folgt, ist in Form einer Flucht das exakte Äquivalent

[148] Die Internierung ist in der Tat die von Paul gesuchte *Antwort* (auf seine Angst). *Er weiß nicht,* daß er damit die Frage nach seiner Identität stellt.

dessen, was Paul im Tod sucht. »Alles ist blöd! Ich bin anormal, das wißt ihr doch genau. Hier kann man nicht glücklich werden. Ich will irgendwohin, aber ich weiß nicht wo ... Ich erschieße mich einfach, dann weiß ich, wo ich hin soll.«

Der Tod ist die ersehnte Begegnung mit einem Urteilsspruch, die allein die Angst beheben kann: Paul möchte in dem *Signifikanten aufgehen,* der ihn an einem dem Wunsch ausgelieferten Subjektsein hindern und ihn zum Objekt machen wird, das dem Wunsch des Anderen dargeboten wird. Da er die Cevennen als Kerker benutzt, ist auch die Gefahr eines Ausagierens, wenn er dort hingeschickt wird, gleich Null. Bei seiner Rückkehr stellt er gelegentlich die Frage: »Warum war ich bloß so fertig, warum fällt mir immer die Decke auf den Kopf?«

Wenn in Bonneuil irgendein Kind eine Depression durchmacht, kommt es nicht selten vor, daß ein anderes Kind seine Symptome übernimmt, als könnte das allgemeine Gleichgewicht nur um den Preis der »Krankheit« oder des Ausschlusses eines Mitgliedes aus der Gemeinschaft hergestellt werden. So reproduziert die Szene der Institution, was in den meisten Familien von Psychotikern abläuft.

Die Skandierung des Kommens und Gehens gibt Gelegenheit, über solche Ereignisse zu reden, die sonst in dramatischem Agieren gefangen blieben. Denn jede Inszenierung (von Symptomen oder einem Diskurs) bezeichnet zugleich eine (genealogische) Linie und einen Weg, der unter Maskeraden und Ritualen nachzuzeichnen ist. »Dort gibt es etwas zu hören, das bewirkt, daß ›ich‹ schließlich hören kann.«

Als Paul uns eines Tages bei einer Rückkehr aus den Cevennen sagt: »Meine Eltern haben nicht mehr alle Tassen im Schrank, sie brauchen ein psychiatrisches Krankenhaus; ihnen geht es schlecht, nicht mir«, wird uns klar, daß eine Wende vollzogen ist, die einen anderen Diskurs ermöglicht.

Wir finden eine Familie (die Familie eines Lehrers), die Paul aufnimmt. Sein Leben verteilt sich auf diese Familie, Bonneuil und das Restaurant. Der Lehrer hat ein Atelier (Holzbearbeitung), eine Frau und einen Hund. Paul besetzt das Atelier und den Hund und ist glücklich über die Möglichkeit, auch allein sein zu können. Von nun an öffnet er sich der schulischen Arbeit (den Ansätzen, die für seine Praxis im Restaurant notwendig sind) und zeigt Interesse an seiner Zukunft. Schon sehr bald erscheinen ihm Bonneuil und die Cevennen als Orte, die es »auszuspucken« gilt, die man um jeden Preis loswerden muß. Diese Ablehnung ist gleichzeitig Ausgangspunkt für die Konstitution eines auf die Außenwelt bezogenen Diskurses der Auflehnung.

Die Körperszene

Die gleiche Verwirrung, die sich auf der verbalen Szene zeigt, manifestiert sich beim autistischen Kind auf der Ebene des Körpers. Aufgrund seiner Erziehung ist der sogenannte »normale« Erwachsene jedoch nicht in der Lage, zu hören, wie der Körper des autistischen Kindes spricht.
Die *Akzentuierung der Expressivität* bedeutet, den Körper gedanklich auf das Bild festzulegen, das die (medizinische oder pädagogische) Institution von ihm hat. Aus diesem Grunde spricht Pierre Fedida vom *institutionalisierten Körper* und betont die Notwendigkeit von Brüchen auch in diesem Bereich, die einer *Entinstitutionalisierung* des Körpers den Weg bereiten. Die Beziehung zum Körper muß (wie alles, was bisher unter dem Begriff psychomotorische Reedukation etc. verstanden wurde) neu definiert werden.
Manche autistischen Kinder, die für die Dauer eines Aufenthalts in den Cevennen von ihrer Mutter getrennt waren, sind bei ihrer Rückkehr nicht wiederzuerkennen: sie schwimmen in Urin und Exkrementen. Ausgehend von einem Bruch mit dem Körper, der seit jeher von der Imagination und dem Wunsch des anderen bestimmt war, macht das Kind an sich selbst die Entdeckung eines anderen Körpers, der Ort des Wunsches ist. Wenn eine solche Enthüllung eines anderen Körpers erfolgen kann (wenn die Angst des Erwachsenen sich nicht als Hindernis in den Weg stellt), markiert sie stets eine der wichtigsten Veränderungen. Das Kind an einen geschlechtlichen Körper zurückzugeben heißt, ihm die Möglichkeit eröffnen, seinen Körper mit sexuellem Interesse und Erregung zu besetzen, die es gleichermaßen auf Verdauungsfunktionen und Fäkalien beziehen kann. Erst nach der Besetzung seiner erogenen Zonen vermag das Kind einen anderen als sich selbst zum Liebesobjekt zu nehmen.

In Bonneuil schwimmt das autistische Kind ganz allgemein in einem Meer von Sprache, es nimmt verschiedene Funktionen bei verschiedenen Personen ein und spielt auch auf der Szene der Schule eine Rolle. Am wichtigsten sind ihm die Aktivitäten, die den Körper reden lassen und das Sagen suspendieren.[149] Dem Kind wird freie Hand gelassen, alle Mittel seines eigenen Körpers auszuschöpfen (die Schriften von Artaud sind in diesem Zusammenhang eine wertvolle Anleitung). Das Kind, das nicht spricht, gewinnt Lust an der Entdeckung der Resonatoren seines eigenen Organismus, und so erforscht es (allen von seinem Körper ausgehenden Hindernissen zum Trotz) die klanglichen Möglichkeiten seiner Schädeldecke, seiner Nase, seines Bauches, seines Kehlkopfs oder seiner Wirbelsäule, erfindet die verschiedensten Arten zu atmen oder auch mit »der Kopfstimme, der Mundstimme, der Bauchstimme, der Bruststimme etc.«[150] zu schreien. Die Eliminierung von nicht selbstgemachter Musik motiviert die Kinder, mit ihren Körpern Musik zu erzeugen, bis unter Zuhilfenahme von Instrumenten und Gegenständen, auf die man schlagen kann, ein ganzes Orchester daraus wird. Das alles kann auf die, die sprechen, etwas beängstigend wirken. Ihr Kommentar lautet: »Diese Musik und überhaupt alles, was hier so fabriziert wird, hat weder Kopf noch Fuß, keine Arme, keine Beine, keinen Magen und kein Herz, da steckt doch nichts dahinter. Nichts, als ein Effekt des Wahnsinns, der wie Luftblasen aus allen Ecken steigt.«[151]

Der Bruch mit einem »institutionalisierten« Körper verschafft dem Kind eine Basis für die Wiedergewinnung eines eigenen Körpers; sein Zugang zur Realität dieses Körpers bleibt indessen fragwürdig (die dem Kind zugängliche Kenntnis beschränkt sich gemeinhin auf den Körper als Behälter und auf seine Öffnungen; eine weitergehende Un-

[149] Es gibt einen Raum mit einer Badewanne, in dem die verschiedensten Körperspiele ausprobiert werden können. Außerdem wird dem Kind die Möglichkeit gegeben, mit ganz einfachen Instrumenten, die es manchmal selbst baut, Musik zu erfinden. Manche wollten daraufhin sogar aus ihrem Körper ein Toninstrument machen.

[150] Jerzy Grotowski, *Vers un théatre pauvre,* Lausanne 1971. Auch wenn es den Kindern, von denen hier die Rede ist, gelingt, den Ort des Bauches, der Brust etc. zu entdekken, bleiben sie ihrem Körper dennoch fremd, oder sie betrachten den organischen und den Lustkörper als zwei Teile, die getrennt, nicht zusammenfügbar sind.

[151] Der Erwachsene kann diesen »Effekt des Wahnsinns« manchmal kaum ertragen, vor allem dann, wenn er die Position eines »Beobachters« einnimmt. Für das Kind ist diese Position (die es als Effekt des »Kannibalismus« erlebt) absolut destruktiv.

tersuchung über die Funktion der Glieder als Anzeichen des Wunsches im Feld des Anderen wäre lohnenswert).

Das Dasein der autistischen (mutistischen) Kinder in Bonneuil belebt bei den Älteren die Frage: *aus was bin ich geboren?* (das heißt, welchen Sinn hatte ich für meine Eltern, ehe ich zur Welt kam, wenn man mich später so zugrunde gerichtet hat?), eine Frage, die die Mutisten ihnen wie einen Spiegel vor Augen halten.

Im Diskurs der Älteren werden Wahnsinn und Zurückgebliebenheit mit einer *Urschuld* verbunden (in Assoziation zur Urszene); sie reagieren darauf mit einer ablehnenden Haltung gegenüber dem, was sie den »Abschaum« der Menschheit nennen. Dennoch, das Erwachen dieser bislang von jedem Leben abgeschiedenen mutistischen Kinder berührt sie zutiefst. Wenn sie sich Gedanken darüber machen, wie ein Erwachsener affektiv zu einem dieser Kinder steht, kommen sie immer auf die Frage nach ihrer eigenen Geburt und der ihrer Eltern zu sprechen. Vermittelt durch die Fragen eines stummen Kindes und indem sie sich von ihm angesprochen fühlen, vermögen die Älteren sich mit den Teilen ihrer selbst (ihrer eigenen Kindheit oder ihres eigenen Körpers) zu versöhnen, die verloren geblieben sind.

Gelegentlich präsentiert sich das autistische Kind als libidinöser Körper *ohne Geschlecht,* als wäre das Geschlechtsorgan zugunsten einer diffusen, nicht symbolisierbaren Sexualität des Körpers ausgestoßen worden. Der Versuch der Unifizierung (des Körpers) dient der Maskierung der Zerstücklungsangst, die mit jeder Lustempfindung aufzubrechen droht. Manchmal geht das Kind so weit, jede Besetzung von den erogenen Zonen abzuziehen, um sich allein auf der Ebene des Hörens zu halten, auf der sich ein undifferenzierter Körper ansiedelt.

Das autistische Kind, das sich, indem es die Augen schließt, allem entziehen kann, was es nicht sehen will, war diesem Hören, in dem es sich verloren hat, schon sehr früh ausgeliefert. Gelegentlich beobachtet man den Versuch, vor dem Ton zu fliehen, um den Preis eines radikalen Abzugs der Körperbesetzung. (Während manche Kinder sich in der Musik verlieren möchten, verstümmeln sich andere unter dem Eindruck einer Musik, die sie als destruktiv empfinden.) Unter diesen Umständen erscheint das autistische Kind in Abwehr vermauert als ein Körper, der sich jeder Rezeption eines Hörens verschließt:

ein Körper, dem die Unterstützung eines symbolisierbaren Geschlechts fehlt.
Das Spiel mit dem Wasser gibt dem autistischen Kind Gelegenheit, seinen Körper zu entleeren (es läßt Exkremente und Urin in heißem Wasser schwimmen); anderswo gibt es sich der Lust hin, zu horchen, was (auf der Ebene des Tons) aus dieser oder jener Region seines Körpers hervordringt. Die Älteren, die solche Spiele mit der Sprache (des Körpers) miterleben, reagieren mit Faszination und Ekel zugleich.
Die Begegnung mit dem autistischen Kind wird stets dadurch vermittelt, daß Flucht ermöglicht wird. Wie wir gesehen haben, kommt es vor, daß das Kind Monate in der Gesellschaft von Kieselsteinen verbringt; die Abgrenzung seines Territoriums erfolgt durch den Geruch von Abfällen aller Art, die es zwischen sich und die anderen schiebt. Ist die Außenwelt nicht mehr so bedrohlich, wird das Kind zunächst dem Blick des anderen standhalten, dann läßt es sich anfassen und schließlich gibt es die Abwehr auf und hört.
Was gesagt und gespielt wird, verweist den Erwachsenen so manches Mal auf Phantasien, in denen der Körper in tausend Scherben liegt. Mitunter fühlt er sich vollkommen entwaffnet und fremd gegenüber diesem unzusammenhängenden Puzzlespiel, das Fragen an ihn richtet. Was der Erwachsene nicht symbolisieren konnte, kehrt auf der Ebene des kindlichen Körpers, wo jeder Mangel an Symbolisierung durch Flucht, Abwesenheit oder gar epileptische Absenzen skandiert wird, ins Reale zurück. Für das Kind wie für den Erwachsenen steckt darin eine Art nicht integrierbarer Erfahrung, und dennoch entschlüpfen solchen Begegnungen Sinneffekte.
»Kann man Mutisten helfen, ohne selbst mutistisch gewesen zu sein?« fragt Pierre eines Tages.
»Jetzt macht Francis *nn*, früher machte er *nanan*, was soll das heißen?«
»René fängt langsam an zu sprechen, nur Léon, warum kommt es bei dem nicht?«
»Léon ist ja auch Ihr Liebling«, sagt man mir. »Er gefällt Ihnen doch gut so, wie er ist, warum sollte er sich ändern?«
Auch die Erwachsenen stellen sich diese Fragen. Entweder fühlen sich die jungen Praktikanten (Psychologen, Erzieher, Assistenzärzte) von

Anfang an ausgesprochen wohl mit solchen Kindern, die sie wirklich erfüllen, oder es herrscht permanente Panik, auf die das Kind mit Gewalt reagiert. Die Besucher, die Bonneuil nicht kennen, können kaum ertragen, daß die Erwachsenen so schutzlos *exponiert* sind, ohne sich hinter ihre Funktion als Lehrer, Psychologe oder Arzt zurückziehen zu können. Die Ratschläge, die man uns erteilt, laufen immer auf Segregation hinaus. Nun hat aber Bonneuil gerade nur dann einen Sinn, wenn es segregative Abtrennungen verweigert. Die »verhaltensgestörten« Jugendlichen, die magersüchtigen Schüler etc. können aus einem vorübergehenden Aufenthalt an einem solchen Ort großen Gewinn ziehen. Das autistische Kind wirkt nicht »ansteckend«, im Gegenteil, es spielt für die anderen die Rolle der stummen Sphinx, die sie befragt und anspricht. In dieser Eigenschaft provoziert es den Nicht-Autisten, seine Fragen anderswo anzusetzen als dort, wo der »Abschaum« versammelt ist (der Prozentsatz der Autisten ist nie höher als 1/3 der Gesamtheit). Dagegen werden die Leute, die von draußen zu Besuch kommen, nicht gerade freundlich aufgenommen. »Sie wollen sich nur die verrückten Kinder ansehen und schlagen sich auf unsere Kosten den Bauch voll«, meint eins der Kinder. Man merkt sofort, ob der Besucher ein Freund ist oder ob er nur »zu Besuch« kommt. Im letzteren Fall wird ihm genauso zugesetzt wie einem »Bourgeois« wegen seiner »Scheinheiligkeit«. »Der Bourgeois, der kann mich mal. Das ganze offizielle Getue und die vornehme Sprache, damit will ich nichts zu tun haben. Frankreich hätte sich lieber um die Wissenschaft kümmern sollen, dann wäre es jetzt nicht da, wo es ist. Mir graut vor den guten Manieren der Bourgeoisie. Vorschriftsmäßige Kleidung und ein Handkuß für die Dame, weil sie vierzig ist! Kaum redet man Jargon, fliegt man auch schon raus! Oh man, Figaro, seif mich ein!«
Die Verwirrung des anderen wird wahrgenommen, sein Wunsch wird nicht geschont. Und doch wird der Rückstoß erst möglich, wenn die Außenwelt in die Szene von Bonneuil eingebracht wird, auch wenn die Diskurse von hier und anderswo als Gegensätze bestehen bleiben.

Kollektiver Diskurs[152]

6. Januar 1970

Irène: Wir wollten den doofen Wolf spielen, aber es ging nicht.

M. M.: Wer war der doofe Wolf?

Irène: Das war ein Wolf, der überhaupt nichts kapierte, er hatte Hunger, er hatte sich verirrt.

Paul: Der Wolf war doof.

M. M.: Was heißt das, doof?

Paul: Ich rede nicht gern über den doofen Wolf, er hatte Watte in den Ohren, er war dämlich, er fiel auf alles herein.

G. S.: Wie kann man blöd sein, warum, wie?

(Schweigen.)

M. M.: Das ist eine Frage.

Pierre: Indem man Léon nachahmt.

Paul: So hatte er wenigstens seine Ruhe.

M. M.: Was hat man eigentlich davon?

Pierre: Geld vielleicht.

Jacques: Ich kann genau sagen, was ein Idiot ist. Der Idiot will kein Geld, er will Freundschaft. Man muß unterscheiden zwischen denen, die von Natur aus Idioten sind, und denen, die den Idioten spielen.

M. M.: Woran erkennst du den Unterschied?

Jacques: Man stellt eine Frage: Wieviel ist 10 mal 10? Der natürliche Idiot weiß es nicht. Der den Idioten spielt, gibt absichtlich eine falsche Antwort, weil er fürchtet, eine tödliche Antwort zu geben.

M. M.: Gibt es nicht auch welche, die den Idioten spielen und trotzdem glauben, sie seien von Natur aus Idioten?

Jacques: Oh ja, das gibt es – das kommt von dem Lehrer, der einem sagt: Ihr seid zu nichts nutze, ihr seid unter dem Strich, ihr werdet bei den Obdachlosen landen. Wenn man immer nur hört: Du bist ein Idiot, wird man es auch. So ist es Paul gegangen.

Paul: Ich war in einer staatlichen Schule. Der bekloppte Lehrer brauchte ein beklopptes Kind, um sich nicht bekloppt zu fühlen. Er machte orthographische Fehler. So ein Lehrer macht einem Angst; und dann schlägt er, ich habe es ihm heimgezahlt, er wäre fast gestorben.

Jacques: Paul hat geschlagen, weil er provoziert worden war.

[152] Auszüge von Tonbandaufnahmen.

Paul: Er hat mir die Ohren langgezogen.
Jacques: In einer staatlichen Schule ist das verboten.
M. M.: Oh! Es gibt Fußtritte, die im Sand verlaufen.
Jacques: Ich bin gegen Gewalt.
Paul: Erst macht man ein Kind verrückt, einfach so, und dann wundert man sich, wenn es Leute erwürgt. Aber man hat es zum Würger gemacht.
Jacques: Der Junge ekelt sich vor euch, aus Ekel wird er gefährlich. Nicht nur Schläge tuen weh, sondern auch Worte, die wie Schläge wirken, ungerechte Worte. Die Ungerechtigkeit erzeugt gefährliche Blödheit.
Pierre: Mir hat man nie böse Worte gesagt.
Florence: Vielleicht hast du sie vergessen?
Paul: Man spielt den Idioten, weil man seinen Kummer vergessen will.
Jacques: Genau, so ist es. Genau das ist bei Léon der Fall. Am Anfang hatten seine Eltern es sicher satt, daß er immer in die Hose machte, und dann hat man ihn nur noch angebrüllt – sowas muß ihm mit zwei Jahren passiert sein. Léon hat das sicher keinen Spaß gemacht, da hat er sich zurückgezogen und aufgehört zu sprechen.
Paul: Das stimmt nicht, Eltern sind nicht wie Verbrecher.
Jacques: Léons Eltern waren viel zu bequem, die wollten das Kind samt der Scheiße einfach loswerden. Einer Bekannten von meiner Mutter ist das auch passiert.
Guy: Wenn man so mit Kindern umgeht, die dann auch Eltern werden, was machen die mit ihren Kindern?
Jacques: Sie wiederholen, was man ihnen angetan hat, sie rächen sich. (Irène weint.)
Paul: Ihr Vater hat sich scheiden lassen. So ein Vater ist ein Sadist, wenn man heiratet, läßt man seine Familie nicht im Stich.

. . . .

Jacques: Ich kann Paul nicht mehr sehen, er ist gemein, er will mich bescheißen ... Also, seit wir die Medikamente zum Teufel gejagt haben, sabbere ich nicht mehr. Den Roman über die »Vielfraßenzyme« habe ich aufgesteckt, aber der russische Name, den ich mir ausgesucht habe, dieser Name eines Übermenschen, der geht mir nicht aus dem Kopf.

7. Januar 1970
Jacques: Ich finde mich blöd, ich brauche es, den anderen zu helfen.
M. M.: Und die anderen lassen sich helfen?
Jacques: Sie taugen nichts, das ist sinnlose Energieverschwendung. Irène will nicht arbeiten, sie spült lieber. Paul ist voll guten Willens, aber er kann nicht. Ich koche vor Wut, weil ich nicht der Stärkste bin, der Intelligenteste, weil nicht alles unter meinem Kommando läuft, die Zeit, die Sonne, die müßten mir gehorchen.
(Pierre betastet meinen Bauch.)
M. M.: Ich habe kein Baby drin, Maryvonne hat eins.
(Pierre brummt etwas, schlägt mir auf den Bauch.)
M. M.: Du hast auch eine gute Mama gehabt, als du noch in ihrem Bauch warst, sonst hättest du gar nicht leben können.
Pierre: Wirklich? War ich wirklich in einem guten Bauch?

13. Januar 1970
Jacques: So viele Streitsüchtige hier, man hat *so* einen Kopf, wenn man wieder rausgeht. Hier sind alle verrückt, manche werden es schaffen herauszukommen.
M. M.: Du redest wie ein Psychiater.
Jacques: Aus Denise läßt sich noch etwas machen, ich habe Spezialmethoden, die besser sind als Medikamente.
Paul: In der Geschichte, die man uns erzählt hat, kam eine Hexe vor, die Frauen frißt.
Jacques: Es wäre angebrachter, von Hexen zu erzählen, die Männer verschlingen.
Paul: Man heiratet, und dann kommt das dicke Ende.
Jacques: Man kann sich ja scheiden lassen.
Paul: Das macht einen traurig.
Jacques: Einem Jungen ist es egal, wenn der Vater weggeht; einen schönen guten Morgen, und schon sitzt er auf seinem Platz.
M. M.: Bei der Mutter kann der Sohn nicht den Platz des Vaters einnehmen.
Paul: In Amerika machen sie es aber.
Jacques: Ich habe mit meiner Mutter geschlafen.
M. M.: Aber nicht, um Kinder zu haben.
Paul: Das Kind kann also niemals seine Mutter heiraten, auch nicht,

wenn der Vater tot ist? Aber es hat doch so eine Geschichte gegeben, von einem Sohn, der seiner Mutter ein Kind gemacht hat. Er ist in den Knast gekommen. Manche Kinder gehen an dem kaputt, was ihnen passiert.

17. Januar 1970
Jacques: Wenn der Briefträger einen Brief für mich bringt, könnt ihr diesen Namen ruhig auf den Müll werfen.
Irène: Ich habe Bauchschmerzen, ich habe meine Tage.
Paul: Was ist das, »deine Tage«?
Irène: Man blutet, und ein Ei wird reif.
Paul: Ich weiß, wie Kinder gezeugt werden. Der Mann tut Spermen in den Bauch einer Frau, er kann das sogar mit einer machen, die gar nicht seine Frau ist.

20. Januar 1970
Paul: Ich mag keinen Besuch. Die gucken in alle Schränke und kommen überhaupt nur her, um in ihrer aufgeblasenen Art zu sagen: »Ach, wie schön ihr es habt!« Es gibt Leute, die denken, dies wäre eine Deppenschule, was anderes wollen sie gar nicht sehen. Ein Irrenhaus wollen sie sehen. Sobald jemand kommt, muß man sich dünn machen. Sagt ein Kind zum Besucher: »Sie sind ja bescheuert«, sagt der Besucher: »Es ist übergeschnappt.« Ich bin aber nicht übergeschnappt. Ab und zu bin ich sogar außerordentlich intelligent.
M. M.: Man darf die Kinder also nicht zeigen?
Paul: Das ist doch klar, die Kinder sind die reinsten Nervensägen, und ich habe keine Lust, mir die Fresse polieren zu lassen.
R. M. G.: Ist dir das schon mal passiert?
Paul: In der Schule, wo ich vorher war, da haben die Kinder Schauprügeln gemacht.
M. M.: Wenn hier mal ein Amerikaner erscheint, ist es dann nicht genauso?
Paul: Amerikaner sind Schläger, dann sollen sie ihre Schlägerei auch haben.
Jacques: Es ist dumm, die Leute von außerhalb hierher kommen zu lassen, das macht einen schlechten Eindruck für die Schule.
M. M.: Was macht einen schlechten Eindruck?

Jacques: Die Kinder, die aus der Rolle fallen und sich schlagen.
M. M.: Ihr hättet lieber eine Schule, die von der Außenwelt abgeschnitten ist?
Jacques: Ganz recht ... Ich wage nicht, meinen Freunden etwas von Bonneuil zu sagen. Ich will nicht, daß sie meinen, ich wäre übergeschnappt. Jetzt finden sie mich gut. Deshalb will ich nicht zurückfallen in die Zeit, wo sie mich den Blöden schimpften. Ich erzähle übrigens, ich wäre auf dem Gymnasium ... Ich bin gegen psychiatrische Krankenhäuser. Aber es gibt Fälle, da geht es nicht anders, ich meine die Alkoholiker.
R. M. G.: Glaubst du wirklich?
Jacques: Vom Alkohol kann man sogar sterben.
Guy: Warum trinken die Leute eigentlich?
Paul: Weil sie Durst haben.
Jacques: Nein, sie ertränken ihre Probleme im Alkohol, wie andere in der intellektuellen Arbeit. Sie ertränken ihren Kummer.
M. M.: Meinst du nicht, man könnte ihnen helfen?
Jacques: Sie sind unglücklich, weil sie nicht geliebt werden, und das wollen sie im Alkohol vergessen.
Guy: Wie kannst du denn geliebt werden, wenn du von der Welt abgeschnitten bist?
Jacques: Ich habe begriffen, daß das für mich vorbei ist, meine Eltern sagen, da ist alles verloren ...
R. M. G.: Und Denise?
Jacques: Da habe ich Spezialmethoden, die behalte ich für mich.
M. M.: Bei Frau Guérin schreibt Denise mit der rechten Hand und bei dir mit der linken. Ob ihr euch nicht einigen könntet, welche Hand sie gebrauchen soll?
Jacques: Sie macht das ganz selbstverständlich mit der linken Hand.
Florence: In der Küche nimmt sie immer die rechte Hand.
M. M.: Sie hat die rechte Hälfte ihres Körpers zum Absterben verurteilt.
Jacques: Ah, ich verstehe, das ist wichtig. Hätte ich das eher gewußt, wäre es besser gewesen ... Aber seht doch, was sie eben mit ihrer rechten Hand macht!
(Denise schreibt ihm: ich liebe dich.)

27. Januar 1970

R. M. G.: Man sagt, Paul wäre scharf auf Denise.

Paul: Das stimmt nicht, Jacques hat damit angefangen.

Jacques: Ja, aber ich habe auch wieder aufgehört, du hast immer weitergemacht.

Paul: Halt's Maul!

Jacques: Wenn du »halt's Maul« sagst, dann bitte in normaler Lautstärke, ohne zu schreien. Von mir aus kannst du ja ruhig gestört sein, aber trotzdem.

Paul: Ich bin nicht verrückt.

Jacques: Du bist nicht übergeschnappt, aber du bist gestört.

(Paul schlägt und knufft.)

Jacques: Fast hättest du mir ein Auge ausgestochen! Was ist denn eigentlich in dich gefahren, so ein Theater, nur wegen einer Hosenschlitzgeschichte. Da kommt ja dein ganzer Haß raus! Mit mir hat Denise sich wieder versöhnt, ich habe mich entschuldigt.

M. M.: Nur aus Liebeskummer wollte Paul dir ein Auge ausstechen.

Jacques: Er hat mich enttäuscht, dieser Paul, auf seinen Blödsinn lasse ich mich nicht mehr ein. Für mich ist er gestorben.

17. Februar 1970

Jacques: Denise, diese alte Fotze, dies hinterhältige Scheusal. Ein Dreck ist sie, den man restlos vergessen muß. Sie macht mir zu viel Ärger.

R. M. G.: Was für Ärger macht sie dir denn?

Jacques: Sie ist wie eine Katze oder ein Hund.

R. M. G.: Man hängt zu sehr daran?

Jacques: Ja, das muß man loswerden, mit ihr ersticke ich.

R. M. G.: Mit einer anderen Person wird das Problem genauso aussehen.

Jacques: Na und? Ich habe die Lösung! Ich könnte mich umbringen, Gedächtnisschwund kriegen oder ins psychiatrische Krankenhaus gehen.

20. Februar 1970

Jacques: Heute habe ich nur Mist gebaut.

R. M. G.: Aber du hast doch Gegenstände hergestellt.

Jacques: Alles, was ich aus mir mache, ist schlecht, Was ich will, ist das psychiatrische Krankenhaus, damit ich die Mädchen vergessen kann, sie machen mich verrückt, die Mädchen. Man interessiert sich für sie, wenn sie nicht da sind, das macht einen verrückt.

2. März 1970
Jacques: Man könnte doch glauben, daß diese Leute da ... die nicht sprechen, also, wenn die sprechen wollten, könnten sie es sicher. Denen ist das ein reines Vergnügen, wenn sie nicht sprechen. Sie machen sich interessant, so kümmert man sich um sie.
M. M.: Du meinst, man wäre nur zu seinem eigenen Vergnügen verrückt?
Jacques: Ja, das ist ein reines und grenzenloses Vergnügen.
M. M.: Wem macht es eigentlich Spaß, wenn du Pierre aufstachelst, auf der Straße den Verrückten zu mimen?
Jacques: Es ist immer noch besser, er ist der Idiot und nicht ich! Das steht fest!
Paul (weinend): In meiner früheren Schule war ein Lehrer ... der zeigte sein Geschlecht, er war übergeschnappt.
Jacques: Der Schullehrer hat Paul gezeigt, wie man abspritzt. Er sagte: »Macht es mir nach.« Als einer nicht wollte, sagte er: »Den muß man schlagen.« Paul hatte Angst, geschlagen zu werden. Ich habe zu ihm gesagt: »Es ist nicht recht, solchen Leuten zu folgen.«
Paul: Es war der Lehrer, der das machte.
Jacques: Der Lehrer war übergeschnappt, okay; das ist doch kein Grund, ihm zu folgen.
Paul: Erzählt ihr das bei der Elternversammlung?
M. M.: Du weißt genau, daß wir das nicht machen, aber warum packst du heute all diese Geschichten aus, als wärst du im Verhör?
Paul: Ich kann doch nichts dafür.
Jacques: Aber nein, wenn man klein ist, weiß man doch nicht, was man tut.
M. M.: Sag mal, Jacques! Willst du uns etwa heute eine Vorstellung vom Wahnsinn geben?
Jacques: Da ist schon was dran, aber es stimmt nicht ganz.
Paul: Ja, und ich, ich stehe wieder als der Blöde da!
M. M.: Ich würde gern auf die zurückkommen, die nicht reden. Man

könnte meinen, jeder würde aufatmen, wenn es diese Wortlosen nur nicht mehr gäbe.
Jacques: Um die, die nicht reden, sollen sich die Erwachsenen kümmern.
M. M.: Glaubst du, es hilft ihnen weiter, wenn sie geschlagen werden?
Jacques: Das einzige, was ich für diese Typen machen kann, ist, sie in der Scheiße sitzen zu lassen und zu sagen, daß sie von mir aus abkratzen können.
M. M.: Du bist gemein.
Jacques: Die bringen mich total aus dem Gleichgewicht. Ist ja schon recht, sie zu schlagen, hilft ihnen auch nicht weiter, aber diese Sitte hat Pierre doch hier eingeführt. Alle haben Pierres Haltung zu diesen regungslosen kleinen Blöden übernommen.
M. M.: Im Dezember hieß es noch: »Psychiatrische Krankenhäuser sind ein Greuel.« Jetzt findet ihr sie gut.
Jacques: Für solche Kinder ist das gar nicht so schlecht.
M. M.: Glaubst du, das wäre eine Lösung?
Jacques: Nicht für mich!
M. M.: Du findest das normal, die Intelligenten auf der einen und die Wortlosen auf der anderen Seite?
Jacques: Ich kann diese Kinder einfach nicht lieben, ich kann nicht anders, ich muß sie schlagen. Wenn ich sie nur sehe, wird mir schlecht.

11. März 1970
Paul: Wichtig im Leben ist es, die Wahrheit zu sagen. Warum kann Léon nicht sprechen? Meiner Ansicht nach geht ihm das dauernd im Kopf herum, und er sagt: »Ich kann nicht sprechen.« Er glaubt an nichts und niemanden. Er hat zu viel Kummer gehabt, als er noch klein war.
M. M.: Was mag ihm denn so viel Kummer gemacht haben?
Jacques: Die fehlende Liebe seiner Eltern.
Paul: Irgend jemand hat ihm »das« angetan.
M. M.: Was, »das«?
Paul: Etwas, was die Eltern den Psychiatern nie erzählen.

13. März 1970
Jacques: Ich rate dir, hör lieber zu, Sophie. Wenn du die andern störst, kriegst du Prügel, aber anständig.

Paul: Das hilft nichts, man muß es erklären.
Jaques: Bei Léon hilft es nichts, aber bei Sophie vielleicht.
Paul: Im Gehirn gibt es gute und böse Teile; wenn man das Kind schlägt, spricht es nicht. Ich möchte weg von hier. Ich habe Worte im Kopf, die mir sagen, daß ich entweder mich selbst oder alle anderen umbringen werde. Mein Verstand hat recht, das ist die einzige Lösung.
Jacques: Du kannst ja den bösen Teil von dir umbringen, aber nicht den guten.
Paul: Ich will abhauen.
Jacques: Sich wirklich umzubringen, ist keine Lösung.
Paul: Keine Lösung, keine Lösung; da drin zu sein, glaubst du, das wäre eine Lösung?
Jacques: Als ich hierherkam, hat mich das schon interessiert. Aber ich wußte nicht, daß hier die grausigsten Fälle herumlaufen, also, daß es sowas überhaupt gibt.

17. März 1970
Jacques: Wenn ich daran denke, ich könnte Filzläuse kriegen, Mutist werden, oder wie Pierre die Herrschaft über mich selbst verlieren, kommt mir der kalte Schweiß.
Paul: Mir war nicht klar, was das bedeutet, eine Schule wie diese.
Jacques: Natürlich ist das eine Blödenschule. Am Anfang hat mich das abgestoßen, dann habe ich Geschmack am Leben gefunden.
Paul: Ich möchte auf das Internat, von dem meine Großmutter immer spricht.
M. M.: Ja, ein vornehmes Internat, du wolltest doch Chefkoch werden, warst sogar stolz darauf.
Paul: Die Großmutter ist gegen meine Eltern, gegen das, was ich liebe. Meine Stiefmutter hat zu mir gesagt: »Du mußt Latein lernen.«
M. M.: Deine Stiefmutter oder deine Großmutter?
Paul: Einmal hat mein Vater sie angebrüllt, »hau ab!«, er hatte die Schnauze voll von ihr. Sie würde uns die Welt versprechen, nur damit Papa nichts zu sagen hat. Zu mir hat sie gesagt: »Du bist ein Spätentwickler«. Solche Stiefmütter sollte man umbringen. Bei uns haben die Weiber die Hosen an, mein Vater hat das satt.
Jacques: Deine Großmutter will, daß du dich abrackerst, damit du

dein Leben lang versauerst. Sie gibt dir Geld, um dich bei der Stange zu halten. Nimm ihr Geld, aber hör' nicht auf sie.
Paul: Ich habe schon immer von Höhlen geträumt, ich will nach Graniès, oder ich gehe wenigstens in ein psychiatrisches Krankenhaus, um zu sehen, was los ist. Ich langweile mich, ich habe die Nase voll.

7. April 1970
Paul: Ich habe mein Zelt aufgebaut, etwa einen Kilometer von einer Quelle entfernt. Auf dem Rückweg habe ich mich mit Mama und ihrer Busenfreundin gestritten, zwischen den beiden ist für mich kein Platz.
Jacques: Und ich, ich bin als Verantwortlicher zurückgetreten, damit ich mit Denise in einer Gruppe bleiben kann, sie ist nämlich zur Verantwortlichen ernannt worden ... Wenn ich an die alten Zeiten zurückdenke, wie ich mich um sie gekümmert habe. Und nun macht man sie zur Verantwortlichen! Lieber möchte ich ihre rechte Hand werden, als daß ich sie verliere.
M. M.: Du verlierst sie doch nicht, wenn du in eine andere Gruppe gehst.
Jacques: Wenn ich Denise verliere, verliere ich meine Beherrschung, sie wacht über meine Selbstkontrolle.
Paul: Laßt ihm Denise.
Guy: Wir wollten sie ihm nie wegnehmen.

28. April 1970
Paul: Ich habe Lust, Feuer zu machen.
R. M. G.: Gestern hat unser Nachbar Holz verbrannt.
Jacques: Ich würde gern meine Hütte einweihen. Wir könnten dort etwas trinken. Die Filzläuse und Pierre müßten sich eine Begleitperson mitbringen.
Paul: Die Hütte sagt mir gar nichts.
M. M.: Was sagt dir denn etwas?
Paul: Die Hütte von Mont Revard, die sagt mir etwas. Ich habe Bonneuil langsam satt, Bonneuil müßte in Graniès sein, im Wald, da macht es Spaß.
Jacques: Für mich stehen die Dinge hier zum besten. Bisher hatte ich keine schwerwiegenden Erregungszustände, der Herzrhythmus war beständig.

M. M.: Liegt es an der Anwesenheit von Nicole Moulin, daß du redest wie ein Arzt?
Jacques: Sobald ich in einen Erregungszustand gerate, beschleunigt sich der Herzrhythmus. Vor den Ferien, als die Gruppen umgebildet wurden, ging es nicht so gut. Nach Ostern ging es auch nicht so gut.
M. M.: Und jetzt?
Jacques: Jetzt geht's, ich wollte für diese Filzläuse keine Verantwortung mehr haben.
R. M. G.: Wer hat sie jetzt?
Jacques: Denise hat die Verantwortung für die Filzläuse und ich die Verantwortung für mich. Wochenlang habe ich gegen Rachegedanken angekämpft, ich habe Bonneuil bombardiert und massakriert.
M. M.: Daß Denise auch ohne dich zurechtkommt, war sicher schwer zu schlucken.
Jacques: Und Maryvonne erst! Sie war mir ein Ekel. Mit der wären wir alle in der Gaskammer gelandet. Sie hat uns mit dem Lineal auf die Finger geschlagen, Fußtritte in den Arsch gegeben. Und mit den Filzläusen war sie streng, sie benahm sich wie die Boshaftigkeit in Person. Maryvonne hätte ich umgebracht. Die schlug aus reinem Vergnügen. Sie hat mich moralisch verletzt. Sie hat mich wie einen Doofen behandelt und gesagt, meine Chromosomen wären anormal.
R. M. G.: Solche Sachen hat sie dir gesagt?
Jacques: Sie war hinterfotzig und gemein, die alte Hure.
M. M.: Warum hast du das nicht erzählt, solange sie hier war?
Jacques: Sie machte mir Angst, dieses boshafte Mädchen.
Paul: Ich mochte sie gern.
Jacques: Sie redete immer vor sich hin: »Sie sind alle verdammt, aus denen wird nie was.«
M. M.: Man könnte fast meinen, sie sagte alles, was du dachtest.
Jacques: Ich habe ihr glühenden Haß entgegengebracht.
Paul: Ich bin zugleich mit Maryvonne hier angekommen. Ich habe auf dem Boden geschlafen, es gab kein Bett für zwei.
Irène: Hat sie dich nicht in ihr Bett genommen?
Jacques: Mit einer Hure nie, Paul. Diese Weiber, die mich verrückt machen wollen, die werden noch ihr blaues Wunder erleben.
M. M.: Gab es in der Vergangenheit noch andere Frauen, die dich verrückt gemacht haben?

Jacques: In der Vergangenheit, nein.
M. M.: Du mußtest also erst hierherkommen, um jemanden zu finden, der dich verrückt macht?
Jacques: Fast hätte sie es geschafft.

5. Mai 1970
Jacques: Ich bin verzweifelt.
M. M.: Ja, du hast es mir auf russisch geschrieben. Hast du niemanden, der dir hilft?
Jacques: Ich habe niemanden! Früher war meine Mutter noch so jemand, jetzt will sie nicht mehr. Ich fühle mich so alt mit einer tödlichen Krankheit, die mich dahinraffen wird. Jeden Morgen trinke ich Wodka, weil ich keine Drogen habe.
M. M.: Wen kennst du, der Drogen nimmt?
Jacques: Niemanden. Im Krankenhaus Y hatte ich weniger Probleme. Man gab mir Medikamente. Jetzt gebe ich verzweifelte SOS-Signale und finde niemanden.
M. M.: Sind es echte SOS-Signale, oder spielst du?
Jacques: Es sind echte; mein Verrückter (Pierre) ist weg. Er vertrieb mir meine Traurigkeit ... Jetzt nehme ich von mir selbst Abschied.
Paul: Ich will keinen Abschied nehmen, das würde den anderen zu viel Arbeit machen.
Jacques: Du bist die leibhaftige Vernunft, mein armer Paul! Jetzt bin ich der Verrückte.

12. Mai 1970
R. M. G.: Jetzt, wo Pierre weg ist, macht Jacques Terror.
Jacques: Ich möchte, daß man mir gibt, um was ich gebeten habe.
M. M.: Was willst du denn genau?
Jacques: Mit Pierres Abreise sind meine Störungen wieder aufgebrochen, ich muß jetzt verhätschelt werden.
M. M.: Du sprichst wie ein Arzt.
Jacques: Ich habe eine Botschaft auszusenden, und niemand ist meine Mutter.
M. M.: Ein Glück für dich.
Jacques: Im Land meiner Mutter mache ich alles, was ich will, woanders ist mir die Kehle wie zugeschnürt.

26. Mai 1970

Irène: Ich freue mich, Pierre wiederzusehen.

Pierre: Es war schön in den Cevennen.

Jacques: Hier habt ihr meine Botschaft: »SOS, ich halte nicht mehr durch. Man hält mich für gefährlich, selbst Pierre stößt mich zurück. Ich bin aber nicht gefährlich, ich möchte gern ins Krankenhaus Y.«

Paul: Geh doch hin, dann können wir die Geschichte zu den Akten tun.

Pierre: Schön ist deine Botschaft.

M. M.: Was möchtest du denn jetzt spielen?

Jacques: Geile Lieder singen, wie mein Vater, wenn er sich unbeobachtet fühlte. Das beste ist doch der Blödsinn.

Paul: Jacques hat Pierre immer zum Clown gemacht, damit er etwas zu lachen hatte.

Jacques: Halt deine dreckige Klappe.

Paul: Ich bin keine dreckige Klappe. In der Metro hast du Pierre benutzt, um dich über ihn lustig zu machen, und mit mir hast du das gleiche versucht, ich sollte dein Verrückter sein. Ich bin nicht verrückt. Eines Tages landet Pierre wieder im psychiatrischen Krankenhaus, wenn du so mit ihm umgehst.

Jacques: Das ist doch gar nicht so schlecht, das psychiatrische Krankenhaus. Natürlich, Sie, Frau Mannoni, können die Psychiater nicht ausstehen! Aber im Grunde sind die gar nicht so übel. Man darf nicht glauben, sie wären nur Maschinen, die Medikamente verteilen, um den Wahnsinn der Menschen zu behandeln. Das darf man nicht glauben; und sowieso, die Medikamente, die sie geben, sind ja zugelassen. Sie, na klar, Sie würden die Psychiater am liebsten umbringen, um die Irren zu befreien. Wenn Sie sich gehen ließen, würden Sie sogar die Haloperidolflaschen zerschlagen!

M. M.: Mal machst du dich zum Anwalt der Psychiater, mal zum Anwalt der Verrückten.

Paul: Du willst die Verrückten bloß aufhetzen, bis sie die Nerven verlieren. Es gibt Sachen, die verrückt machen, wie zum Beispiel Medikamente.

Pierre: Ich nehme keine Medikamente mehr und fühle mich viel besser. Medikamente sind ein Witz, ich hätte sie nie gebraucht.

Jacques: Also sowas, du enttäuschst mich, Pierre! Du singst mit den

Antipsychiatern in einem Chor. Folglich muß man die Psychiater umbringen? Und die Verrückten, soll man die befreien oder einsperren? Ich stimme für die Psychiater.
Guy: Es gibt Psychiater, die diese Schule gut finden.
Jacques: Das ist gelogen, frag doch Dr. X., ob er das gut findet!
Pierre: In den Cevennen sind lauter Terrassen mit Trauben, es gibt Grotten, und nach der Schneeschmelze findet man überall Felsbrocken.
Paul: Auf dem Mont Revard ist das auch so. Einmal hätte ich fast einen Erdrutsch abgekriegt.
Irène: Im Juli können wir ganz hinten an einer Straße ohne Häuser unsere Zelte aufschlagen, am Waldrand, in einer verlassenen Gegend, die Colognac heißt, in einer Mulde.

9. Juni 1970
M. M.: Als Pierre aus den Cevennen zurückkam, ging es ihm gut, und innerhalb von acht Tagen ist hier alles ausgeflippt. Jeder tut, als sei er verrückt.
Paul: Pierre hat uns nichts getan.
M. M.: Aber ihr, ihr habt ihn gereizt, die Kleinen sind vor Angst fast gestorben.
Paul: Die Kleinen, dann kümmern Sie sich doch darum, daß sie sprechen!
Jacques: Bei allem guten Willen darf man auch die Großen nicht vernachlässigen, sie wie Maschinen benutzen, so wie man einen Computer benutzt. Aus keinem anderen Grunde bin ich von hier abgehauen.
Florence: Und Pierre ist wieder abgereist, du ersetzt ihn, das ist nicht gerade komisch.

16. Juni 1970
Irène: Ich will nicht in dieser Schule bleiben, ich will weg.
Paul: Stell dich ruhig zur Schau, zeig uns allen, wie besäuselt die hier sind, in dieser Schule. Ich packe meine Sachen und gehe nach Graniès.
Jacques: Ich verschwinde in die Macchia.
René: Ich setz' mich ab nach Fontainebleau.
Sophie: Und ich nehme das Flugzeug.

15. September 1970
Irène: Es war schön in den Cevennen.
Jacques: Nicht gerade komfortabel.
Paul: Ich habe schlecht geschlafen, zehn in einem Zelt, wie die Ölsardienen.
M. M.: Habt ihr andere Leute kennengelernt?
Jacques: Das nicht, ich mache nicht gern Bekanntschaften.
Paul: Ich habe Entdeckungen gemacht. Ich will mir jetzt selbst mein Geld verdienen. Wenn ich in einem Restaurant arbeite, muß man mich auch bezahlen. Aber das mit den Einnahmen und Ausgaben ist viel zu kompliziert. Wie wäre es, wenn wir einfach nicht mehr essen?

22. September 1970
Jacques: Mit Pierre, das ist so eine Sache; selbst wenn er nicht wie ein Verrückter handelt, spielt er den Verrückten.
Pierre: Ich will hier weg.
M. M.: Das ist das beste, was man sich wünschen kann.
Paul: Ich arbeite den ganzen Tag im Restaurant.
Pierre: Ich müßte etwas mit den Händen tun. Ich werde eine spanische Wand bauen.
Jacques: Für Pierres Aggressivität wäre es das beste, man bastelte ihm einen Léon aus Gummi, den er boxen kann, bei jedem Schlag müßte es queng machen.
Paul: Jacques hat mir gesagt, er hätte sich in einem Fernkurs eingetragen, damit ihn niemand mehr stört. Wissenschaft ist wichtiger als die Küche.
M. M.: Köche und Wissenschaftler sind beide wichtig, man kann übrigens mal das eine und mal das andere sein.
Paul: Küche ist blöd. Ich sollte mich umbringen, dann könnte man das endlich vergessen.

29. September 1970
Jacques: Ihr wollt mich zu so einem armseligen angepaßten Trottel machen, der Liebe macht und keinen Krieg: »Bescheiß deine Frau und mach weiter so, mein Kleiner«. Das sollte man alles ausrotten.
Paul: Man braucht mindestens einen Mann und eine Frau als Überlebende.

Jacques: Die Frauen sollte man mit der Bombe ausrotten.
Paul: Der, der die Bombe abgeworfen hat, ist verrückt geworden.
Jacques: Deligny sollte man nicht mehr schreiben, bei dem ist es nicht schön.
Irène: Ich möchte nach Chambon, nach Italien, nach England.[153]
Jacques: In Graniès sind wir vor Hunger bald umgekommen.
Paul: Ich möchte zurück in die Höhlen.

20. Oktober 1970
Jacques: Mit diesen dreckigen Schlampen, die ihre eigenen Kinder mit hierherbringen, will ich nichts zu tun haben.
Paul: Du bist eifersüchtig.
Jacques: Hélène, sofort gibst du mir 4 Scheine, für jede Tochter 4, damit ich ihnen nicht zu nahe komme. Frau Mannoni ist verheiratet, mit der kann mir nichts passieren. Aber die Mädchen, die noch nicht unter der Haube sind, wie die Töchter von Hélène, oh nein! Das hat mir echt Angst gemacht. Ich wäre lieber als Mädchen auf die Welt gekommen, das hätte mir Sicherheit gegen die Jungen gegeben.
M. M.: Wer macht dir eigentlich Angst, die Mädchen oder die Jungen?
Jacques: Nein, mein Problem sind die Mädchen. Zum Schutz gegen die Mädchen muß ich mich im Haß verschließen.
Paul: Eines Tages wirst du heiraten.
Jacques: Hör auf mit dem Quatsch.

15. Dezember 1970
Jacques: Fahr bloß nicht auf Gefühlen ab (Paul zeichnet einen Mann mit einer Erektion). Er hat sie nicht mehr alle, er ist verrückt.
M. M.: Wenn man zu sowas Lust hat, ist man doch nicht verrückt.
Jacques: Diese dreckigen Schlampen wollen doch nur unser Geld.
Paul: René spricht, soll er doch jetzt woandershin. Die Mutisten, die sprechen, müssen weg von hier.
M. M.: Da bin ich ganz deiner Meinung.

[153] Inzwischen ist Irène (I.Q. 0,60) in England in einer Gruppe von normalen Kindern geradezu aufgeblüht. Sie lernt Englisch (sprechen), Hauswirtschaft und Kindererziehung. In eine andere Sprache »verkleidet«, hat sie zugleich eine Möglichkeit gefunden, sich nach einem anderen Status zu definieren.

5. Januar 1971

Jacques: Deligny ist ein Betrüger, er hat uns beschissen.

Paul: Das würde ich nicht sagen.

Jacques: Einmal hat er uns an der Nase herumgeführt, ein zweites Mal soll ihm das nicht gelingen.

M. M.: Ich möchte gern verstehen, was bei Deligny los war.

Jacques: Einen Monat sind wir mit leerem Magen rumgelaufen. Wir sollten Hütten kriegen und Schaukeln. Nichts hat er uns gegeben.

Paul: Trotzdem war er nett.

M. M.: Deligny dachte, ihr wäret ständig unterwegs. Aber ihr seid unter euch geblieben. Aus Graniès ein zweites Bonneuil zu machen finde ich blöd.

Paul: Ich habe im Freien geschlafen. Ich war in den Höhlen und bin sogar ausgekratzt, zwölf Kilometer mitten in der Nacht, das soll mir mal einer nachmachen!

Jacques: Immer auf dem gleichen Fleck, wie im Gefängnis eingesperrt, da hat man sich gelangweilt. Dieser Typ, was der alles versprochen hat. Und was hat er gehalten? Nicht mal ein Sechzehntel von seinen Versprechungen.

Paul: Nächstes Jahr fahren wir in die Bretagne, Yves ist nämlich Bretone.

R. M. G.: In Vauzelles kriegen wir eine Farm mit Tieren und vielen Leuten, Handwerkern, Mechanikern und Bauern. Da kann jeder hin, der dort arbeiten will.

Jacques: Ich habe darüber nachgedacht, wieviel das kosten würde, ich bin dagegen.

Pierre: Gehst du hin?

Paul: Ich schon, aber nur wegen der zwölf Prozent, die ich im Restaurant verdienen kann.

Jacques: Wenn ich es mir recht überlege, gehe ich auch hin, dann kann ich beim Autoschlosser etwas Geld machen. Arbeiten ist nicht so stumpf wie gutbürgerliche Ferien.

12. Januar 1971

Paul: Ich hab Lust, mich zu erschießen, die Schule ist der reinste Totenfriedhof. Meine Eltern sind verrückt, warum lieben sie mich?

Jacques: Liebe ist das schlimmste.

Paul: Ich will nicht mehr zu meinen Eltern.
Jacques: Wenn es eines Tages Gleichberechtigung zwischen Frauen und Männern geben sollte, mache ich Harakiri.
Guy: Seit 1971 ist die elterliche Gewalt geteilt.
(Jacques weint.)
Paul: Er ist verrückt, deswegen zu weinen; ich setz mich lieber ab, die ganze Welt hat einen Hau.
M. M.: Der Mann gibt immer noch den Namen.
Jacques: Was soll's, wenn keine Frau mehr seine Sklavin ist?
Paul: Später werde ich ein Frauenmörder; in der Zwischenzeit nehme ich mir ein Zimmer in der Stadt und gestatte mir, mich zu erhängen.

26. Januar 1971
Pierre: Die Luft ist verschmutzt, das Leben eintönig, manchmal habe ich Lust, zu meiner Großmutter zurückzugehen, aber mein Vater will das nicht. Er sagt, sie würde mir den Kopf verdrehen. Den Kopf kann ich mir auch selbst verdrehen.
R. M. G.: Du machst hier den großen Terror.
René: Du könntest die anderen ruhig leben lassen, findest du nicht?
Pierre: Meine Mutter ist schon so lange weg.
Jacques: Eine Stiefmutter, das ist nichts.
Pierre: Ich habe es satt, daß sie mich ständig zurechtweist.
Jacques: Soll sie sich doch behandeln lassen. Eine Stiefmutter als Erzieherin! Das gibt es gar nicht.
Pierre: Ich will machen was ich will, das ist doch normal, oder?
Irène: Die Jungen gehen mir alle auf die Nerven.
Jacques: Das ist die gerechte Strafe, weil du als Mädchen auf die Welt gekommen bist.

27. April 1971
Irène: Nächstes Jahr fahre ich nach England.
René: Und Paul, wann kommt er wieder?
Jacques: Soll er doch bleiben, wo er ist. Er wollte weg, dann ist ja alles in Ordnung. Ich gehe nächstes Jahr aufs Gymnasium. Und dann nach Australien. Ich will kein Franzose bleiben. Ich will Pilot für Überseeflüge werden. Was ist Frankreich schon? Die C.R.S. mit ihrem Gebrüll: Gauchisten, Dreckschweine! Und die Bilanz dieser französi-

schen SS? Verletzte Studenten! Nein, ihr könnt das von mir aus gut finden! Das ist gaullistische Größe! Auf die scheiß ich, hört ihr!

25. Juni 1971
Jacques: Paul schreibt, die Engländer wären zum Kotzen, sie lassen ihn die Pferde bürsten. Wenn ich mein Examen verpatze, werde ich Arbeiter bei Renault. Die Mechanik interessiert mich mehr, als mir den Arsch im Lycée Pasteur wundzusitzen und zu hören, wie der Herr Lehrer die Dingsda-Verben dekliniert. Ehrlich gesagt, das ist tödlich, zum Sterben langweilig.
M. M.: Und eine Technikerschule?
Jacques: Es wird viel zu viel unsinniges Zeug gemacht. Man verliert seine Zeit und seine Vorteile. Mehr Zeit ohne Langeweile, das wäre besser. Was unbedingt vom Tisch muß, ist das Russisch. Statt dessen werde ich Spanisch lernen. Russisch ist ein Andenken an die Zeit meiner Krankheit, das gehört auf den Müll. Ich möchte unter einer anderen Regierung leben, einer Regierung, wo alles besser zusammenpaßt als im französischen Staat. Man müßte schon studieren können, aber nicht so einen Quatsch wie die Naturwissenschaften, gerade das Nötigste für Sprachen und Orthographie. Den Alten müßte man eine Rente geben, und der ganzen Welt könnte man helfen, wenn man die Armee zum Teufel jagt. China würde mir gefallen. Nur der Mao-Kult, den finde ich nicht gut. Wäre Mao konsequent mit sich selbst, würde er seine eigenen Statuen in die Luft jagen. Sonst stimme ich mit Mao überein, bis auf den Kult, den er mit seiner eigenen Person betreibt. Mao ist okay, nur mit den Statuen, da hat die ganze Sache einen Haken.

Kommentar

Die hier wiedergegebenen Auszüge aus Tonbandprotokollen wurden zwischen Januar 1970 und Juni 1971 an unterschiedlichen Orten bzw. auf verschiedenen Zusammenkünften aufgenommen, unter anderem auf der sogenannten *Versammlung*[154], bei der Kinder, Erwachsene und Gäste zusammentreffen.

[154] Die *Versammlung* ist nach außen geöffnet. Gelegentlich kommen Gäste dorthin, die uns über andere »Orte des Lebens« informieren. Die Versammlung ist etwas anderes als

Da in der Versammlung ein Analytiker anwesend ist – der nicht als Analytiker in Erscheinung tritt –, kommt es dort zu einem Diskurs, der das »Sein« des Kindes betrifft (im Gegensatz zu anderen Zusammenkünften, in deren Mittelpunkt das »Tun« steht). Auffällig ist das Fehlen jeder wirklichen psychoanalytischen Deutung. Der Analytiker fungiert als Träger einer Frage, und seine im eigentlichen Sinne »psychoanalytischen« Interventionen dienen im großen und ganzen einem einzigen Ziel, nämlich die Fallen des Identifikationsspiels, in denen das Kind gefangen ist, aufzudecken.

Gewöhnlich haben die Analytiker in der Beziehung, die das Kind zu Objekten aufnimmt, die signifikante Rolle vergessen, die der *Objektmangel* (die Ursache des Wunsches) zwischen Mutter und Kind[155] im Imaginären spielt. Jacques findet von dem Augenblick an Zugang zu einer neuen Objektwahl, wo er aus dem inzestuösen Kreislauf, in dem er sich gemeinsam mit seiner Mutter befunden hatte, ausbricht, das heißt von dem Tag an, an dem er sich den »Namen-des-Vaters« (den er abgelehnt hatte) zu eigen macht und die Existenz eines symbolischen Referenten[156] akzeptiert. Seine Faszination durch das Bild der Frau hatte ihresgleichen nur in der Abwehr der *Vaterfunktion* – der Ablehnung, durch die Effekte einer symbolischen Kastration markiert zu sein. Wir sehen ihn ständig hin- und herschwanken zwischen Verstümmlungsphantasien, die ihn zum Mädchen machen, und dem Appell an einen Wahn als Schutz gegen die (Kastrations-) Angst.

Die Tonbandaufnahme des Diskurses gibt nicht alles wieder, was in Bonneuil an Wichtigem für dieses oder jenes Kind passiert. So sind Pierres Reden im Text auf eigentümliche Art abwesend; er bezeugt seine Anwesenheit vielmehr durch die Reden der anderen. Jacques und Paul erklären, welche Rolle Pierre als »Verrückter« für die an-

das »Beratungstreffen«, das sich hauptsächlich mit den Aufgaben beschäftigt, die die Kinder gemeinsam erledigen müssen, damit die Gemeinschaft funktioniert (Kochen, Einkaufen etc.).

155 Lacan hat (in seinem Séminaire von 1956/57) zu erklären versucht, in welcher Beziehung die verschiedenen Register des *Objektmangels* zum Imaginären, zum Symbolischen und zum Realen stehen. Er unterscheidet zwischen: der *Kastration*, der Beziehung des Kindes zum Vater, dem symbolischen Mangel eines imaginären Objekts; der *Frustration*, der Beziehung des Kindes zur Mutter, dem imaginären Mangel eines realen Objekts (Brust); und der *Versagung*, dem realen Mangel eines symbolischen Objekts.

156 Eines Anderen (jenseits des realen anderen), des symbolischen Vaters, der vom Imaginären Vater zu unterscheiden ist.

deren spielt. Seine Abreise wird stets als Trauer erlebt. Wenn seine Anwesenheit gelegentlich als zu belastend empfunden wird, zeigt seine Abwesenheit, in welchem Maße sein »Wahn« die Angst aller anderen verdecken konnte. Pierre kommt nur selten zu derartigen Zusammenkünften, die sich in der Tat kaum für ihn eignen. Auf der verbalen Ebene sucht er sich selbst und den anderen ein genüßliches Schauspiel zu liefern; so bleibt ihm im Diskurs jeder Zugang zur Wahrheit versperrt. Im »Tun« (der manuellen Arbeit) findet er eine Möglichkeit, die Angst (vor dem Tod) zu beherrschen und sich jenseits der Zerstörung zu bestätigen. Besonders dann, wenn das *Tun* nicht den Blicken eines Anderen ausgesetzt ist. Denn auf diese Weise kann er vermeiden, sich dem öffentlichen Urteil preiszugeben und auf sein eigenes Spiel hereinzufallen. Er fordert Einsamkeit, da er sich nur an einem »unbewohnten« Ort von der Besessenheit frei fühlt, ein Objekt zu töten.

Die Veränderungen, die sich bei Pierre vollziehen, sind nicht auf den Prozeß einer Analyse zurückzuführen (wenn er etwas braucht, dann wäre es eine »Desanalyse«), sondern eher auf die Auswirkungen seiner neuen Lebensbedingungen. Die Unmöglichkeit, Schaden anzurichten (in einer Lebensorganisation, die kein Parasitentum zuläßt), macht Pierre für verschiedene kulturelle Interessen zugänglich. Jede Rückkehr in seine Familie geht einher mit einem spektakulären »Rückfall«; sobald es dort ist, ist das Kind unkontrollierbaren Trieben ausgeliefert und wird wieder gefährlich. Unter dem Einfluß einer Situation, in der das Verbot des Parasitentums mißachtet wurde, kommt es zum Verlust seiner Identitätsbezüge als menschliches Wesen, und dies umso mehr, als das Kind die Macht hat, die Beziehung zwischen den Eltern zu zerstören, indem es beim Vater den Platz seiner Frau einnimmt. Basierend auf den Schuldgefühlen des Vaters gelingt Pierre in solchen Augenblicken die Herstellung des Vater-Sohn-Paars im Realen (die spiegelbildliche Reproduktion des Großmutter-Enkelsohn-Paars). Beherrscht von dem Gesetz seiner eigenen Mutter ist der Vater jederzeit bereit, sich für den Sohn außerhalb des Gesetzes zu begeben. Sein Sohn versetzt ihn in die Position des Zuschauers, der seinem (Horror-) Schauspiel beiwohnt. Aber nichts von all dem erscheint im Text (es sind Fehltritte, auf die man sich bewußt nicht einläßt, denn man würde das Spiel des Kindes spielen, wenn man ihm das Bild des Sünders zuwiese, das zu verkörpern sein Traum ist).

Die Diskurse von Jacques und Paul zeigen am deutlichsten, welcher Weg zurückgelegt wurde. Auch hier geht nicht alles aus dem Text hervor, bei Bandaufnahmen muß man auch das berücksichtigen, was unter einer Verkleidung (die eine Beziehung zur Wahrheit im Schatten läßt) durchschimmert. Oft hängt diese Verkleidung davon ab, aus welchen Personen sich das Auditorium zusammensetzt (aus Ärzten, Antipsychiatern, Unterrichtenden etc.).

Die Mutisten (Autisten) gehören unmittelbar zu der Szene (des Auditoriums), von der aus die nicht mutistischen Kinder das Wort ergreifen; wenn man von den Effekten ausgeht, der Mimik und den Zeichnungen, die sie anstelle von Worten liefern, muß man annehmen, daß die Mutisten hören, was gesagt wird.

Der Leitfaden des Diskurses ist das Identifikationsspiel, das mit der Abwesenheit eines Kindes immer wieder aufgenommen wird. Durch den *Objektmangel* wird klar, welche Funktion das Symptom des anderen in der Ökonomie des Subjekts erfüllt. In diesem Sinne ist Jacques ein exemplarischer Fall: der Verlust Pierres provoziert bei ihm eine Depression, die ihn dazu bringt, »von sich selbst Abschied zu nehmen«. Als Paul seinem defätistischen Diskurs den Diskurs der Vernunft entgegensetzt, antwortet Jacques: »Jetzt bin ich der Verrückte«. Als müßte dieser (durch die Abreise von Pierre oder Paul) leer gelassene Platz um jeden Preis wieder besetzt werden, um als Nachweis für die Daseinsberechtigung der Institution erhalten zu bleiben.

Was das Sagen auf der Szene von Bonneuil bewirkt, ist nicht vergleichbar mit dem, was bei irgendeiner Gruppenversammlung »herauskommt«. Es geht weniger um Konfliktlösungen als vielmehr darum, vermittelt durch Brüche (mit dem Alltäglichen) eine Wahrheit ans Licht zu bringen, die dem Subjekt entgeht.[157] Die Probleme

[157] Diese »störende« Wahrheit kommt auch beim Erwachsenen zum Durchbruch, allerdings auf einer anderen Ebene. So hat die ökonomische Analyse von S. Benhaim als *Offenbarung* eines Mißstandes gewirkt. Es wurde deutlich, daß jede »versteckte« Verwaltung (die für die Erwachsenen gegebene Unmöglichkeit, vom »institutionellen« Geld zu sprechen) bei den Teammitgliedern zwangsläufig Ausbeutungsphantasien weckt. Was in Hinsicht auf die ökonomische (oder sexuelle) Realität eines Ortes *verschwiegen* werden muß, taucht vermittelt durch verschiedene Mechanismen der Verschiebung im kollektiven Diskurs wieder auf. Das »Pathologische« kommt zum Vorschein, das Pathologische, das hier mit der *Verwerfung* des *Ökonomischen im Diskurs* zusammenhängt. Der Arbeitskontext des Erwachsenen ist von nun an Teil der Repression (der Repression, die in jeder

werden einem Publikum vorgetragen, das die Angst auffangen soll. Das Bekenntnis einer unhaltbaren Situation verliert seinen *privaten,* seinen geheimen Charakter. Es gibt sogar eine Art Komplizenschaft zwischen dem Publikum, das etwas »Pathologisches« fordert, und dem Patienten, der es *bietet.* Das bedeutet ein Übereinkommen darüber, daß in diesem theatralischen Spiel sowohl der Illusion ein Platz gelassen wird als auch der (von Spieler und Zuschauer gleichermaßen vollzogenen) Entmystifikation der Bestandteile des Symptoms, die auf die Bühne gebracht werden.

Damit ist die Funktion des *Irrationalen* als Ordnung bloßgestellt, die eine andere Ordnung garantiert (gegen die unsere Kultur sich auf dem Umweg über ihre Institutionen abschirmt).

Der Wahnsinn als Garant der Institution – nur wenn man sich diesen Begriff zu eigen macht, wird es einem möglich, dem Subjekt zu helfen, die Institution wirklich zu verlassen und sich nicht an sie anzupassen. Zu einer bestimmten Zeit wird dem Jugendlichen der sekundäre Gewinn einer »Krankheit« bewußt der ihn dazu treibt, in der Segregation (die er häufig selbst herbeiführt) Zuflucht zu suchen. Die Auflehnung gegen »Behandlungsmaßnahmen« kennzeichnet einen Fortschritt, doch damit ist noch nicht gesagt, daß diese Auflehnung nicht auch zu einem der Institution verpflichteten Ritual erstarren kann[158] (das ihr als Rechtfertigung und Daseinsberechtigung nur entgegenkäme). Der vorübergehende »Wahn« eines Mitglieds beinhaltet stets die Gefahr, sich in den institutionalisierenden »Wahn« der Institution zu verwandeln. Mit der Einführung des Begriffs der gesprengten Institution hatten wir die Absicht, den Patienten gegen die Gefahr der Institutionalisierung seiner »Krankheit« zu schützen, eine Gefahr, die unserer Zeit eigen ist.

Familieninstitution vorhanden ist), die man, wenn auch kaschiert, in jeder liberalen Ideologie, die auf den Gedanken der Barmherzigkeit, der Unterwürfigkeit und Opferbereitschaft beruht, wiederfindet.
Zu diesem Problem müßte ein ganzes Buch geschrieben werden.

158 August Aichhorn, *Verwahrloste Jugend,* Leipzig 1925, hatte schon erkannt, welche Gefahr mit den liberalen Institutionen, die sich nur allzu leicht in künstliche Gemeinschaften verwandeln, auf uns zukommt. Sein Verdienst war es, die Bedeutung eines Lebens außerhalb der Institution, die seiner Ansicht nach einzig annehmbare Erfahrung, immer wieder betont zu haben. Jedes Leben in der Institution, so sagte er, beinhaltet die Gefahr, daß das Kind sich Regeln anpaßt, die die Verwaltung im Interesse ihrer eigenen Bedürfnisse erfunden hat.

Allgemein gesagt darf die Forschung das Problem der Zerstörung von Institutionen nicht unterschlagen; es darf auch nicht behandelt werden, ohne daß unser Bedürfnis nach einem »Verrückten« in Frage gestellt würde. Die offizielle Forschung verbietet sich diese Art von Fragen: hat der universitäre und der medizinische Diskurs nicht die Aufgabe, die Ideologie, auf der die Institutionen (wie auch die universitäre und administrative Hierarchie) aufbauen, zu erhalten und zu reproduzieren?
Die administrativen Strukturen reflektieren die Mythen einer Gesellschaft; diese Einsicht vermittelt uns Michel Foucault in seinen Arbeiten, die gar nicht genug Beachtung finden können.

III. Von der Antipsychiatrie zur Antipädagogik

Ihr dürft alles tun
was wir euch sagen
doch ihr sollt nicht sagen
was wir euch tun.

Ihr dürft alles ändern
was wir wünschen
doch ihr dürft nicht wünschen
daß wir uns ändern.

Ihr dürft überall gehen
wohin wir wollen
doch ihr dürft nicht wollen
daß wir gehen.

Lieselotte Rauner

5. Die Paradoxien der Theorie als Wissenschaft

Beim heutigen Stand unserer Arbeit ist es uns möglich, und es war notwendig, auf unseren Ausgangspunkt zurückzukommen und die Inkompatibilität unserer Praxis mit einer bestimmten Konzeption der Theorie als Wissenschaft aufzuzeigen. Bei diesem Vorhaben wird eine Gegenüberstellung dessen, was man unsere Antipädagogik nennen könnte, mit den Positionen der Antipsychiatrie unvermeidlich sein.

Von der psychiatrischen Abgeschlossenheit zur Antipsychiatrie

Foucault[159] macht darauf aufmerksam, daß die Vorstellung vom »Kind« im 19. Jahrhundert die Entwicklung eines theoretischen Wissens über die Kindheit ermöglicht hat, dessen Haupteffekt der war, daß die Gesellschaft die Periode der Kindheit in ein geschlossenes und reglementiertes System verbannte, das von der Welt der Erwachsenen abgetrennt war. So konnten sich Ideen über *pathologische Regression* und *Konfliktsituationen* entfalten, ohne daß der Charakter der (pädagogischen, medizinischen etc.) Institutionen in Frage gestellt worden wäre, die für eine bestimmte kulturgebundene Art der Neurose verantwortlich sind.

Damit erklärt sich, daß der Diskurs über die »Geisteskrankheit« (im Zusammenhang mit der Entdeckung des behinderten Kindes) heutzutage eine Praxis abdeckt, die über den Umweg der Früherkennung das »kranke« Kind zum eigentlichen Garanten der Institution macht. Nachdem sich die Psychoanalyse vom Diskurs der Institution hat vereinnahmen lassen, soll sie nun eigenhändig das Unbehagen an diesem Leben ersticken. Durch fahrlässige Vernachlässigung aller aus dem Bereich der Institution hervorgehenden Probleme hat das theoretische Wissen der Psychoanalyse gewissermaßen beim Umsturz der Psychiatrie versagt.

159 Michel Foucault, *Psychologie und Geisteskrankheit*, a. a. O.

Mehr noch: die Dichotomie Psychiatrie/Psychoanalyse hat eine Situation hervorgebracht, in der die Psychoanalyse ausschließlich Sache der Intellektuellen geworden ist, während neben ihr die Psychiatrie die Tradition medizinischer Praktiken empirischen Ursprungs, denen die Theorie als imaginäre Rechtfertigung erst nachträglich zu Hilfe eilt, unbehindert fortsetzt.
Freud war am Anfang seiner Laufbahn auf die Trägheit eben dieser medizinischen Praktiken und Routinen gestoßen.[160] Es blieb ihm übrigens keine andere Wahl, als die Hydrotherapie, die Elektrotherapie und die Hypnose nach und nach aus seinem eigenen Praxisfeld auszugliedern. Im Laufe ihrer Geschichte war die Psychoanalyse selbst kontinuierlich der Gefahr ausgesetzt, auf reine Therapie oder auf eine Praxis reduziert zu werden, die sich durch jede beliebige Theorie gleich gut rechtfertigen ließe.

Die medizinische Ideologie

Der Gehorsam gegenüber nicht wirklich überprüften Praktiken ist im Bereich der Psychiatrie noch geläufiger als in der Medizin; eine kurze Übersicht über den Ursprung der Hydrotherapie soll uns als Beispiel dienen.
Rein zufällig stellte Jan-Baptist Van Helmont (1577–1644) eine Besserung bei einem seiner Patienten fest, nachdem dieser, fast ertrunken, durch Wiederbelebungsversuche gerettet worden war. Sein Enkelsohn, Franciscus Mercurius Van Helmont griff diese Beobachtung später (um 1690) wieder auf und brachte sie systematisch zur Anwendung. Der Kranke wurde mit den Füßen nach oben an ein Seil gebunden, das über eine Rolle lief, und dann, mit dem Kopf zuerst, vollkommen eingeschnürt ins Wasser herabgelassen, bis er das Bewußtsein verlor. Danach ließ man ihn wieder zu sich kommen, indem man ein »stumpfes Messer in den After« einführte; dieses Messer sollte dazu dienen, das Wasser, die vermeintliche Ursache für den Tod durch Ertrinken, wieder herauszulassen.

[160] vgl. Richard Hunter/Ida Macalpine, *Three hundred Years of Psychiatry, 1535 – 1860*, London 1963. Dieses Werk belegt, daß die empirischen Praktiken beibehalten wurden, während die Theorien sich veränderten. Auch Freud hatte am Anfang seiner Karriere mit einigen dieser Praktiken zu tun; vgl. *Scilicet*, 2/3.

Gestützt auf eine einzige Beobachtung wurde diese Praxis trotz einer hohen Anzahl tödlicher Unfälle lange Zeit ausgeübt, ohne daß man sich auch nur im geringsten bemühte, sie durch irgendein Wissen zu belegen. In verschiedenen Anwendungsformen bildet sie die Grundlage einer ganzen Reihe medizinisch-psychologischer Behandlungen. Itard benutzte heißes Wasser zur Steigerung des Empfindungsvermögens, du Boismont (1798–1881) verwendete es (bei Patienten, die unter Halluzinationen litten) als Zwangsmaßnahme im Lauf einer »moralischen Behandlung«.

Freud verdankte man schließlich die Wahrheit über die Hydrotherapie, wie sie in Wien und zu seiner Zeit ausgeübt wurde: der Effekt rührte weniger aus der Hitze des Bades als aus der Beziehung zwischen dem Patienten und seiner Krankenschwester.

Die Entdeckung der Elektrotherapie geht auf einen nicht-medizinischen Gelehrten namens John Wesley (1703–1791) zurück, der, wie man sagt, um das Wohl anderer stets besorgt war. Er hatte sich eine elektrostatische Maschine ausgedacht, die dazu dienen sollte, den Kranken heilsame Schocks zu versetzen. Die Weiterentwicklung dieser Praxis (Elektroschocks) bis in die heutige Zeit hinein ist allgemein bekannt; bekannt ist auch, daß Freud von ihrer Verwendung absehen mußte.

Ohne es zu wollen wurde Benjamin Franklin mit dem Begriff des *hypnotischen Geschehens* (im Gegensatz zum »Magnetismus«) zum Urheber einer neuen Praxis. Seine Untersuchungen, die unter der Bezeichnung »Neuropnologie« von James Braid aufgegriffen wurden, gelangten über die Schule von Nancy bis zu Charcot und Freud. Auch hier war es Freud, der schließlich die theoretische Erklärung fand.

So baut die Psychiatrie in ihrer Entstehungsgeschichte sukzessive auf Praktiken auf, die keinerlei Beziehung zu irgendeiner wissenschaftlichen Theorie haben; psychiatrische Überlegungen waren fast immer von dem Bedürfnis bestimmt, die Praxis zu legitimieren.

Auf der Grundlage klinischer Beobachtungen an anderen und an sich selbst hat Freud dann die analytische Theorie entwickelt. Daß er sie entwickeln konnte, liegt an der unerbittlichen Analyse all dessen, was bei seinen Beobachtungen auf seine eigene Phantasie oder seine eigenen »Wahnvorstellungen«[161] zurückging – und in eben dieser For-

[161] Vgl. O. Mannoni, *Sigmund Freud in Selbstzeugnissen und Bildern,* Reinbeck 1974.

schungsrichtung lag seiner Ansicht nach die Wahrheit der Wissenschaft. Die Einführung dieser neuen Methode – die den Platz bezeichnet, den er selbst bei diesem Abenteuer innehatte – gestattete ihm den Bruch mit dem medizinischen Denken seiner Zeit. Indessen konnte sich die Psychoanalyse in ihrer Weiterentwicklung durch die Nachfolger Freuds (zum Beispiel in den USA) nicht immer (nicht anders als die Psychiatrie) von der Ideologie ihrer Zeit freimachen. Gelegentlich wurden die psychoanalytischen Ideen dem psychiatrischen »Wissen« einfach hinzugefügt, ohne daß die Denktradition dieses Wissens modifiziert worden wäre.[162]
Im folgenden will ich versuchen, diese Interferenz von psychoanalytischen und psychiatrischen Gedanken mit dem herrschenden Diskurs näher zu umreißen.

Die Leistungsideologie

Die größte Sorge der Psychiatrie (und gelegentlich auch der Psychoanalyse) scheint sich heutzutage auf die Anpassung des Individuums an die Erfordernisse einer Produktionsgesellschaft zu beziehen. Man bemüht sich um theoretisches Wissen, das die Begriffe von Reife und Abhängigkeit, Gesundheit und Wahnsinn legitimieren könnte. Dieses Wissen wird in den Dienst der Leistungs- und Nützlichkeitsvorstellungen gestellt – und das bleibt nicht ohne Auswirkungen auf die Schulprogramme bzw. die Einrichtung bestimmter Institutionstypen im Bereich von Erziehung und Behandlung. Der Mythos einer Medizin als Garantie der Norm steht in voller Blüte, so daß sich mittlerweile auch schon der Gesetzgeber angeregt fühlt, die Früherkennung psychologischer Störungen vor dem Erreichen des zweiten Lebensjahres (per Gesetz vom 15. Juli 1970) zur Pflicht zu machen.
Wenn die Früherkennung in der Medizin einen Sinn haben kann (da sie in Behandlung mündet), ist sie in der Psychiatrie[163] pathogen,

[162] Unter dem Einfluß des Strukturalismus haben manche Analytiker und auch manche Ethnologen die Struktur, die nur ein Werkzeug war, zum Prinzip erhoben. Was nicht durch das strukturelle Gitter paßte, blieb ausgespart. So hat ein dogmatisches Konzept die Fragen verschlossen und die Forschung blockiert (insbesondere im Bereich der Psychosen).
[163] Siehe M. Mannoni, *Der Psychiater* . . ., a. a. O.

denn dort mündet sie in Segregationsmaßnahmen, die das Kind auf eine Diagnose festlegen, die eine veränderte Situation erzeugt.

So ist nach dem Zeitalter der Entdeckung der Kindheit das der *kranken Kindheit* eingetreten. Besorgt um die Verwaltung kindlichen Lebens benimmt sich der Gesetzgeber bei der Einrichtung von Strukturen wie eine ängstliche und überfürsorgliche Mutter (die geringsten Störungen werden »medikalisiert« – zum Zweck der Kontrolle).

Aus diesem Blickwinkel gelingt es Thomas Szasz, ein hinter der sogenannten »Geisteskrankheit« stehendes Wertsystem auszumachen und in der Psychotherapie eine »Manipulation dieses Wertsystems«[164] festzustellen.

Ivan Illich[165] beschuldigt die psychiatrische Institution (und die gesellschaftliche Institution im allgemeinen), sie habe sich in eine moralische Rechtssprechung verwandelt, die die Bedürfnisse des Menschen (die, die er haben sollte) wie auch den Grad seiner intellektuellen Entfaltung, den man von ihm erwarten dürfe, reglementiert. Die aus diesem theoretischen Wissen (über den Menschen) resultierende Programmierung schafft, wenn sie in den Dienst der Administration gestellt wird, eine Konfliktsituation, die Aufruhr und Repression erzeugt.

Unter dem Einfluß der Leistungsideologie wirken bestimmte psychiatrische Theorien als Maskierung tatsächlich vorhandener Erfahrungsprobleme.[166] Das theoretische Wissen erscheint nun unter den Zügen einer administrativen Macht[167], deren Strategie die des industriellen *Managements* ist, die ihrerseits die Medikalisierung rechtfertigt. Die Psychoanalyse selbst liefert leider allzu oft nur meta-psychologische Erklärungen, wo das Spannungsfeld des Problems (des Wahnsinns) untersucht werden, wo der Archaismus der Institutionen, die für die

164 Th. Szasz, *Ideology and Insanity*, 1970.

165 Ivan Illich, »L'Urgence d'une révolution culturelle«, in: *Idoc* Nr. 40, Paris.

166 So verhält es sich etwa mit der Anwendung von Tests: man versucht, das System der Institution zu perfektionieren, indem man eine Art (hypersegregative) Arbeitsteilung zwischen Psychotikern, Debilen und Verhaltensgestörten in den Vordergrund stellt. Auf diese Weise wird ein ganzer Teil der Jugend in »beaufsichtigter Freiheit« abseits vom aktiven Leben gehalten.

167 Vgl. *Information psychiatrique*, Lyon Nov. 1971. Die Institution wird wie die Religion zu einem Ideal. Damit werden alle Beruhigungstechniken gerechtfertigt, angefangen beim Insulin, über die Narkose und natürlich die Schocktherapie bis hin zu feuchten Umschlägen; unterdessen wird auf einer anderen Ebene die »institutionelle Gemeinschaft« organisiert. Die beruhigten Eltern können nun zu der Überzeugung gelangen, daß ihr Kind gut behandelt (Cooper würde sagen, zerstört) wird.

Produktion einer »pathologischen«[168] Ausdrucksform verantwortlich sind, befragt werden müßte.
Foucault deutet an, welch tiefer Einschnitt aus der Sicht des Psychotikers zwischen Individuum und Gesellschaft verläuft: Während der Neurotiker sich die Stimme der Gesellschaft (in Form von Vorwürfen, Ermunterungen, etc.) selbst zu Ohren bringt, läßt der Psychotiker, indem er diese Stimme zurückweist, das Sagen einfach an sich vorübergehen, ohne uns durch irgendeinen Zwang aus der Ruhe zu bringen (sein Leiden liegt in dem, was er ertragen mußte, um bis zu diesem Punkt zu gelangen – aber sein »Wahn« ist eine Lösung. Eben dieser Antwort begegnet der Arzt. In der ganzen Literatur des Mitleids mit dem »Leiden« meint Mitleid nicht so sehr das Leiden des Patienten als vielmehr die Schuldgefühle des Arztes oder der Eltern, die durch diesen Fremden, der sie das Ausmaß ihrer Ohnmacht erahnen läßt, aufgerüttelt werden).

Der Antipsychiatrische Diskurs

Das Verdienst der Antipsychiatrie liegt darin, daß sie sich im Gegensatz zur Tradition bemüht hat, diese Stimme (des Wahnsinns) außerhalb des gewohnten institutionellen Rahmens zum Sprechen zu bringen. Der psychotische Diskurs wird von der Öffentlichkeit aufgenommen, sofern er einen *Bruch* mit den herkömmlichen Vorstellungen und einem bestimmten Lebensstil vollzieht. In England denkt man gar nicht daran, den »Wahnsinn« zu verbergen, im Gegenteil, er wird von der »Elite« wie ein Paß benutzt (bekannte Persönlichkeiten schrei-

[168] »Wenn der Mensch dem, was in seine Sprache eingeht, fremd bleibt, wenn er an dem, was seine Tätigkeit hervorbringt, keine lebendige menschliche Bedeutung mehr erkennen kann, wenn die ökonomischen und sozialen Bestimmungen ihm Zwang antun, ohne daß er in dieser Welt sein Vaterland erkennen kann – dann lebt er in einer Kultur, die eine pathologische Form wie die Schizophrenie möglich macht; fremd in einer realen Welt, ist er auf eine ›private‹ Welt angewiesen, die durch keinerlei Objektivität mehr gewährleistet werden kann; dem Zwang dieser realen Welt dennoch unterworfen, erlebt er das Universum, in das er flüchtet, als ein Schicksal. Die gegenwärtige Welt macht die Schizophrenie möglich, nicht weil sie durch ihre Ereignisse unmenschlich und abstrakt wäre, sondern weil unsere Kultur diese Welt auf eine solche Weise liest, daß der Mensch selbst sich nicht mehr in ihr erkennen kann. Einzig und allein der reale Konflikt der Existenzbedingungen kann als Strukturmodell für die Paradoxe der schizophrenen Welt dienen.« Michel Foucault, *Psychologie und Geisteskrankheit*, a. a. O., S. 128 f.

ben den Kommunen: schafft die psychiatrischen Krankenhäuser ab, *auch ich war verrückt*). Die Patienten veruntreuen das »Geheimnis« ihrer vertraulichen Gespräche mit dem Psychiater durch Selbstzeugnisse (schriftliche Berichte) von einer Krise, die als »Reise«[169] bezeichnet wird. Inzwischen repräsentieren die sogenannten »Reisen« das, was Linton sozial anerkannte, achtbare »Modelle des Fehlverhaltens« nennt, wobei die soziale Anerkennung zur Zeit so weit geht, daß sie fast schon wieder ins Konventionelle umschlägt. Und doch ist es noch gar nicht so lange her, daß die psychotische Verwirrung in unserer Gesellschaftsordnung eine soziale Deklassierung zur Folge hatte, die den »Verrückten« aus seinem gewohnten Rahmen riß.

Die Revolution, auf die England unter der Einwirkung des antipsychiatrischen Diskurses zusteuert, beinhaltet, daß der Psychotiker (wie bei le Sedang, der von Devereux[170] zitiert wird) in Zukunft nicht mehr *scheitern* kann: seine Verwirrung wird zum integrierenden Bestandteil der sozialen Gruppe, in der er lebt. So ist es in London nichts Ungewöhnliches mehr, wenn ein hervorragender Psychiater sich abwechselnd seines eigenen Wahns halber von Freunden umsorgen läßt und dann wieder selbst in der zurückgewonnenen Funktion des Guru-Arztes seinen Patienten zur Seite steht.

Was der Psychoanalyse (vermittelt durch eine Selbstanalyse) im Namen einer Identifikation mit dem Neurotiker gelungen war, wird von den Antipsychiatern im Namen einer *Identifikation mit dem Psychotiker* in Anspruch genommen. Das bedeutet zugleich einen Angriff auf jahrhundertealte Glaubensvorstellungen, hartnäckige Vorurteile (die, wie sich kürzlich in Frankreich gezeigt hat, bei den Analytikern nicht weniger hartnäckig sind) – und die Entmystifikation der Fundamente des Arztgeheimnisses. Denn wenn der Wahnsinn der Öffentlichkeit zugänglich gemacht wird, sind die Ausschlußeffekte dahin, die an die Macht dessen gebunden sind, der das Geheimnis (Geheimnis einer

[169] Mary Barnes und John Berke, *Meine Reise durch den Wahnsinn,* München 1973. »Folie pour folie«, in: *Partisans,* Nr. 62–63 enthält ebenfalls wichtige Beiträge von langjährigen »Geisteskranken«. Wenn die Kranken anfangen, in Selbstzeugnissen über ihre Internierung zu berichten, wird sich in der Psychiatrie etwas verändern. – Eine argentinische Analytikerin hat in literarischer und poetischer Form über ihren Wahn berichtet, den sie zur Zeit ihrer Ausbildung durchgemacht hat: Diana Machiavello, »La cage-terrasse«, in: *Les Temps modernes,* Februar 1973. Es gibt noch zahlreiche andere Beispiele.

[170] G. Devereux, *Éthnopsychiatrie générale,* Paris 1970, S. 63; vgl. G. Devereux, *»Normal und anormal«,* Ffm. 1974.

Schande, die mit einem Verbrechen gleichgesetzt wurde) besaß. Mit der Lüftung des Geheimnisses wird das Böse ausgetrieben[171], dem »Verrückten« wird der Wert der Sünde genommen, den zu inkarnieren seine Botschaft war.

Dennoch ist das Problem alles andere als einfach. Devereux[172] hat das sehr deutlich gezeigt. Jede Gesellschaft hat ganz bestimmte Vorstellungen über *die Art und Weise, wie Verrückte sich benehmen.* Überall gibt es so etwas wie einen anerkannten Typ des Wahnsinns. Aber kaum wird die dem Verrückten gesellschaftlich zugewiesene Verwirrung überzogen, wird das Subjekt auch schon als Delinquent bezeichnet. Diese Erfahrung machte einer meiner Patienten in einer als antipsychiatrisch einzuschätzenden Gemeinschaft[173] in England. Mit aller Herzlichkeit wurde der Jugendliche (den man in Frankreich als »Gefahr für sich selbst und für andere« angesehen hatte) auf dem englischen Landsitz begrüßt. Doch am dritten Tag erwürgte er eine Katze. Sein Vater wurde vorgeladen: in England erwürgt man keine Katzen. Pervers wie er war, hatte der Jugendliche schnell begriffen, welche Art psychotischen oder delinquenten Benehmens von der Gesellschaft, bei der er zu Gast war, um keinen Preis toleriert würde. Man beantragte eine neurologische Untersuchung. Der Vater gab dem nicht statt, um nicht ins traditionelle System psychiatrischer »Fürsorge« zu geraten, ein System, das mit Sicherheit genau wie in Frankreich mit der Anstalt oder irgendeinem Substitut den Schlußstrich gezogen hätte.

Ganz allgemein führt die Nicht-Internierung von »Geisteskranken« zu einer revolutionären Umwälzung der bestehenden Sozialstrukturen – deren Bedeutung der Gesetzgeber möglicherweise nicht genau erfaßt hat, wenn er, wie in England, für die Abschaffung der psychiatrischen Krankenhäuser in den nächsten zehn Jahren plädiert.

Es steht fest, daß der antipsychiatrische Diskurs, hervorgegangen aus einer Praxis revolutionären Charakters, eine radikale Wende in der Geschichte der Psychiatrie markiert. Nichtsdestoweniger kann seine Transformationskraft erheblich gebremst werden, wenn das theoreti-

171 Ausgeführt von O. Mannoni, *Analisi originaria,* erscheint demnächst bei Armando (Rom).

172 G. Devereux, *Essai d'éthnopsychiatrie,* a. a. O.

173 Finchden Manor, Tenterden, Kent, Mr. Lyward.

sche Wissen auf die trügerische (mildtätige) Sprache des Ich[174] hereinfällt.
Trotz theoretischer Ansätze, von denen ich an anderer Stelle gesagt habe, sie seien umstritten oder einem Irrtum aufgesessen[175], kann der antipsychiatrische Diskurs in seinen *praktischen* Effekten die Bedeutung der psychoanalytischen Theorie übertreffen.

Der analytische Diskurs

Da sich der analytische Diskurs der psychiatrischen Institution nicht widersetzt hat, ist sein Forschungsfeld relativ eingeengt. Obwohl die analytische Theorie (von Lacan) dem Praktiker die Möglichkeit geschaffen hat, sich angesichts der Psychose besser zu orientieren, kann eine bestimmte ideologische Einstellung (der Mythos der analytischen »Reinheit«) den Analytiker auf klinischer Ebene im Komfort einer gewissen Routine gefangen halten, so daß Fragen, die eine Öffnung verdient hätten, unter den Tisch fallen. So sind die theoretischen Überlegungen um wesentliches klinisches Material amputiert, ein Material, dem Freud auf der Spur war, als er gegen die Wissenschaftler seiner Zeit Partei ergriff und die Hintergründe von Glauben und Aberglauben zu erforschen suchte.[176]
Jedes klinische Vorgehen verlangt vom Psychoanalytiker die Suspendierung eines Wissens[177]; ebenso ist jeder neue Forschungsansatz auf eine ebenso neue Praxis angewiesen, die mit den Erwartungen der Institution gebrochen hat.[178]

[174] Laing hat sich ein wenig von einem Aufenthalt in Indien beeinflussen lassen, wo er die Gewaltlosigkeit und die Werte orientalischer Weisheit kennengelernt hat. Das hat ihn ärgerlicherweise in die Nähe der amerikanischen Ich-Psychologie, ja sogar in die Nähe der Jungschen Positionen gebracht.
[175] M. Mannoni, *Der Psychiater* . . ., a. a. O.
[176] Ausgeführt von O. Mannoni, *Sigmund Freud* . . ., a. a. O.
[177] Nur um diesen Preis »kann sich die Wahrheit in der Wissenschaft formalisieren«. Lacan, *Scilicet* 2/3.
[178] Es ist bedauerlich, daß bestimmte französische Psychoanalytiker, die in anderen Bereichen einen revolutionären Weg eingeschlagen haben, in ihrer psychiatrischen Praxis so »konservativ« geblieben sind. Die Psychoanalyse wird zur Zusatztechnik erniedrigt, sie lebt in fröhlicher Koexistenz mit der Psychopharmakologie, dem Insulin etc.; und nie werden die ökonomischen Zwänge hinterfragt, die derartige therapeutische Entscheidungen diktieren, welche dann wiederum in einer »psy«-Sprache rationalisiert werden. Hier steht

Mit der Einführung der *analytischen Couch* hat Freud eine neue Situation geschaffen; es wäre allerdings naiv zu glauben, mit der Abschaffung der Couch allein wären auch schon die Bedingungen für eine neue analytische Revolution gegeben. Diejenigen, die geahnt haben, welche Bedeutung die Psychoanalyse gewinnen könnte, wenn sie aus ihrer Gefangenschaft im Sprechzimmer des Analytikers befreit würde, sind aufgrund der medizinischen Orientierung ihrer Arbeit in ihrem Forschungsvorhaben steckengeblieben – ob es sich nun um die Psychoanalyse ohne Couch[179] oder um die Psychiatrie außerhalb der Institutionen handelt. Weit entfernt von einer neuen Revolution wurde die Freudsche Errungenschaft für null und nichtig erklärt, die »Befreiung« der Geisteskranken hat sich in der Anwendung als illusorisch erwiesen, weil sie von einem moralisierenden Ghetto und einem administrativen Rahmen vereinnahmt wurde.

Wiederholen wir es noch einmal: In Frankreich hat sich die Administration der Entdeckungen im Bereich der Psychoanalyse, der Psychiatrie und der Pädagogik bemächtigt, um herauszupicken, was ihr für die Beherrschung der »Verwirrung« nützlich erschien. Die administrative Macht ist so unmäßig angewachsen, daß jede Forschung jenseits der offiziellen Absichten irgendwie zum Mißerfolg verurteilt ist.[180]

der politische Diskurs neben dem psychoanalytischen, ohne daß die Praxis jemals fragt, was die Theorie gerade tut. Die Doktorarbeit von S. Benhaim über die *Ökonomie der Psychiatrie* ist die erste wissenschaftliche Analyse der gegenwärtigen Sackgasse der Psychiatrie.

179 A. d. Ü.: Die »Psychoanalyse ohne Couch« ist eine Anspielung auf ein heftig diskutiertes Buch über die französische »Bezirkspsychiatrie«; P. C. Racamier (Hg.), *Le psychanalyste sans divan*, Paris 1970.

180 Wenn es uns in Bonneuil auch gelungen war, die Aufsichtsbehörde der Akademie für unsere Arbeit zu interessieren, und wir auf diesem Wege die Erlaubnis erhielten, bestimmte Kinder vom 14. Lebensjahr an (in Teilzeitarbeit) ins aktive Leben zu integrieren, mußten wir auf diese offizielle Stütze bald wieder verzichten; in dem Augenblick nämlich, als die Sozialversicherung sich weigerte, die Kinder in die arbeitsrechtlich vorgeschriebene Kranken- und Unfallversicherung aufzunehmen. Mit dieser Verweigerung brachte die Sozialversicherung die Arbeitgeber in die unangenehme Situation, eventuell von der Arbeitsaufsichtsbehörde verfolgt zu werden. So haben wir eine bittere Erfahrung mit einem Inspektor der Akademie gemacht, ohne daß wir gegen die administrative Trägheit etwas unternehmen konnten. Durch ihren Status als *Versuchsschule* ist Bonneuil von vier Ministerien abhängig. Man sagte uns übrigens: Ihre Bitten sind sowieso vergeblich, deshalb hat der Inspektor freie Bahn und kann Ihnen das Blaue vom Himmel versprechen. (Hier finden wir den *double-bind-Mechanismus* wieder, der für die Familien von Psychotikern charakteristisch ist. *Die Administration ist die Mutter eines Psychotikers.)*
Wir waren gezwungen, eine ganze Reihe parallellaufender Aktivitäten zu entwickeln (Stel-

Nur in einer nicht administrativ reglementierten klinischen Erfahrung kann die Theorie auf ihren Wahrheitsgehalt geprüft werden. Wenn die administrativen Strukturen jede Möglichkeit der Verifikation und Modifikation unterbinden, wird aus der Theorie ein Machtinstrument, das sich wie die Religion in ein unfehlbares Dogma zu verwandeln droht, das alle Fragen blockiert.[181]

Der analytische Einschnitt: Ansätze zur Antipädagogik

Während die Entdeckung des Kindes (die zur Einrichtung von Erziehungsinstitutionen geführt hat) das große Ereignis der Neuzeit darstellt, ist unsere heutige Zeit geprägt von der Entdeckung des behinderten Kindes (und der ihm gewidmeten medizinisch-pädagogischen Institution).

Die Sonderpädagogik (die mit Itard beginnt) entwickelt eine Praxis, die zwar den Akzent auf die Erfahrung legt, aber bis heute stand diese

lenvermittlungen durch Freunde etc.), um dem Tod zu entgehen, dem die Administration uns ausgeliefert hatte, weil wir jedes *label* der Überspezialisierung, das uns tatsächlich einer verschärften Segregation ausgesetzt hätte, ablehnten.

Wir waren zutiefst überzeugt, mit unserer Praxis ein ganz neues Forschungsfeld zu öffnen. Die Grundlage dafür sahen wir in der Möglichkeit einer Schulverweigerung, der Möglichkeit der Sprengung der institutionellen Strukturen, dem Recht der Kinder, am aktiven Leben der Erwachsenen teilzunehmen und der Medikalisierung ihrer Störungen zu entgehen. Was wirksam ist, ist nicht die *Tugend der Arbeit*, sondern die Entdeckung der »Gesellenzeit«, die eine *Wissensbegierde* fördert. Es gab auch Kinder, die das Bedürfnis hatten, jede menschliche Gegenwart zu fliehen und in die Berge zu gehen.

Inzwischen sind wir uns auch der Grenzen unseres Experiments bewußt geworden, denn als Verhandlungspartner haben wir keine Menschen mehr (die könnten wir überzeugen), sondern eine mächtige, enorme, unsichtbare, mit einem Wort, eine verantwortungslose Administration. Sie hat uns den konzentrationslagerhaften und schizophrenogenen Charakter dieser anonymen Maschine bewußt gemacht, die uns durch Willkür und Widerspruch beherrscht.

Wenn das klinische Feld nicht einmal durch Experimente erweitert werden darf, ist die ganze theoretische Forschung hinsichtlich der »Geisteskrankheit« blockiert. Die Frage nach der »Gefährlichkeit« des Verrückten kann erst dann richtig verstanden werden, wenn man ihn den administrativen Strukturen entreißt, die diese Gefahr selbst »enthalten«, solange sie den, der sie repräsentiert, zum medizinischen Fall erklären.

181 Liegt die »Gefahr«, die Orte wie Bonneuil repräsentieren, nicht darin, daß Fragen geöffnet werden, daß sie genau dort geöffnet werden, wo die Administration bislang die Macht hatte, sie zu verschließen?

Erfahrung stets unter der Kontrolle des Arztes und später des Psychiaters (und der Verwaltung), dem das klinische Wissen, das heißt die Herrschaft über eine Wahrheit[182], vorbehalten ist. Im Handumdrehen wurde das Wissen (über Behinderung und Wahnsinn) unter einer Vielzahl von Technikern aufgeteilt und das Problem der Kommunikation dieses Wissens ließ nicht auf sich warten. Sogenannte wissenschaftliche Begriffe, aus denen die Praxis sich nährt, werden als Techniken ausgegeben und verbreitet, die von den unteren Stufen der Hierarchie nicht in Frage gestellt werden dürfen (auf der oberen Stufe werden sie von der Esoterik eines Wissens aufbereitet, ehe sie in das Gewand der medizinisch-psycho-pädagogischen Wissenschaft schlüpfen).

Mit der Öffnung von Leichen kam es zu einer entscheidenden Wende in der Geschichte der Psychiatrie. Foucault erinnert daran, daß die Krankheit sich in diesem Zusammenhang von der Metaphysik der Sünde befreite, um sich, vermittelt durch die beim Sezieren erkennbar werdenden Anzeichen der Krankheit, im Individuum zu materialisieren. Dies ist die Geburtsstunde einer Medizin, die sich als Wissenschaft vom Individuum ausgibt; dies ist auch der Ursprung eines Wissens, das die Dimension von Verbot und Geheimnis in sich birgt.[183]

In der Medizin der Geisteskrankheiten spiegelt sich diese Haltung wieder. Obwohl die Autopsie in diesem Bereich nicht gerade sinnvoll ist, stellt man sich als Urheber der Krankheit irgendeine unsichtbare Verletzung vor.

In ihren Bemühungen hat sich die Medizin keineswegs auf den kranken Menschen beschränkt, sondern schon bald ihre Kenntnisse auf den gesunden Menschen ausgedehnt. Auf diese Weise wollte sie im Interesse der Gesundheitspolitik ein exemplarisches Bild vom Menschen definieren. Dieses Vorbild entspricht haargenau der Vorstellung, die die Medizin von einem physisch, intellektuell und moralisch gesunden Körper hat.

Wenn das 18. Jahrhundert gewissermaßen das Jahrhundert der Sektion war und das 19. das der (physischen und mentalen) Orthopädie, ist das 20. Jahrhundert das von der administrativen Macht gesteuerte

[182] M. Foucault, *Die Geburt der Klinik*, München 1973.

[183] Ch. Daremberg, *Histoire des soins médicales*, Paris 1870 (zitiert von Foucault).

Jahrhundert der Programmierung der »Geisteskrankheit« (Früherkennung und verschiedenartige Wiederherstellungsmaßnahmen[184]). Dies ist der Ausgangspunkt für die Ausarbeitung philosophischer, pädagogischer und medizinischer Theorien, die wiederum eine ganze Reihe von Reedukationstechniken ins Leben gerufen haben. Wir haben mit einer *Praxis* (die sich aus gesundem Menschenverstand und Traditionen ergibt) und einer wissenschaftlich ausgerichteten *Theorie* zu kämpfen, die stets mehr oder weniger von der Ideologie der Zeit geprägt sind. Es entsteht eine Art Doppelwissen, das von Itard und Freud entgegengesetzten Bestimmungen zugeführt wurde und allein deshalb einige Aufmerksamkeit verdient.

Itard

Im Jahre 1801 wird ein verirrtes, splitternacktes elfjähriges Kind, »Victor«, im Wald von Lacaune gefunden und Itard als Spezialisten für Oligophrenie und Taubstummheit anvertraut.[185] Pinel hält Victor für unheilbar; Itards Prognose dagegen ist weniger düster. Er hält Victor (von der Natur her) für *normal*; was ihm fehlt, ist seiner Ansicht nach die Kultur.[186] Er meint, dem »Wilden« müsse alles beigebracht werden, angefangen mit der Sprache. Um das physische Gleichgewicht wiederherzustellen wird eine medizinische Behandlung

[184] »Es erscheint uns notwendig, die Kindergruppen nach ihrem realen Alter und ihrem mentalen Alter, nach ihrem Aspirationsniveau und ihren Interessen zu differenzieren. Hier scheint uns auch die Unterscheidung von leicht Gestörten und nicht voll Rehabilitationsfähigen angebracht. Für Kinder, die a priori dazu bestimmt sind, in die normale Arbeitswelt zurückzukehren, können nicht die gleichen langfristigen Ziele, Maßnahmen und Entwicklungsrhythmen gelten wie für solche, die ihr ganzes Leben mehr oder weniger einer Hilfe bedürfen, die im Hinblick auf ihre Arbeitsbedingungen oder ihre Lebensbedingungen oder auf beides unter Vormundschaft gestellt werden müssen ... Dem anti-segregativen Argument kann man auf verschiedenen Ebenen begegnen: Eine Möglichkeit ist die, daß mehrere Abteilungen in einem Zentrum zusammengelegt werden; die Kinder können auch zu bestimmten Gelegenheiten (Festen) zusammensein oder gemeinsame Aktivitäten entfalten (in Pausen, Clubs, Werkstätten, beim Essen) ... was übrigens den Vorteil mit sich bringt, das Erziehungsteam stärker zu ›schweißen‹.« J.-L. Lang, *Rééducation en externat,* 1971.

[185] Lucien Malson, *Die wilden Kinder,* Ffm. 1972; Jean Itard, »Gutachten über die ersten Entwicklungen des Victor von Aveyron«, in: L. Malson, a. a. O.

[186] O. Mannoni, *Itard und sein Wilder,* Ffm. 1972.

für notwendig gehalten. Es ist durchaus angemessen, dies als den Ursprung eines gemeinsamen Vorgehens von Medizin und Pädagogik anzusehen, eines Vorgehens, das Itard mit dem Namen »moralische Medizin« versieht und in das er alle seine Hoffnungen setzt.

Ein Fünf-Punkte-Programm[187] wird ausgearbeitet, das bekanntlich später Sonderpädagogen wie Séguin, Maria Montessori und Alice Descoeudres beeinflussen sollte. Sie sehen in Itards Werk den Beginn einer experimentellen Pädagogik für Unangepaßte.

Die Erfahrung mit dem Wilden von Aveyron ist in jedem Augenblick fesselnd. Wenn Itards Hauptsorge darin besteht, Victor ins Universum des gesprochenen Worts einzuführen, so versperrt er in Wirklichkeit durch seine *Apriori*-Konzeption von der Beschaffenheit der Sprache den Weg zu den Möglichkeiten, die seinem Schüler offenstehen könnten. Dieser Fehler springt jedem Psychoanalytiker in die Augen, der die bemerkenswerten Beobachtungen liest; den Pädagogen indessen fällt er gar nicht auf, sie sind wie fasziniert von der Findigkeit, die er auf seinem Irrweg unter Beweis stellt. Es ist Itard hoch anzurechnen, daß er das Unbekannte des klinischen Abenteuers nicht gescheut hat, doch konnte er zu jener Zeit nicht frei sein von vorgefaßten Meinungen; unter dem Einfluß der Theorie Condillacs verlangt er von der Praxis (das heißt von Victor) die Illustration seiner philosophischen Überlegungen. Weit davon entfernt, auf Victors Bedürfnisse zu hören, stellt er diese in den Schatten, um der Wissenschaft zum Triumph zu verhelfen. Eben weil Victor (auch wenn er nicht spricht) ein sprachliches Wesen ist, ist dieser Versuch zum Mißerfolg verurteilt.

So hat die gleiche Theorie, die Itard als Achse für eine klinische Beobachtung gedient hatte, ihm andererseits die Möglichkeit genommen, zu den wahren Fragen vorzudringen. Ohne jegliche theoretische Kom-

[187] 1. Er soll liebevoll behandelt werden, damit sein Leben angenehmer wird als bisher und er sich dem sozialen Leben verpflichtet.
2. Seine Nervensensibilität soll durch wirksame Stimulantien und gelegentlich auch durch starke seelische Erschütterungen angeregt werden.
3. Seine Gedankenwelt soll durch ein Angebot von normalen Bedürfnissen und vielseitigen Beziehungen zu den Lebewesen seiner Umgebung erweitert werden.
4. Er soll zum Sprechen gebracht werden, indem man die Imitationsübungen unter das gebieterische Gesetz der Notwendigkeit stellt.
5. Die einfachsten geistigen Operationen sollen eine Zeitlang an den Objekten seiner körperlichen Bedürfnisse geübt und dann auf die Objekte der eigentlichen Ausbildung übertragen werden.

petenz hat Frau Guérin[188] eine verständigere, weniger schädliche Einstellung; doch von ihr kann man keine brauchbare Beobachtung erwarten. Schließlich ist es Victor selbst, der uns durch seine verfehlte Reedukation die Wahrheit dessen erschließt, was der von einer »missionarischen« Ideologie beherrschten theoretischen Konstruktion Itards entgangen war.

Itard hat es nicht verstanden, sich – wie Charcot ihm später rät – seiner eigenen Erfahrung mit Victor *ohne irgendeine vorgefaßte Idee* auszusetzen, bis sich für ihn irgendein Sinn aus dieser Erfahrung ergeben hätte. Wäre Victor der *Unterrichtende* gewesen, wäre es von selbst so gekommen. Aber Itards *Widerstände* hatten genau diese Aufgabe verstellt, Widerstände, die das Wissen selbst verbarg.

Erst Freud macht die Lehre verständlich, die Victor uns erteilt hat: Die Wahrheit einer Theorie ist die klinische Praxis (der Patient). Freud benutzt theoretische Konstruktionen (im Gegensatz zu Itard) nur zum Zwecke einer besseren Orientierung in der klinischen Erfahrung. Der Patient dient keineswegs als Illustrationsmodell der Theorie, zu dem ihn die psychiatrische Tradition so oft machen wollte, sondern er ist derjenige, der die Fragen in Bewegung setzt, die in Form dechiffrierbarer Rätsel unter dem Symptom verborgen sind.

Kurz: Das Wissen im Bereich von Reedukation und Psychiatrie ist von Anschauungen durchtränkt, die sich im Herzen der Theorie erhalten haben und die Praxis in falsche Bahnen lenken. Itard sieht zwar das Problem, aber er kann daraus keine ihn betreffende Lehre ziehen. Er glaubt sich im Schutz einer guten Theorie, während diese neue Theorie, auch wenn sie besser sein mag, ihren Teil an Täuschungen und Abwehrmechanismen mit sich herumschleppt. Abgeschirmt durch gelehrte Konstruktionen verpaßt Itard, was Frau Guérin mit ihrer größeren Bereitschaft, etwas Unerwartetes aufzunehmen, durchaus wahrnehmbar bleibt. Victor ist Träger der Herrschaft über jene Wahrheit, für deren alleinigen Inhaber Itard sich hält; in dem Spiel, das hier stattfindet, wird Itard von seiner eigenen Theorie an der Nase herumgeführt. Statt sie zu benutzen, schiebt er die auftauchenden Hindernisse (wie auch die »Kindereien«[189]) beiseite. Es entfaltet sich

[188] Frau Guérin ist Victors »Gouvernante«.

[189] Alles, was sich zwischen Victor und Frau Guérin abspielte, bezeichnet Itard als »Kindereien«. Er selbst setzte den »Ernst« der Erziehung dagegen. Doch scheint sich bei

ein Doppelwissen: das der »Kompetenz« auf seiten Itards und das ungeschulte Wissen der Frau Guérin (mit der Victor Fortschritte erzielt). Diese beiden Arten des Wissens, die sich bei Itard auseinanderbewegen, finden bei Freud zueinander.

Freud

In der Analyse des *Traums von Irmas Injektion* spricht Freud eine ganz gewöhnliche Sprache; er gibt Deutungen von diesem Traum (wie auch von anderen Träumen), die man an manchen Stellen als »wahnhaft« bezeichnen könnte. Etwas später (im VII. Kapitel der *Traumdeutung)* erarbeitet Freud – unter Berücksichtigung vorhergehender Analysen – in einer Sprache, die Wissenschaftlichkeit beansprucht, ein absolut unentbehrliches Stück Theorie. Und doch, könnte man diese theoretische Arbeit nicht als Versuch der Rechtfertigung dessen ansehen, was er zuerst weniger formal in der Sprache des Wunsches, der Sprache des Unbewußten herausgearbeitet hatte?
Die Analytiker, die sich nur die theoretische Seite des Freudschen Werkes eingeprägt haben, vergessen meistens, daß es aus einer anderen Sprache gemacht ist, einer Sprache, die sich aus Erfahrung nährt. Die Jahre, die der *Traumdeutung* vorausgehen, sind die Jahre von Freuds Selbstanalyse mit Fließ. O. Mannoni[190], der Freuds Entwicklung während dieser Zeit untersucht hat, unterscheidet zwei Arten des Wissens, ja er stellt sie sogar in Gegensatz zueinander: das auf klinischer Beobachtung beruhende Wissen, das Freud bei seinen Lehrern (Charcot und Breuer) erworben hat, und jene andere Form des Wissens, die weniger vom bewußten Wunsch als von den Verkörperungen des unbewußten Wunsches getragen wird. Durch die Begegnung mit Fließ erfährt Freuds Wissen eine wesentliche Veränderung. »Von Charcot hatte Freud gelernt, sich mit dem Patienten zu identifizieren. Von Breuer hat er gelernt, daß Breuer nur das wußte, was seine Patientin ihm beibringen konnte. ›Von‹ Fließ sollte er lernen, daß der Patient selbst das Wesentliche aus der Übertragung lernt.«[191]

den Kindereien sehr wohl etwas wesentliches abgespielt zu haben; in der Welt des Spiels nämlich gelangte Victor zur Existenz des anderen.

190 O. Mannoni, »L'Analyse originelle«, in: *Clefs pour l'Imaginaire.*

191 Ebd.

Diese Arten des Wissens bedingen einander, sie ergänzen sich, aber zuweilen können sie auch miteinander in Konflikt geraten: »Irgend etwas aus den tiefsten Tiefen meiner eigenen Neurose hat sich einem Fortschritt im Verständnis der Neurosen entgegengestellt und Du warst irgendwie mit hineingezogen. Denn die Schreibhemmung scheint mir bestellt, um unseren Verkehr zu hemmen ... Ob nicht etwas Ähnliches bei Dir der Fall war?«[192] Auf diesem Wege sollte Freud die *Analyse* (im Gegensatz zur kathartischen Methode) entdecken.
Die Wahrheit, die zwischen Freud und Fließ zum Durchbruch kommt, interpunktiert die verschiedenen freudschen Entdeckungen. Über das entscheidende Moment in dieser Beziehung, das der Erkenntnis (um den Preis unendlicher Qualen, Kämpfe und somatischer Leiden) den Weg bereitet hat, wissen wir kaum etwas – außer jener Bemerkung Freuds: »Mir ist das gelungen, was dem Paranoiker mißlingt.«[193]
Dank Fließ, aber auch vermittelt über seine Patienten, konnte Freud sich »wie einen anderen« selbst analysieren; sein Wissen wurde durch die Effekte der Übertragungssituation kontinuierlich modifiziert. Erst nachträglich, nachdem die Zeit verstrichen war, zu der er nach Fließ' Vorhersage hätte sterben müssen (1907), wurde ihm dies klar. Er mußte erst die Analyse des *Rattenmannes* beenden, ehe sich die beiden Arten des Wissens in ihm verbinden sollten – das Wissen, das ihm die Konzeptionen von Charcot und Breuer vermittelt hatten, und das aus der Übertragung auf Fließ resultierende Wissen.
Entdeckungen werden immer dann gemacht, wenn die Forschung sich entzieht: Freud siedelt seinen Forschungsgegenstand (die Psychoanalyse) in der phantasmatischen Beziehung zum Wunsch des Anderen an. In Form einer solchen Beziehung – vermittelt durch die Suche nach Anerkennung – erlebt er auf der Ebene des Unbewußten eine Art Erkenntnis.
Fließ ist demnach der Adressat eines bestimmten Diskurses, er ist der Ort, von dem eine Antwort ausgeht; an ihn übermittelt Freud seine Frage und erhält als Antwort die Sinneffekte seiner eigenen Botschaft; genau dies ist das Zeichen, das ihn veranlaßt, schöpferisch tätig zu werden.[194]

[192] S. Freud, »Briefe an Wilhelm Fliess«, Brief 66, in: *Aus den Anfängen der Psychoanalyse,* London 1950, S. 225.

[193] Ernest Jones, *Sigmund Freud, Leben und Werk,* Ffm. 1969, S. 366.

[194] M. Mannoni, *Der Psychiater ...,* a. a. O.

Die ersten fünf Jahre nach seinem Bruch mit Fließ bemüht sich Freud um die Analyse dieses Lebensabschnitts; aber er verspürt kaum noch ein Bedürfnis, sich darüber mitzuteilen. Von dieser *zweiten Phase* seiner Selbstanalyse wissen wir nichts, außer einer vertraulichen Mitteilung an Ferenczi: »Daß ich kein Bedürfnis nach jener vollen Eröffnung der Persönlichkeit *mehr* habe, haben Sie nicht nur bemerkt, sondern auch verstanden und auf seinen traumatischen Anlaß richtig zurückgekehrt ... Seit dem Fall Fließ, mit dessen Überwindung Sie mich gerade beschäftigt haben, ist dieses Bedürfnis bei mir erloschen.«[195]
Von nun an drückt Freud sich in seinem Werk aus und setzt darin seine Analyse fort.

Aus allem bisher Gesagten ergibt sich für die Psychoanalyse das Zeichen einer Art *Zweisprachigkeit*. Es gibt die gewöhnliche Sprache im Diskurs zwischen Patient und Analytiker, und es gibt die Spezialsprache des kompetenten Wissens, von der die Analytiker untereinander Gebrauch machen. In Freuds Werk selbst geht das theoretische Wissen bald auf entwicklungspsychologische (vgl. *Drei Abhandlungen zur Sexualtheorie*), bald auf individualpsychologische (vgl. die *fünf großen Fälle* und die dazugehörigen Texte[196]) Ansätze zurück. Auf der Grundlage von Begriffen aus der Entwicklungstheorie, der Evolutionstheorie und der Psychologie, zu denen sich ein wissenschaftliches Modell des 19. Jahrhunderts, das des energetischen Triebs, hinzugesellt, wurde ein theoretischer Mythos konstruiert.
Unterdessen ist keine Spur eines Glaubens an die Entwicklung zu sehen, wenn Freud in der gewöhnlichen Sprache von seiner Erfahrung mit den Patienten berichtet. Im Laufe der Analyse wird deutlich, mit welcher Kunstfertigkeit der Patient in seiner Fragestellung unterstützt wird; deutlich wird auch, daß zwischen ihm und dem Analytiker Platz gelassen wird für den Durchbruch einer Wahrheit – einer Wahrheit, die weder dem Patienten noch dem Analytiker gehört, sondern *zwischen* ihnen zum Durchbruch kommt, und zwar in einer Dramensituation, die es dem Patienten ermöglichen soll, sich als Ich anzusiedeln.
Jede Zeit hat ihren Glauben zur Rechtfertigung dessen, was hinsichtlich einer unangenehmen oder erschreckenden Realität vor jeder In-

[195] E. Jones, a. a. O., S. 366.
[196] M. Foucault, *Psychologie und Geisteskrankheit*, a. a. O.

fragestellung bewahrt werden muß. Vor dieser Gefahr ist auch die theoretische Arbeit der Psychoanalyse nicht sicher; gelegentlich kommt sie (wie Foucault bemerkt) in Versuchung, metapsychologische Antworten[197] anzubieten, wo man erwarten könnte, daß sie den wahren Fragen ihren Lauf läßt.

Dem Einfluß der medizinischen Ideologie seiner Zeit zum Trotz schenkt Freud einer neuen Erfahrung sein Gehör; ausgehend von seiner eigenen Beteiligung am Geschehen versteht er es, das Sagen des Patienten zu hören; er hütet sich davor, in der Beziehung Behandelnder/Behandelter irgendeine Autoritätsposition zu beziehen. Für ihn ist der Patient (im Gegensatz zu Itard) keine Leinwand, auf die ein theoretisches Wissen projiziert werden kann. Darin liegt ein wesentlicher Unterschied.

Freuds Wissen, aber in gewissem Maße auch das von Frau Guérin, entspringt einem Unterrichtseffekt[198], will sagen, dem Effekt eines Vorgehens, bei *dem der Patient sozusagen in die Situation des Unterrichtenden versetzt wird.*

Frau Guérin ist sich nicht darüber im klaren, daß es Victor ist, der ihr die Botschaft diktiert, die sie an ihn richtet. Auch Freud weiß am Anfang gar nichts über die ihn betreffenden Implikationen seiner gemeinsamen Erfahrung mit dem Patienten, die ihn dazu bringen wird, den Durchbruch eines *Wissens* anstelle der Wahrheit (des Symptoms) zu provozieren – und diesen Durchbruch so zu gestalten, daß er den Patienten in einem »das also war es« erkennen läßt, worin er sich verloren hatte.

Zusammenfassend kann man sagen, die Psychoanalyse habe sich auf der Grundlage von Freuds Erfahrung mit seiner eigenen »Wahnwelt« und seiner Verwicklung in den »Wahn« der Patienten konstituiert. Daraus ist einerseits die *Deutung* hervorgegangen, das heißt

197 Lacan vergleicht seine Theorie gern mit einem Mythos. Aber aus psychoanalytischer Sicht handelt es sich um Merkmale, die uns befragen. Lacans Schüler neigen manchmal dazu, diese Merkmale einer ideologischen oder medizinischen Verkürzung zu unterziehen. Was offen bleiben müßte, weicht einer metaphysischen Versuchung. Was als Moment eines Prozesses erscheinen müßte, erstarrt im Absoluten.

198 »Das Wissen gelangt entweder durch eine Kehrtwendung des Analytikerdiskurses oder durch den Diskurs, der sich in Opposition zu dem primär vorhandenen Lehrerdiskurs ansiedelt, an den Platz, den wir als Platz der Wahrheit bezeichnen.« J. Lacan, *Scilicet,* 1/2, S. 396.

die Art und Weise, wie der Analytiker in der gewöhnlichen Sprache interveniert, wenn er eine Frage wachhalten will, und andererseits die *theoretische Konstruktion,* die als Mythos dient und als Orientierung für das gegenwärtige Geschehen angeboten wird (von da an geht es nicht mehr um die Rekonstruktion der Vergangenheit, sondern darum, der Vergangenheit ihren mythischen Ursprung zu bewahren). Freuds Vorgehen ist voller Ambiguität, aber es bewegt sich stets auf zwei Gleisen, die in der Wahrheit, die die klinische Erfahrung offenbart und kontrolliert, wieder zusammenlaufen.

Im Gegensatz dazu vereinigt sich Itards Vorgehen mit dem, was Lacan den *Diskurs der Universität* nennt. Konstitutionsbedingung dieses Wissens ist die Zensur der Markierungen des Unbewußten. Der Diskurs des Analytikers dagegen bemüht sich um die Aufhebung der Zensur. Der Diskurs des einen verschleiert den Mißerfolg, der Diskurs des anderen umreißt das Unmögliche (das Reale) – und enthüllt den Mangel, den der universitäre Diskurs verbergen sollte.[199]

Weil Itard ein »theoretisches« Wissen auf Victor anwenden will, bleibt ihm die Wahrheit des in einem psychoanalytischen Vorgehen erzeugten Effekts versagt (letzteres verlangt vom Analytiker die Suspension des Wissens in der Praxis, damit die Wahrheit sich im Laufe der theoretischen Ausarbeitung in der Wissenschaft formalisieren kann).

Die Paradoxie des theoretischen Wissens liegt in der Art und Weise, wie man davon Gebrauch macht, ob man es als Maske benutzt, um die Wahrheit einer Erfahrung zu kaschieren, oder ob man es als Orientierungswerkzeug zur Erleichterung der klinischen Forschung (in die man selbst einbegriffen ist) verwendet.

[199] Die Psychoanalyse hat keineswegs einen Umsturz des medizinischen Wissens bewirkt, sondern sie hat der Verstärkung der medizinischen Hierarchie gedient. Nicht selten sieht man Analytiker, die unterwürfig in den repressivsten Institutionen ihren Dienst tun und dann in geschlossenen intellektuellen Gruppen die Revolution verkünden. Dieser Bruch zwischen Theorie und Praxis ist schuld an der Stagnation der Forschung.

6. Eine Aktion außerhalb des Etablierten

Wenn die theoretische Forschung nicht von der Reflexion über die Einbezogenheit des Arztes in die klinische Situation als solche abgeschnitten sein darf, muß letztere ihrerseits in Beziehung gesetzt werden zu den Strukturen, die die *Administration* vorschreibt und die sich in ihren Auswirkungen als pathogen erweisen.
Ein näheres Eingehen auf eine Erfahrung mit Jugendlichen *am Rande der Institutionen* kann im Bereich der Pädagogik zu Überlegungen führen, die parallel zu denen verlaufen, die die Antipsychiatrie in ihrem eigenen Feld zuläßt.

Der Ausbruch

Wir haben versucht, einigen Jugendlichen, die von den Institutionen Schule und Familie abgelehnt wurden, die Möglichkeit zu vermitteln, sich einer von ihnen als feindlich empfundenen Welt zu entziehen; wir haben ihnen geholfen, zu gastlicheren Orten, Orten der Begegnung bei Bauern[200], bei Deligny[201] oder einer (der Schule angegliederten) Wohnung in Bonneuil Zugang zu finden.
Zuweilen verwandelten sie ihren Zufluchtsort für die erste Zeit in eine Festung, die gegen die Außenwelt verteidigt wurde.
So hat sich etwa einer unserer Jugendlichen fast einen ganzen Monat lang in seinem Zimmer verschanzt und auf das Essen gewartet, das zu bestimmten Tageszeiten vor der Tür abgestellt wurde. Er war schon so weit, daß er sein Radio zerstörte, um sich gegen das Eindringen einer fremden Stimme zu schützen. Für ihn kam es gar nicht in Frage, für seine eigenen materiellen Bedürfnisse zu sorgen und etwa einkaufen zu gehen, so sehr fühlte er sich von der Gefahr eines

200 Man müßte die Schäfer besser kennen; sie sind nämlich noch in der Lage, Isolierung und radikal neue Lebensweisen zu bieten, die man bei den Bauern, die allmählich zu landwirtschaftlichen Industriellen werden, immer seltener findet (was sogar ihre Beziehungen zur Zeit, zu den Tieren und den Menschen verändert).
201 Deligny hat uns immer geholfen, sogar und vor allem in besonders schwierigen Fällen.

Ausagierens bedroht: »Sobald ich das Haus verlasse, sehe ich rot.« Der Jugendliche hatte sich eine Anstaltswelt nach eigenem Maß geschaffen. Seine Zeit war Essenszeit und Schlafenszeit (das Essen wärmte er sich auf einer elektrischen Platte auf; seinen Schlaf hatte er wiedergefunden, seit er keine »heilsamen« Medikamente mehr bekam). Dann kam die Zeit der Langeweile: Die Entdeckung der Langeweile erlaubte ihm die Bitte, sein selbstgezimmertes Ghetto zu verlassen. Er hatte Hunger, nicht auf Essen, sondern nach menschlichem Kontakt. Danach kehrte er ganz allmählich in eine soziale Welt zurück (nicht ohne daß er seinen Weg durch Brüche skandiert hätte, durch massiv regressive Phasen und Fluchten; mit anderen Worten, er stellte den Erwachsenen, in den er sein Vertrauen setzen wollte, auf die Probe[202]).

Bedauerlicherweise bieten die administrativen Strukturen keine anderen Möglichkeiten zur Isolierung als in der Anstalt oder im Gefängnis. Die gastlichen Strukturen sind außerhalb des Rahmens eines gemeinschaftlichen Lebens kaum denkbar. Aber dieses gemeinschaftliche Leben hat heutzutage nichts mehr von dem Reichtum der Gemeinschaften früherer Zeiten (im Sinne Max Webers). Die »Gemeinschaften« von heute sind künstliche Gruppierungen von Leuten, die, abgeschnitten von jeder Beteiligung am Leben ihrer Gemeinde oder ihres geographischen Bezirks, miteinander leben. Die Administration verweist die Individuen auf eine Einsamkeit, die sogar dort überlebt, wo man sie in »Gruppen« zusammenschließt.

[202] Diese Rückkehr in die soziale Welt (die gewöhnliche Begegnung mit Leuten, die im gleichen Viertel wohnen), äußert sich in der Suche nach *einem Blick*, einem Blick von dem, der für wissend gehalten wird, das heißt, von dem (»normalen«, »verrückten« oder »perversen«) Subjekt. Solange in Bonneuil das Gerücht umgeht, Pierre sei gefährlich, ist er nirgends mehr in Sicherheit. Jede unscheinbare Geste droht in der Phantasie der Einwohner zu einer Mördergeste zu werden, so daß der Jugendliche einer Denunziation oder einem Anruf bei der Polizei vollständig preisgegeben ist. Im Spiegel, der ihm die Aufregung der anderen vermittelt, sieht Pierre sich folglich als Zuschauer eines Spiels, in dem er als Akteur jedes Gesetz mißachtet. Von dem Blick des Anderen wird Pierre nur als Inkarnation dieser Herausforderung wahrgenommen. Die sich bei diesem oder jenem Einwohner manifestierende Panik macht die Todesgefahr allgegenwärtig. Als gefährlich etikettiert, wird Pierre in einem letzten Versuch, sich gegen eine Trennung (vom geliebten Objekt) zu schützen, tatsächlich gefährlich. Paradoxerweise provoziert er genau das, was er befürchtet; er ruft die ablehnende Trennung geradezu herbei und bleibt in der Wiederholung gefangen. Wie kann man die Materialisierung dieser Ablehnung vermeiden? Mit dieser Frage werden wir täglich konfrontiert.

Die Isolierung, die Bonneuil denjenigen Jugendlichen anbietet, die danach verlangen, hat nichts mit der moralischen Verlassenheit zu tun, in die sie durch die Anonymität einer auf Segregation beruhenden Administration gestürzt werden.

Dennoch, auch unsere »Gemeinschaft« ist künstlich, sofern die Jugendlichen sich von dem aktiven Leben ihrer Gemeinde ausgeschlossen und von den wahren Möglichkeiten der Begegnung mit der Jugend aus der Nachbarschaft abgeschnitten fühlen (unsere Zivilisation »denaturiert« die menschlichen Beziehungen, sie richtet künstliche Strukturen ein. So werden die überorganisierten Kulturzentren und Jugendhäuser zu Orten der Nicht-Begegnung). Die durch die Aufteilung in Sektoren erfolgte Zersplitterung hat die Austauschmöglichkeiten zusätzlich reduziert (verschiedene Orte auf dem Lande, die der Einführung der Bezirkspsychiatrie vor kurzem zum Opfer fielen, mußten ihre Zusammenarbeit mit uns einstellen). Nun ist es aber für die Jugendlichen eine Notwendigkeit, *anderswo* einen Ort zu wissen, zu dem sie gegebenenfalls flüchten können. Sobald sich ein geographischer Ort mit Mauern umgibt, schafft er ein Gewaltpotential.[203]

Ich hoffe, der entscheidende Punkt wird klar.

In der Gemeinschaft früherer Zeiten waren die Kinder von ihrer frühsten Kindheit an einer weiten Streuung ihrer libidinösen Bindungen ausgesetzt[204]; folglich konnten die Konfliktbildungen gar nicht in der Eltern-Kind-Beziehung befangen bleiben. Der Streit mit einem einzigen Elternteil (Mutter oder Vater) beinhaltete für das Subjekt keinerlei Risiko, von der ganzen Klasse der Mütter bzw. der Väter verlassen zu werden. Schon sehr früh beteiligte sich das Kind an den Aktivitäten der Erwachsenen und fühlte sich – im Unterschied zum modernen Men-

203 Bonneuil wird von allen Seiten eingeschlossen. Die Toleranz der Bewohner in den Ballungszentren ist gleich Null. Wenn die Leute anderswo ganz freundlich sind, dann nur unter der Bedingung, daß man sie nicht stört. Die Hilfsangebote, die uns zuteil wurden (Arbeit beim Handwerker), wurden sofort wieder rückgängig gemacht, als sich die ersten Schwierigkeiten mit der Verwaltung abzeichneten (als die Sozialversicherung es ablehnte, den Kindern Versicherungsschutz zu gewähren).

Die Administration (sowohl die Bürgermeisterei als auch die Akademie von Val-de-Marne) baut ihre eigenen Schutzwälle auf. Jeder lebt in der Sorge, sich gegen eine übergeordnete Instanz zu »decken«. Die administrative Verantwortungslosigkeit mit ihrem launischen Gesetz hat wirklich psychotisierende Effekte. Die Administration trägt die Verantwortung für die »Dekompensation« einiger unserer Kinder, die aufgrund administrativer Maßnahmen in eine »unhaltbare« Verfolgungssituation gerieten.

204 R. Linton/A. Kardiner, *The individual and his Society*, New York 1939.

schen – nicht im geringsten desorientiert[205], wenn es sein Territorium verließ (wenn es von einem Milieu in ein weniger vertrautes Milieu überwechselte, war dies, wie Devereux bemerkt, nie etwas radikal Unbekanntes; jedes Individuum hatte eine klare Vorstellung von der soziokulturellen Organisation seines Milieus).

In unserer Gesellschaftsordnung ist das Kind von Anfang an den Launen der elterlichen Autorität ausgeliefert. Es ist stets der Epressung ausgesetzt, völlig allein gelassen zu werden (der Erpressung durch Liebesentzug). Der Ausbruch aus dem Familien- oder sozialen Milieu wird nicht begünstigt, sondern im Gegenteil gesetzlich sanktioniert; das Kind wird Opfer einer doppelten (sozialen und familialen) Repression. Um der *Stress*-Situation (die ihm das Bild einer zugleich gefährlichen und verbotenen Welt vermittelt) zu entkommen, bleibt ihm keine andere Wahl, als mit »Verrücktheit« oder delinquentem Verhalten zu antworten.[206]

Die Lehre – Arbeit und Gesellschaft

Zunächst eine Tatsache: Seit die Behörden uns hinderten, die Kinder zur Arbeit bei Handwerkern außerhalb der Schule zu schicken (einer Arbeit, die den Reiz des »verbotenen« Spiels ausübte), hatte die Gemeinschaft gegen eine inhaltliche Verarmung des Austausches zu kämpfen, eine Verarmung, die dem *Tod* gleichkommt (die Administration hatte die Kinder in eine Lage versetzt, wo sie erneut »dekompensierten«).

Durch die administrativen Verordnungen in ein sinnloses Leben verbannt, konnte diesen Jugendlichen nur noch ein Recht auf Revolte

[205] G. Devereux, *Essai d'ethnopsychiatrie*, a. a. O.

[206] Das Nicht-Gesagte, das, was von der Institution Familie oder Schule nicht ausgesprochen wird, beinhaltet ein Mißtrauen gegen jeden, der nicht zur Institution gehört. Wenn das Interesse des Erwachsenen sich ausschließlich auf seine kleinen, persönlichen Probleme konzentriert, in deren Mittelpunkt das Kind steht, bleibt letzteres in einem *Spannungsknoten* hängen, aus dem es nur durch Gewalt wieder herauskommt (auf diese Weise schützt sich das Kind gegen die Angst vor einer als feindlich empfundenen Welt). Jede Institution, die von allen über sie selbst hinausgehenden Interessen abgeschnitten ist, hat todbringende Effekte. Und doch ist man in Frankreich gerade dabei, diesen pathogenen Weg einzuschlagen.

weiterhelfen. Doch wenn dieses Recht auf Revolte nicht von einer kohärenten Aktion in der Außenwelt unterstützt wird, dauert es gar nicht lange und es ist »vereinnahmt«, von der institutionellen Routine ausgelöscht. Eine Zeitlang wurden die Kinder auch zu Handwerkern aufs Land geschickt; dort, in einer Rückzugsposition, konnten sie eine gewisse Fröhlichkeit (und ihre durch die Beteiligung an einer wirklichen Aufgabe aufgewertete Selbstachtung) zurückgewinnen.
Was hat diese Vermittlung an Handwerksbetriebe zu bedeuten?
»Ist die Idealisierung der Handwerksmeister nicht eine romantische Täuschung?« fragte sich Koyré[207] 1948. Uns hat nicht der Gegensatz von Handwerker (der einem Künstler gleichgesetzt wird) und Arbeiter beschäftigt, sondern die Lehre als Beziehung zu einer Person, zu einem Meister, auf den sich eine Art Übertragung richten kann (im Gegensatz zu anonymer Schulausbildung, wo der Jugendliche nicht das Gefühl hat, in die Arbeitswelt eingetreten zu sein, sondern sein Schülerdasein bis zu dem Augenblick zu verlängern, wo die Fabrik sich seiner bemächtigt). Die Beziehung während einer Lehre unterscheidet sich ganz radikal von all dem, was unter dem Namen »Ergotherapie« angeboten wird. Im Verlauf der Ergotherapie wird das Subjekt wie der Arbeiter in der Fabrik vom Produkt seiner Arbeit abgeschnitten. Hinzu kommt, daß dieses Produkt sozusagen gleich Null und der gesellschaftliche Wert der Arbeit noch frustrierender als bei der Fabrikarbeit ist.

Die Art der Arbeit, die wir den Jugendlichen in der Außenwelt zugänglich machen konnten, vermittelt ihnen ein Gefühl für ihren »Erfolg« (oder die gewonnene Lust) im Verhältnis zu einem Erwachsenen, der nach eigenem Ermessen besetzt werden kann. Bisher hat man sich kaum mit dem Problem der Übertragung im Bereich der Lehre auseinandergesetzt (bekannt ist, daß der Unterricht im Schulsystem als Drama funktioniert). Man hat die Beziehung des Menschen zur Objektwelt untersucht und darüber vergessen, wie sehr die Beziehung der Menschen untereinander verfallen ist; irgendwo hat die Lebensfreude einen Knacks, die Arbeitslust ist nur mehr Privileg einiger Individuen, die immer seltener werden.
In diesem Zusammenhang ist die Bemerkung angebracht, daß Freud stets zugegeben hat, wie verhängnisvoll das Schicksal der Menschheit

[207] A. Koyré, *Études d'histoire de la pensée philosophique,* Paris 1971.

ist, wenn es die Massen zu einer Arbeit verpflichtet, die »nur noch unter dem Zwang der Notwendigkeit« geschieht. Er verknüpfte dieses Schicksal mit einem biologischen Verhängnis und sah in ihm die Wurzel einer ganzen Reihe sozialer Konflikte. Begabung[208] und besondere Anlagen (die Fähigkeit, aus der Arbeit Glück zu beziehen) sind seinen Aussagen zufolge kaum verbreitet, sie sind nur wenigen Auserwählten zugänglich; die (gelungene) Sublimierung kann nur das Los einiger weniger sein, die Masse ist (ohne daß irgend jemand etwas dafür könnte) dazu bestimmt, Zwang oder Repression über sich ergehen zu lassen. Es wird deutlich, daß Freud in der Weiterentwicklung seiner Forschung in mehr als einem Punkt mit der bürgerlichen und szientistischen Ideologie seiner Zeit übereinstimmt.

Inzwischen hat sich der Akzent verschoben; es wird betont, daß der Glaube an Begabungen keinerlei wissenschaftlichen Kriterien genügt. In einer Vielzahl von Experimenten wird belegt, daß die angebliche »Schwachsinnigkeit« meistens Resultat einer kulturellen und sozioökonomischen Ungleichheit ist, die schon in der Wiege beginnt. Dennoch wäre es übertrieben zu behaupten, bis zum dritten Lebensjahr sei alles entschieden; denn bei unserem Schulsystem interessieren sich die Lehrer auch später häufig nur für die Begabtesten, die Kinder, die im sprachlichen Bereich besonders verwöhnt sind und deren Verhalten den Ansprüchen eines bestimmten Milieus vollständig »angepaßt« ist.

Freuds Glauben an die Existenz einer Elite verdoppelt sich übrigens durch eine außerordentlich konservative Einstellung gegenüber Frauen. Er äußert nicht die geringste Kritik an der Vorstellung seiner Zeit, das

[208] In Milwaukee (Universität von Wisconsin, Howard Garber) wurden Versuche mit zwei Gruppen von schwarzen Säuglingen durchgeführt, deren Mütter »debil« waren. Die Hälfte der Säuglinge blieb bei ihren Müttern, die andere Hälfte wurde tagsüber von Erziehern betreut und abends in die Familien zurückgebracht. Die Mütter der letzten Gruppe erhielten gleichzeitig eine pädagogische Ausbildung. Die Kinder dieser Gruppe erreichten einen I.Q. von 125, während die der ersten Gruppe nur knapp auf einen I.Q. von 0,90 kamen. Folglich ist die Umgebung (der sozio-ökonomische und kulturelle Faktor) wichtiger als die Qualität der Chromosomen. Die Ungleichheit beginnt schon in der Wiege. Diese von H. Garber entwickelte These scheint im ersten Augenblick den Vertretern einer »frühen Reedukation« recht zu geben. In Wirklichkeit geht es aber offensichtlich um etwas ganz anderes. Entscheidend war, daß die Mütter der zweiten Gruppe aus ihren entfremdenden Lebensbedingungen herausgeholt wurden. Tagsüber von der Last der Kinder befreit, vor Elend bewahrt und in angemessenen Wohnungen untergebracht, standen sie am Abend ihren Kindern zur Verfügung, um ihnen zuzuhören und mit ihnen zu sprechen.

Werk der Zivilisation sei Männersache und müsse es auch bleiben. Im Gegenteil, er ist der Ansicht, die Frau (wie der Proletarier) könne gar keinen wirklichen Zugang zur Sublimierung finden; ihm zufolge ist sie von Geburt an dazu verurteilt, ein »zweitrangiges« Leben zu führen – dies gehöre zu ihrer biologischen Bestimmung.
Die patriarchalische Erziehung zwingt die Frau (aber auch den Proletarier und den Neger) in eine Haltung respektvoller Unterwerfung gegenüber der Autorität und konditioniert sie auf risikofreies Handeln; stets im Zustand der »Unreife« gehalten, kann sie gar nicht mehr anders, als jeden Anflug von Unabhängigkeit bei ihren eigenen Kindern zu bremsen und sich damit zur Komplizin einer repressiven Ordnung zu machen. Je niedriger die sozio-ökonomische Klasse der Mutter, um so mehr nimmt sie es sich zu Herzen, ihre Kinder auf ein Leben in Knechtschaft vorzubereiten; um sie am Leben zu »erhalten«, macht sie sie unfreiwillig zu Gefangenen.[209]

Freud sieht in der Frau diejenige, die dem zivilisatorischen Werk des Mannes entgegenarbeiten könnte. Im gleichen Sinne ist die Frau für Claude Lévi-Strauss[210] die Inkarnation der Unordnung und eine Gefahr für den Mann (und die Welt). Diese verstörten Wesen (die Frauen), sagt er, brauchen die Erziehung (das heißt die Repression) mehr als die anderen (die Männer).
Daß die Frauen heutzutage jede »erzieherische« Bevormundung überwunden haben, verdanken sie der gesellschaftlichen Liberalisierung der

[209] Eine hervorragende Darstellung dieses Problems gibt George Jackson in den Briefen, die er seiner Mutter aus dem Gefängnis schrieb: »Niemand hat je Rücksicht darauf genommen, daß wir etwas anderes sein könnten, als wir von Anfang an sein sollten (ich verlange Elektronengehirne oder Roboter und bekomme statt dessen die Antwort, ich soll pragmatisch denken). Du mußt endlich ganz klar begreifen, daß wir nur wenig oder gar keine Kontrolle über unser Leben haben ... Ich bin unwissend geboren. Ich hatte niemanden, niemanden, der mich wirklich Wichtiges lehrte. In den Schulen wird die Jugend darauf getrimmt, *was* sie zu denken hat, nicht *wie* sie zu denken hat. Robert hatte kaum Zeit, auch nur ›hallo!‹ zu sagen, und keiner von Euch wußte mir etwas Rechtes zu geben, weil schon Eure Eltern nichts wußten. Siehst du den Kreislauf, die wahre Wurzel allen Übels? Die Verfremdung und Selbstaufgabe, den Druck von außen, das System und seine Handlanger? Du und Robert, Ihr beide wußtet es nicht besser. Ich auch nicht. So müssen wir denn auf die Leute blicken, deren Aufgabe es wäre, dafür zu sorgen, daß die Güter der Gesellschaft gerecht an alle verteilt werden.« George Jackson, *In die Herzen ein Feuer,* Bern, München, Wien 1971.
[210] Claude Lévi-Strauss, *Mythologica III, Der Ursprung der Tischsitten,* Ffm. 1973.

Sexualität. Obwohl Freud das Sexualleben des zivilisierten Menschen für schwer geschädigt hält, akzeptiert er das soziale Verbot, das auf jeder infantilen Sexualäußerung lastet; darin scheinen sich ihm die »notwendigen Zwänge« der Zivilisation zu offenbaren. So wird die sexuelle Repression zum zuverlässigsten Treuhänder der intellektuellen und moralischen Unterdrückung, wenn nicht gar der Generalisierung einer apolitischen Haltung (heutzutage neigt man immer noch dazu, solch apolitische und asexuelle Einstellungen von heranwachsenden Schülern zu verlangen).

Wie der antipsychiatrische Diskurs haben auch die Arbeiten von Reich symptomatischen Wert. Sie enthüllen den Entfremdungseffekt in der sexuellen Repression (und der erzieherischen Gewalt). Paradoxerweise geht die soziale Ablehnung der Sexualität einher mit der gesellschaftlichen Ablehnung realer Sublimationsmöglichkeiten, die der Jugend angeboten werden könnten: sie werden durch Zwang ersetzt (und der Wunsch für nichtig erklärt).

So kommt es dazu, daß Jugendliche (in Extremfällen, die allerdings exemplarische Bedeutung haben) sich der Schule radikal verweigern und mit sechzehn Jahren nur für den Augenblick am Tag leben, wo das Essen ihren Hunger stillt. Und doch ist ihnen nicht entgangen, daß es sich in Wirklichkeit um einen anderen Hunger handelt; im Symptom bricht ihre Wahrheit auf.

Ausgehend von der Vermittlung der Kinder an Handwerksbetriebe sind wir schließlich beim »Unbehagen in der Kultur« in seinem ganzen Ausmaß angelangt.

Orte des Lebens in ihrer Umgebung

Diejenigen Orte, die man als *Orte des Lebens* bezeichnen könnte (im Gegensatz zu Orten der »Behandlung«), bieten den Jugendlichen die Möglichkeit, sich einer Welt zu entziehen, die sie nicht mehr ausstehen können. Was sie suchen, ist der Bruch mit einem bestimmten Lebensstil (der Bruch mit den Institutionen Familie, Schule etc.). Erst von diesem Ausgangspunkt her vermag das Subjekt wieder in den Griff zu bekommen, durch was es spricht, und eine bejahende Beziehung zu einem Erwachsenen anzuknüpfen, den es selbst wählt und mit Vertrauen

besetzt. Die sich herausbildende Lehrer-Schüler-Beziehung kann man nicht einfach kaufen: was hier miteinander geteilt wird, liegt jenseits einer intellektuellen oder schulmäßigen Belehrung – es ist die Freundschaft, die der Jugendliche mitunter zum ersten Mal in seinem Leben entdeckt. Sofern es dem Erwachsenen gelingt, an einem bestimmten Platz zu bleiben und das Kind auf ein anderes Wunschobjekt als seine eigene Person zu verweisen, sind die Auswirkungen einer solchen Beziehung günstig. Das Kind ist jedoch immer in Gefahr, die affektive Leere des Erwachsenen auszufüllen. Deshalb ist es wichtig, daß letzterer in seinem persönlichen Leben gut zurechtkommt; wenn nicht, kann er leicht eine Situation heraufbeschwören, die in der Schädlichkeit ihrer Effekte der eigenen »Familienmaschinerie« des Kindes in nichts nachsteht. Was sich hier auf der Ebene der Übertragung abspielt, gehört gut und gern zur Ordnung des analytischen Abenteuers: was sich verknüpft, muß wieder aufgeknüpft, aufgegeben, ja sogar ausgespuckt werden.
Ein Ort des Lebens ist ein Ort, den man verläßt (denn er läßt Ortsveränderungen zu). Aus diesem Grunde ist es von besonderer Bedeutung, daß ein solcher Ort sich nicht nach dem Vorbild der Kernfamilie[211]

211 Obwohl sich in Bonneuil das ganze Haus um ein Ehepaar dreht, hat dieses doch sein eigenes Leben und seine Kinder – und das Haus bleibt immer allen offen. Diese Fähigkeit, Ausländer und Studenten aufzunehmen, hat Bonneuil zu einem Ort gemacht, der (obwohl innerhalb der Gemeinde isoliert) nicht in sich gekehrt ist. Bonneuil – und darin liegt der Unterschied zur Institution Familie – will »seine« Kinder nicht »behalten«. Weit davon entfernt, sich als idealisierten Ort anzubieten, will Bonneuil dem Kind als Kreuzung, Haltestelle oder Sprungbrett zur Verfügung stehen, damit sein Leben nicht etwa konfisziert, sondern ihm gewissermaßen »zurückgegeben« wird; zurückgegeben wird der Begriff einer Zukunft (einem Kind, das manchmal einer Gegenwart beraubt und von einer Vergangenheit abgeschnitten ist).
In einem solchen Kontext muß auch jener andere Begriff gesehen werden, der besagt, daß Bonneuil (und die Orte, die als Abwechslung gedient haben) eines Tages wieder ausgespuckt werden muß. Es ist dies der Tag, an dem das Kind sich berechtigt fühlt, einen Ort zu verlassen, um eigenen Interessen nachzugehen. Die »Erkennlichkeit« gegenüber dem Erwachsenen, »dem man alles zu verdanken hat«, geht zunächst über den Todestrieb. Aber eines Tages erreicht das Kind die Fähigkeit, sich von einer gratifizierenden Realität (die allein dem Lustprinzip unterliegt) zu trennen; es erwirbt diese Fähigkeit durch die Symbolisierung.
Unser Ziel ist nicht die Anpassung. Wir wollen eine Situation schaffen, die es dem Kind ermöglicht, sich von dem Register des reinen Bedürfnisses (und der Verdinglichung der Realität) freizumachen, um sich in angemessener Beziehung zu dem anzusiedeln, was »es« im Register des Wunsches von ihm will (denn erst dann enthüllt sich eine Beziehung zum Wahren). Das »ich will« (je veux) entsteht immer als Effekt des Signifikanten. Es steht in Gegensatz zu jenem anderen »Ich will« (moi veut), dem »Er will« der

strukturiert, sondern den Interessen und Kämpfen der Außenwelt aufs engste verbunden bleibt. Schon im Alter von zwölf, vierzehn Jahren sind die Kinder fähig, verantwortlich am Leben ihrer Gemeinde teilzunehmen (Teilzeitarbeit bei einem Handwerker etc.). Ivan Illich hat gezeigt, daß Kinder dieses Alters eher auf die richtigen Fragen kommen als der Gemeinderat; aber die Bürokratie fühlt sich von solchen Fragen belästigt und bedroht. In der Tat, die administrative Hierarchie (in der Gemeindeorganisation) und die Abgeschlossenheit der öffentlichen Dienste verhindern jeden realen Partizipationsversuch. In der Realität ist das Kind (wie die Erwachsenen) ausgeschlossen von der Welt, die es betrifft. Unser Versuch hat den Kindern ermöglicht, Beziehungen zu den Angestellten von *Famiprix* oder den Kaufleuten der Umgebung anzuknüpfen. Von einem wirklichen Austausch kann jedoch nicht gesprochen werden. Die Kinder kennen nämlich die Erwachsenen gar nicht, sie etablieren vielmehr eine lebhafte Beziehung zu den Verbrauchsgegenständen. Mit professioneller Gewissenhaftigkeit wird eingekauft. Der Umgang mit Geld und die Frage der Preise sind für manche Kinder eine wichtige Angelegenheit. Ich selbst war erstaunt über die Freundlichkeit und Toleranz, die die Kaufleute und Angestellten den Kindern entgegenbrachten.[212] Doch kaum fällt die Ladentür hinter ihm ins Schloß, befindet das Kind sich wieder in den verlassenen Straßen der Vorstadt, eine undifferenzierte Grauheit der Anonymität legt sich über die Individuen.

Mit einigen Bewohnern der benachbarten Sozialwohnungen haben wir Schwierigkeiten bekommen. Pierre schlich sich in die Keller ein und wartete darauf, daß eine Hausfrau käme und ihn »totschlüge«. Diese Bewohner mußten wir erst zu unseren Verbündeten machen, sie bitten, die Polizei aus dem Spiel zu lassen und auch die Polizei bitten, nicht weiter einzugreifen.

Obwohl unsere Aktion zeitweilig von Bedeutung war, hat sie doch keine »erzieherischen« Spuren hinterlassen; kaum war die aufregende Zeit vorbei, kehrte jeder in seine Einsamkeit zurück, durchaus bereit,

imaginären Identifikation. Die Gefahr der Mikrogesellschaften – eine Gefahr, der wir zu entgehen suchen – ist die, daß sie Patienten und Behandelnde in imaginäre Identifikationen verstrickt, die man als »paranoisch« bezeichnen kann.

212 Es kam zu aggressiven Handlungen und epileptischen Anfällen; die Leute riefen uns an, die Polizei jedoch wurde nur in Ausnahmefällen hinzugezogen.

erneut als unversöhnlicher Ankläger gegen eine »Unordnung« aufzutreten und deren Ausschließung zu verlangen.

Eine Zeitlang kamen mehrere Sozialarbeiter, die von der Bevölkerung als »Gauchisten« bezeichnet wurden, regelmäßig zu uns. Sie hatten ihr Hauptquartier in den Kellern eines in der Nähe gelegenen Wohnblocks aufgeschlagen und sich vorgenommen, beschäftigungslose Jugendliche (Arbeitslose, entlassene Strafgefangene, Psychopathen) dazu anzuregen, selbst etwas zu organisieren; für diesen Zweck war ihnen eine Baracke zur Verfügung gestellt worden. Aber die Jugendlichen erwarteten konsumierbare Freizeitangebote von den Erwachsenen, selbst hatten sie keine Ideen, auch keine politische Meinung. Sie waren gegen die Arbeit, gegen das Leben in Stadtrandgebieten, gegen die Schlafstädte. Ihrer Ansicht nach war gar nichts möglich, nicht einmal ein Traum. Die Sozialarbeiter haben sich vom Gewicht der allgemeinen Trägheit, Indifferenz und Resignation besiegen lassen und den Versuch nach einem Jahr aufgegeben.[213]

Und doch hatten einige der älteren Kinder von Bonneuil diesen düsteren Ort der Begegnung zeitweise stark besetzt. Paul fühlte sich mit den beschäftigungslosen Außenseitern unter seinesgleichen. Jacques trug Verachtung und Klassenüberlegenheit zur Schau (in Wirklichkeit wurde er von den Jugendlichen geschont, die sich diesem besuchsweise erscheinenden intellektuellen Bürgersöhnchen eindeutig überlegen fühlten). Irène fühlte sich in dieser Gruppe besonders wohl; ob sie wegen der Jungen aus der Gegend dorthin kam oder wegen der Sozialarbeiter,

[213] Die Jugendlichen von Bonneuil wurden von zwei Seiten angeregt; einerseits von dem, was sich im Umkreis der Sozialarbeiter entwickelte, an einem Ort in der Nähe der »Schleifmühlen«, und andererseits von den Aktivitäten, die die Gemeinde Créteil in Mont-Mesly organisierte.

Zwei Welten standen sich gegenüber, die eine polarisierte die Unordnung, die Gewalt, den Mythos des Verbrechens, die andere die keimfreie, geordnete bürgerliche Welt. Das Gefühl der Einsamkeit, das der »Scheinheiligkeit« war in beiden vorhanden. Die einen gaben sich hart und zynisch, die anderen kultivierten die Illusion des gegenseitigen Verstehens. Was an Festen und kulturellen Aktivitäten organisiert wurde, blieb entweder vom Nichts markiert (dem Zustand der Verwüstung eines immer wieder zerstörten Ortes), oder es nahm jene Inauthentizität an, die den »anspruchsvolleren« Orten eigen ist. Bei beiden scheint die Administration alles so organisiert zu haben, daß »es« nicht spricht – und wenn »es« spricht, dann nur auf der Ebene des Symptoms. Dennoch, etwas von diesem Weg konnte später in Bonneuil gemeinsam mit den Kindern wieder aufgenommen werden. Wieder aufgenommen wurde das Drama, in einer »Scheinwahrheit« zu leben, die einen, wie manche sagen, in letzter Konsequenz »mutistisch« macht.

mit denen sie gern redete, ist nicht ganz klar. Es war kein wirklicher Interessenaustausch, eher ein Zusammenrotten von Einsamkeiten. Dennoch bedeutete die Abreise dieser Sozialarbeiter für uns den Verlust des einzigen wirklichen Bindeglieds zu Einwohnern der Gemeinde.

Das Kulturhaus von Mont-Mesly dagegen (das eine Zeitlang stärker von Erwachsenen der dritten Generation frequentiert wurde als von Jugendlichen) hatte große Mühe, das Vertrauen der Kinder zu gewinnen. Es war kein Ort der Begegnung, sondern ein nach dem Geschmack bestimmter Personen funktionierender, wohl organisierter Freizeitort. Die Jugendlichen »mit Problemen« schlossen sich selbst aus, als gehöre die Ordnung zu einer Welt, die nicht für sie geschaffen ist.

Die Jugendlichen schützten sich in der Tat vor dieser Außenwelt[214], und es dauerte seine Zeit, bis die Erwachsenen verstanden hatten, daß gerade die Außenwelt gegenüber dem Leben in der Institution als Pol der Anziehung und Auflehnung bevorzugt werden müßte.

Selbst wenn sie sich als Anti-Institution ausgibt, läuft die Institution immer Gefahr (wir können dies nicht oft genug wiederholen), das Modell der bürgerlichen Kernfamilie zu reproduzieren und sich mit kleinlichem Gehabe auf ihre Problemchen, ihre kleinen Sorgen und ihr kleines Glück zurückzuziehen. Diese »Maschine« verhindert nicht nur Leben, sie bringt sogar den Tod: zum Erstarren verurteilt, kann der Wunsch sich keinerlei konkreter Realisierung öffnen.

Von der Familie konditioniert, jedes Risiko zu meiden, reproduziert das Kind dieses Verhalten auch, wenn es anderswo ist. So macht Pauline sich beispielsweise auf den Weg zum Jugendhaus; plötzlich bleibt sie unentschlossen stehen; sie hat das Gefühl, daß sie sich mit so einem Körper nicht unter die »Normalen« wagen kann. Sie wiederholt diese Szene zu Hause und macht die Eltern zu Zeugen ihrer Ohnmacht und

[214] Ein Soziologe sagte mir: »Es ist falsch, wenn Sie die Innenwelt der Institution als Gegensatz zur Außenwelt begreifen. Die Außenwelt haben Sie sowieso (durch das Eindringen der Sozialversicherung etc.).«

Dieses Argument wird gewöhnlich vorgebracht, um mich darauf hinzuweisen, daß ich »an Ort und Stelle schon alles habe«. Wenn ich meine Blicke anderswo hinlenke, wenn ich Jugendlichen den Ausbruch aus einem Ort, den sie selbst als segregativ bezeichnen, erleichtern will, ist das nach Ansicht meines Gesprächspartners ein Beweis von Idealismus oder gar pfadfinderhaften Vorstellungen.

Deligny pflegt bei solchen Gelegenheiten zu sagen: »Ich habe in Institutionen gelebt, in denen es alles gab: eine Schule, eine Kirche, eine Kneipe, Gärten, Kühe und Schweine . . . alles, einschließlich des Leichenhauses. Das Leichenhaus gab es, aber keinen Friedhof.«

des Ausschlusses, in dem sie sich verliert. Zuweilen bietet sie sich geradezu als sozialen Abfall an; sie schafft sich ihre Isolierung selbst.
Insofern die Erwachsenen von Bonneuil sich keiner Aktivität der Gemeinde angeschlossen haben, haben sie alle teil an dieser Art Isolierung. Sie bilden eine privilegierte Insel, die zwar Zugang hat zu weiten Bereichen der Außenwelt (ausländische und französische Praktikanten), die aber abgeschnitten ist von den besonderen Problemen der Akademie von Val-de-Marne, den Sorgen der Gemeindeverwaltung etc. Das Einfügen der Schule von Bonneuil in das Leben der Gemeinde ist eine Aufgabe, die wir nicht zu Ende führen konnten.[215] (Die Verwaltungsbehörden, die nur von sich hören ließen, wenn sie uns behindern wollten, haben uns zeitweilig regelrecht im Stich gelassen.)
Als die Behörden die Arbeit der Älteren außerhalb der Schule untersagten, fühlten sich Kinder und Erwachsene wie verfolgt; ein anderer Effekt war der, daß der Gegensatz von »Innenwelt« und »Außenwelt« aufgehoben wurde, um in einer einzigen Szene aufzugehen, durchzogen von der Wiederholung, dem Effekt des Todestriebs, der jede Initiative lähmt. Bonneuil erschien als das große Theater in Kleinformat, in dem das Spiel der Gesellschaft sich wiedererkennt.
Der Diskurs der Administration fand ein Echo innerhalb der Institution; in entgegengesetzter Richtung, ebenfalls außerhalb der Schule, erhob sich ein anderer Diskurs, der des Protests (mit Unterstützung der Öffentlichkeit und der Presse; auch dieser Diskurs schlug sich auf seine Art im Innern der Institution nieder). Plötzlich tauchten zwei antagonistische Weltvorstellungen in der Institution auf[216], die divergierende ideologische Positionen enthüllten. Der Diskurs des Realitätsbezuges (und Ratschläge zur Anpassung an die Realität) wurden laut (im Gegensatz zu anderen Positionen, die als utopisch denunziert wurden). Die Aufhebung der Differenzen zwischen dem Subjektiven und dem Objektiven, die jeden Diskurs der Nivellierung kennzeichnet, hinterließ nichts als einen von aller Dialektik abgeschnittenen Ausdruck ohne Interpunktion. Es ist sicher nicht belanglos, daß die administrative (oder erzieherische) Macht sich stets bemüht, die Wahrheit, die in der beharrlichen Wiederholung des Symptoms ablesbar wird, über irgend-

215 Ein entsprechender Brief an den Bürgermeister blieb unbeantwortet.
216 L. Althusser, »La philosophie comme arme de la révolution«, in: *La Pensée,* Nr. 138, April 1968.

welche Umwege durch das zu ersetzen, was sie »Realität« nennt; im gleichen Zuge verurteilt sie sich selbst dazu, die Ohren vor jenem anderen Diskurs zu verschließen, den Marcuse als Dimension der Überwindung[217] bezeichnet.

Eine eindimensionale Welt konditioniert den Menschen in Richtung auf den passiven Konsum von Objekten (seien es reale Objekte, Freizeitobjekte oder Wissensobjekte); er wird fremd gegenüber dem, was ihn in seinem Leben betreffen müßte. In ihrer Sorge um Uniformität achtet die Administration der Erziehung im Laufe eines Diskurses nur auf dessen Ausgewogenheit (»heute morgen habe ich Kaffee getrunken, heute nachmittag ist es mir gelungen, mich allein auszuziehen«) und läßt sich all das entgehen, was darüberhinaus in einer Beziehung zur Wahrheit des Wunsches erkannt zu werden sucht. Im Feld der Sprache, das sich hier auftut, ist Reden nur möglich, wenn es auf Performanz oder Kompetenz ausgerichtet ist, die Dimension der Phantasie ist abgeschafft, die Bezugnahme auf einen Dritten (Projekte, Politik, etc.) verworfen.

Gleichwohl gibt es einen anderen Diskurs, der dem herrschenden beharrlich widersteht; er gerät in Konflikt mit der Unterrichtsverwaltung, die ausschließlich auf technische Arbeitsteilung im Dienste der bestehenden Gesellschaftsorganisation bedacht ist.[218]

Die Mitwirkung der Kinder an einer Arbeit außerhalb ist integrierender Bestandteil ihres Diskurses gegen eine Gesellschaft, die sie in das Ghetto der unangepaßten Kindheit abschiebt. In einer Phase, wo sie ihnen als unetabliert und verboten erscheint, repräsentiert die Arbeit beim Handwerker den ganzen Reiz der verbotenen Lust. Die Negation ist Voraussetzung für die Existenz des Wunsches. Der Anspruch auf Freiheit läßt sich in einer Arbeit realisieren, die nicht in die Schulgewohnheiten einer Arbeits-Gesellschaft integriert ist und Neid oder Eifersucht in der Geschwisterschaft oder unter Freunden erweckt (das verdiente Geld ermöglicht bestimmte Projekte, oder aber die aus der Arbeit gewonnene Lust kompensiert die Geringfügigkeit der effektiv verdienten Summe).

Die Gegenwart anderer Arbeiter indessen macht den Jugendlichen eine Disziplin bewußt, die sie als Zwang denunzieren werden, die aber in

[217] Vgl. Lucien Goldmann, *Kultur in der Mediengesellschaft,* Ffm. 1973.
[218] Rossana Rossanda, »Thèses sur l'enseignement«, in: *Il Manifesto,* Paris 1971.

Wirklichkeit nur eine der Natur der Arbeit inhärente Disziplin ist: Mechanik und Küche haben ihre eigenen Gesetze. Damit löst sich diese Art der Arbeit von der Dimension eines reinen Lust*bedürfnisses;* unter Einwirkung des Wunsches kommt es zu Spannungen und Ambivalenz. Um jedoch Zugang zum Wunsch zu finden (um imstande zu sein, ihn zu erhalten), muß man auch in der Lage sein, den entsprechenden Preis zu zahlen – und hier zeichnet sich ab, was (mitten im Herzen des Wunsches) aus der Ordnung der sogenannten Kastration stammt.

In dem Moment, wo Jacques auf die Grenzen seiner Lust stößt, demontierte Teile eines Autos wieder anzubringen (Grenzen, die dort liegen, wo die Verantwortung des Meisters gegenüber seinem Kunden beginnt), will er alles »fallen lassen«. Auf Bemerkungen der Arbeiter reagiert er plötzlich mit Anmaßung und Klassenverachtung. Solange er ein absolutes Recht auf Lust fordert, wird er weder die Hindernisse auf dem Weg zur Lusterfüllung bejahen noch den Gedanken zulassen können, daß ein anderer stärker sein könnte als er selbst. Auf der anderen Seite hat die Arbeit beim Mechaniker den Charakter einer Nebenbeschäftigung verloren; die offizielle Erlaubnis – die wir den Behörden schließlich doch noch abringen konnten – ist für Jacques der Beginn einer zweiten Phase im Kontext der administrativen Organisation oder gar der Pflicht. Der Reiz des Verbotenen ist einer Art Institutionalisierung des Randgeschehens gewichen. Für den Jugendlichen beinhaltet dies zugleich eine Rückführung. Abgeschnitten von einem bestimmten ideologischen Kontext (der Vorstellung, der Gemeinde einen Dienst zu erweisen, dem Gedanken des Austausches etc.), droht die Arbeit beim Mechaniker auf ein Schuläquivalent reduziert zu werden; kein Wunder, wenn das Symptom der Schulverweigerung nun auch an Orten der handwerklichen Arbeit auftaucht (und der politische Diskurs des Jugendlichen plötzlich in »kleinbürgerliches Klassenbewußtsein« umschlägt, das sich jeder Veränderung widersetzt). Von dem Augenblick an, wo es Jacques mißlingt, seine Freiheit in der Arbeit zu realisieren, hat er das Gefühl, man wolle ihm »seine« Freiheit rauben. Wenn die »reine Lust« nicht ohne Hindernisse erreichbar ist, wird die Arbeit im Namen ihrer »mangelnden Ernsthaftigkeit« zurückgewiesen. Nur die »freie« Arbeit ist ernst zu nehmende Arbeit. Da ihm nicht die volle Verantwortung für ein Auto übertragen wird, wirft Jacques dem Automechaniker vor, er habe ihn nur zum Spaß beschäftigt; von nun an fordert er den »Ernst« der Schularbeit.

Das Problem der Arbeit und dessen, was sich an Lust darin erhalten soll, ist keineswegs einfach. Der Jugendliche verlangt die Herrschaft über die von ihm begonnene Arbeit und stößt in diesem Bestreben unausweichlich auf bestimmte Grenzen; jenseits des realen Meisters gerät er in ein Gefangenschaftsverhältnis, er wird beschlagnahmt vom Bild des anderen. Bei diesem Typ von narzißtischer Beziehung zum anderen (die Lacan als Basis der aggressiven Spannung bezeichnet) besteht für das Subjekt stets eine Art fundamentaler Ambiguität und Instabilität, als würde es im Laufe einer Erfahrung mit dem anderen von Zeit zu Zeit vor die Wahl gestellt: er oder ich. So wird die Funktion der Bemächtigung von einem außerordentlich unsicheren Gleichgewicht heimgesucht. Dingen dieser Art werden wir immer dann begegnen, wenn wir den Jugendlichen der Prüfung durch das, was wir Realität nennen, unterwerfen. Als Effekt erhalten wir die Abwehr des Subjekts, eine Abwehr, die in letzter Konsequenz den Tod verbirgt (der Todestrieb ist immer dort am Werke, wo der Wunsch ins Spiel kommt). Aus eben diesem Grunde kann nur die Bezugnahme auf eine dritte Dimension (wie etwa die Arbeit, vorausgesetzt sie fungiert als Mittler in der Beziehung zum anderen) dem Subjekt dazu verhelfen, den Kampf mit dem Spiegel, zu dem es bei jeder aggressiven Spannung kommt, zu überwinden.

Was haben wir anzubieten? Funktion des Imaginären

Die Jugendlichen starten permanente Angriffe auf unsere ideologische Position; ihnen fehlt etwas, sie möchten einer Sache dienen. Aber »einer Sache dienen« hat nur auf der Ebene einer nationalen Berufung einen Sinn – sofern die nationale Berufung sich so versteht, wie Jacques es einmal ausdrückte: »jeder Gangster ist sich selbst der nächste«, ein Ideal ist überhaupt »nicht ernst zu nehmen«. Für Jacques, Pierre und Paul ist die Realität das Bild eines politischen Banditentums, in dem sie vollkommen aufgehen. Was die Erzieher dem entgegenzusetzen haben, der Traum von einer besseren, von einer gerechteren Gesellschaft, ist, so meinen sie, etwas für Pfadfinder. Die Kinder verlangen Ernsthaftigkeit, das geben sie uns gelegentlich zu verstehen. Der kollektive Diskurs

(Radio, Fernsehen), dem sie unterworfen sind, hält sie allzu oft in einer rein imaginären Auseinandersetzung, deren einziger Ausweg die Gewalt ist. Der Ernst, den sie verlangen, ist folglich nichts anderes als ein Reflex oder Schattenbild dessen, was sie beim Erwachsenen als »Gangstertum« bezeichnen.[219]

Das Schulsystem wie die professionelle Arbeit verlieren ihren Sinn, sobald sie zum Selbstzweck werden, sobald sie abgeschnitten sind von jeder Möglichkeit der Überwindung. Es besteht die Gefahr, daß ein Arbeiterkind den Erfolg als Verrat an den Interessen seiner eigenen Klasse empfindet; und, um mit Althusser zu sprechen, den »Klasseninstinkt« eines Kindes aus bürgerlichem Elternhaus zu »revolutionieren«, setzt eine Ethik voraus. Letztere geht zwar aus der Praxis hervor, doch das reicht nicht; ihre Effekte müssen vom kollektiven Diskurs, in den das Kind eingebettet ist, wieder aufgegriffen werden.

Heutzutage hat der Unterricht nur noch die eine Sorge, die Reproduktion der Rollen zu gewährleisten; doch der Student ist nicht einmal mehr sicher, leitender Angestellter zu werden.[220] Das Versprechen der Unterrichtenden (die Diplome) wird immer unglaubwürdiger. Die Jugend trachtet übrigens nicht so sehr nach sozialem Aufstieg, sie sucht vielmehr einen Lebensinhalt – ein Anspruch, dem wir in zunehmendem Maße ohnmächtig gegenüberstehen. Der Diskurs, dem die Jugend ausgesetzt ist, ist ein leerer Diskurs, bar jeden geistigen Inhalts. (Marx stellte schon 1867 fest, daß das Leben der Menschen der Welt der Dinge immer ähnlicher werde. Eine Transformation, sagte er, ist nur möglich, wenn die Individuen die Produktion in der Hand haben und das Recht besitzen, wirklich am politischen Leben ihres Landes zu partizipieren. Sie sind jedoch vom einen wie vom anderen abgeschnitten. Von Kindheit an lernt das Individuum, sein Schicksal denen anzuvertrauen, die qualifizierter sind als es selbst. Grund genug für Lenins[221] Äußerung, apolitischer Unterricht sei bürgerliche Heuchelei, bestellt zum Betrug der Massen.)

Das ganze Bemühen der Administration besteht gemeinhin darin, das Kind von dem abzuhalten, was es im realen Leben interessieren könn-

219 Sollte die Erziehung darin bestehen, den Kindern Toleranz gegenüber dem »Gangstertum« beizubringen? Furchtbare Probleme kommen da auf uns zu ...

220 Rossana Rossanda, *Il Manifesto*, Paris 1971.

221 Lenin, *Rede auf dem II. Gesamtrussischen Kongreß der auf internationalistischen Positionen stehenden Lehrer*, GW, Bd. 28, S. 418.

te. Die Organisation von Tageskliniken und verschiedenartigen »Behandlungs«-Zentren dient der Verschleierung der sozialen Realität. So kommt es vor, daß Kinder, die seit dem elften Lebensjahr im System der Parallelschulen (in Tageskliniken) »behandelt« wurden, mit sechzehn Jahren endgültig asozial oder pervers sind, da ihnen statt Erziehung in jungen Jahren eine massive Chemotherapie zuteil wurde. »Sie glauben an Examina, wir an die Erziehung«, mit diesen Worten beschrieb noch kürzlich der Direktor einer englischen Schule (die Unterricht sozusagen à la carte sowie landwirtschaftliche Arbeit etc. anbietet) die Situation. »Nichts gefährdet andere mehr (sagte der gleiche Mann), als ein Wesen, bei dem jede Lust abgetötet, jede Imagination ausgelöscht wurde.«
Die sogenannten »behinderten« Kinder (aber auch die Erwachsenen) sind den Fesseln eines Systems, in dem das gesprochene Wort mit einem Maulkorb versehen ist, noch stärker preisgegeben als die »normalen« – denn die Repression, die der Erwachsene erfährt, hinterläßt immer Spuren auf der Ebene des Kindes (die sich im Symptom äußern).
Was passiert im umgekehrten Fall, wenn die Ideologie den Todestrieb nicht herausfordert? Die Fremden, die nach Bonneuil kommen, wundern sich besonders über die Ruhe, die dort herrscht.
Oder man fragt uns: »Wie stellt ihr es an, daß es hier kein Parasitentum gibt?«
Nun, der Wunsch nach Parasitentum entfällt, wenn der Psychotiker eine Möglichkeit findet, seinen Wunsch (den Wahn) unter Einbeziehung der Außenwelt mit einer sozialen Realität (sei es die Küche, das Basteln oder die Mechanik) in Einklang zu bringen. Ist dies nicht möglich, muß eine Dimension der Flucht im Imaginären oder im Realen (weglaufen) zugänglich sein (das Eindringen des Erwachsenen in die Welt des Autisten hindert diesen, sein abschirmendes Universum der Taubheit zu verlassen).
Die Ächtung des Imaginären führt zu einer Situation, wo der Wahn sich im Realen entfalten muß. Wenn es stimmt, daß die Unfähigkeit, sich ans Reale anzupassen, durch eine Begünstigung der Welt der Vorstellung gegenüber der der Produktion nur noch verstärkt werden kann, muß man ebenfalls berücksichtigen, daß die Realität der Arbeit nur in einem Kontext gewünscht wird, in dem auch auf einer Anderen Szene (der Theaterszene) etwas gesagt und gespielt werden darf. Manche

möchten die Theaterszenen zugunsten der Fabrik zerstören; sie vergessen, daß die Misere unserer Zeit mit der wachsenden Anonymität (und der administrativen Konzentration) zusammenhängt. Die psychotischen Jugendlichen brauchen zuweilen eine Möglichkeit, den für sie geschaffenen Institutionen zu entfliehen, da sie im Realen eine Ortsveränderung suchen, die ihnen auf der Ebene des Imaginären verlorengegangen ist. Manchmal müssen sie sich (an einem »unbewohnten« Ort) mit den Kieseln versöhnen, ehe ihnen eine Welt zugänglich wird, in der die an Zerstörung gewöhnten Hände endlich nach Produktion verlangen.

Mehr als jeder andere ist das sogenannte »behinderte« Kind (aber auch der Erwachsene) der Gefahr einer »Kolonisierung« ausgesetzt. Das Internatswesen verstärkt dieses Risiko, indem es die Effekte der Segregation verstärkt.[222] (Die Lehrer haben die Aufgabe, das Kind an seine »Grenzen« anzupassen. Wie eine Verschwörung trägt alles dazu bei, die Klasse der »Behinderten« zu erzeugen und zu bewahren – als wäre sie für die Gesellschaft notwendig.)

Deshalb wurde das Konzept des Internats in Bonneuil rasch wieder fallengelassen und einer anderen Lösung zugeführt: die Kinder, die abends nicht in ihre eigene Familie zurückkehren konnten, wurden von Gastfamilien aufgenommen. Der Zugang zu verschiedenen Orten ist den Kindern ein so dringendes Bedürfnis, daß manche Autisten zu sprechen begonnen haben, um zu zeigen, daß sie darauf *warteten,* abgeholt zu werden. Wir hätten eine Unterbringung der Jugendlichen in Arbeiterwohnheimen vorgezogen (das hätte ihnen die Möglichkeit gegeben, sich den Effekten einer Kleinfamilie zu entziehen); aber die Administration war dagegen. Die Administration benimmt sich – wir können es gar nicht oft genug wiederholen – wie die *Mutter eines Psychotikers,* sie bremst jede Innovation. Technokratische Macht hat den Platz eines wissenschaftlichen Diskurses eingenommen.

[222] In diesem Zusammenhang sollte man sich daran erinnern, daß die Schüler im 16. Jahrhundert bei den Bürgern der Stadt wohnten und das Leben von *erwachsenen Junggesellen* führten. Erst im 18. Jahrhundert entstand der Gedanke des Internats. Es war auf Segregation ausgerichtet, das Kind sollte in die Welt der Kindheit eingesperrt werden. Das Internat sollte die Kinder zu den Kindern machen, die die Gesellschaft brauchte. Im 19. Jahrhundert hat die Gattenfamilie die Nachfolge angetreten und die in den Schulen übliche moralische Befriedung übernommen. Vgl. Ph. Ariès, *Geschichte der Kindheit,* München, 1975.

Anläßlich der Veröffentlichung eines »offenen Briefs an die Minister« konnten wir die Solidarität der Öffentlichkeit ermessen, die unseren Problemen (Weigerung der Administration, den Jugendlichen das Recht auf ein Praktikum in der Welt der Arbeit zuzugestehen) zuteil wurde. Wir alle fühlen uns von dem Problem der verlängerten Schulpflicht betroffen (schreiben Lehrer, Ärzte, Psychologen und Eltern).[223] Es gibt eine ganze Kategorie von Kindern, denen eine frühzeitige Berufsausbildung am Arbeitsplatz selbst sehr entgegen käme.

Die Schulverweigerung ist für bestimmte Kinder paradoxerweise eine Weigerung, sich einer Situation auszuliefern, wo man nichts lernt, was im Leben nützlich sein könnte. Außerhalb der Schule speichern die Kinder Kenntnisse auf; in der Schule lernen sie, sich wie gezähmte Tiere in vorgeschriebenen Bahnen zu bewegen (das Kind wird konditioniert, »sich in seine Grenzen zu fügen«, es wird ihm nicht geholfen, diese angeblichen Grenzen zu sprengen). Jede außerschulische Erziehung dagegen wird, wie Illich zeigt, ein Verstoß gegen die Legalität. Die Schulen, sagt er, indoktrinieren das Kind, damit es das von den Lehrern repräsentierte politische System akzpetiert; zugleich beeilt man sich, unpolitischen Unterricht zu proklamieren.

Die heutige Jugend will keine Indoktrinierung, sie will Lebensinhalte. Die ganze Konzeption der Erziehung wäre neu zu überdenken. Aber schon die Berührung dieses Problems ist geradezu ein Angriff auf eine Religion. Eine Innovation ist allerdings schwer zu bewerkstelligen, ohne die Institution Schule anzutasten – denn genau um sie geht es (Innenarchitektur verändert nichts an der Grundlage des Problems). Diese Situation erinnert in vielen Punkten an den Kontext der institutionellen Psychiatrie in Frankreich; die Forschung in diesem Bereich war in dem Maße begrenzt, in dem der Diskurs der beteiligten Psychiater Garant der Institution (und der Psychiatrie) bleiben sollte. Ein ganzes

[223] Ein Lehrer schreibt: »Es ist erstaunlich, daß die (normalen) Kinder nach ein oder zwei Jahre Schulbesuch erheblich ›kaputter‹ sind als beim Schuleintritt. Es scheint mir evident, daß die normale Schule ihnen nicht nur absolut nichts bringt, sondern daß darüber hinaus ihre ganzen psychischen Mechanismen durcheinanderkommen. Ich habe den Eindruck, daß das ›Klassen‹-Milieu für diese Kinder ein feindliches Milieu ist ... Die Bedingungen, die ihrer Entwicklung entgegenkämen, können sie nur dann finden, wenn sie, eingebettet in eine Gesamtheit von Aktivitäten, die nicht als künstlich empfunden werden, wahre Dinge tun; das heißt, in einer Werkstatt, in einem Büro (draußen) ... Ich bin überzeugt, daß die unterschiedslose Schul-Rekrutierung der Kinder bis zum 16. Lebensjahr für mindestens 5 % der ›Normalen‹ schädlich ist.«

Praxisfeld wurde dadurch pervertiert: Richtungsweisend ist zur Zeit eine immer stärker um sich greifende Vereinnahmung von nicht-medizinischen Problemen durch die Medizin.[224]

Ort des Lebens, Ort der Ausbildung

Die Arbeit mit sogenannten schweren psychiatrischen Fällen (aber auch mit »normalen« Kindern, die sich gegen das »System« auflehnten), die in Bonneuil geleistet wurde, eröffnet ein neues Forschungsfeld im Bereich der Erziehung. Diese Forschung will nicht etwa als Garant der Institution fungieren, im Gegenteil, sie will sie sprengen.
Obwohl die Psychoanalyse uns in Bonneuil eine Orientierung vermittelt hat, wurde sie nicht im Sinne einer psychotherapeutischen Technik benutzt. Manchmal empfinden die Kinder das Bedürfnis, mit einem Analytiker zu sprechen; solche Gespräche finden immer außerhalb der Schule statt; auch der Nachhilfeunterricht für den einen oder anderen wird nur von Studenten[225] außerhalb der Schule erteilt. Auf diese Weise

[224] Die Abwertung des Psychologenstatus (durch den Erlaß von Dezember 1971) läßt die ideologische Richtung ahnen, die der Forschung in Zukunft gegeben werden soll (wichtige Arbeiten wie die von Michel Foucault sind für die Administration, die die »Behandlung« und »Reedukation« nach den wissenschaftlichen Kriterien des vergangenen Jahrhunderts organisiert, toter Buchstabe geblieben).
Der 6. Plan sieht die Einrichtung von medico-repressiven Würgestrukturen für den ganzen Bereich der Kindheit vor. Der Begriff der »Behandlung« erreicht nun endlich auch die Arbeitswelt, wo ein spezielles Ausbildungssystem eingerichtet wurde, das die Effekte der Segregation verlängern hilft.
[225] Bruno und Nathalie Mannoni in der Zeit, als sie noch Studenten waren. Ein Student, der mit dem Volksschulunterricht gar nichts zu tun hat, erträgt die Zwänge des Programms genauso wenig wie sein Schüler. Es kommt sogar vor, daß er sich fragt, durch welche Gnade er, der tadellose Student, der »Debilität«, unter der sein Schüler leidet, entkommen konnte. Ist das nicht, so fragt er sich, für das Kind die einzige Möglichkeit, der (tödlichen) Langeweile eines vom Schüler (und von seinem Lehrer) als vollkommen verjährt und absurd empfundenen Programms zu widerstehen?
Der Schüler ist es, der ihm seine Frage beantwortet.
Ein Schüler, der mit vierzehn Jahren (trotz zahlreicher Versuche der »Reedukation«) noch nicht das Niveau der 4. Klasse erreicht hat, wird sich den Problemen erst dann öffnen, wenn man ihm das Recht und die Mittel gibt, das, was wir unter Wissen verstehen, radikal zu kritisieren. Wenn er etwa die Möglichkeit hat, beim Handwerker zu arbeiten, wird er aus seiner Praxis heraus die für seine Ausbildung und sein Überleben notwendigen Fragen von selbst stellen (wie etwa die Frage nach der Berechnung der 12 % Trinkgeld, damit er nicht »übers Ohr gehauen wird«). Es gibt eine Frage, die er ganz sicher nicht ausläßt: »Warum braucht man so viele Jahre, um auf komplizierte Art die einfach-

wird den Kindern die Möglichkeit gegeben, außerhalb der Institution vielfache Übertragungen in Gang zu setzen und so der Falle zu entgehen, die jede Institution (Familie, Schule etc.) darstellt, deren Kern das Kind ist.

Die meisten Erwachsenen von Bonneuil sind nicht in Analyse, erfahren jedoch durch die Effekte eines bestimmten, dort ablaufenden Diskurses erhebliche Veränderungen.[226] Besonders wichtig war die Rolle von Rose-

sten Dinge zu lernen? Wo ist die Mystifikation und wer profitiert davon?« Natürlich wird man uns sagen, daß nur »Debile« oder »Psychotiker« derartige Fragen stellen . . .

226 Der Eintritt in die institutionelle Szene vermittelt sich bei jedem einzelnen durch seine eigene Phantasie (auch wenn die Institution sich als Anti-Institution ausgibt). Die Realität eines jeden (die Realität, die dem Lustprinzip unterworfen ist) muß in ihrer Wiederholung erfaßt werden, damit die Wahrheit des symptomatischen Diskurses freigelegt werden kann. Die Erwachsenen sehen sich veranlaßt, ihre Geschwisterkämpfe auf der Szene der Institution zu reproduzieren, ihre persönlichen Schwierigkeiten dorthin zu transponieren, oder sogar unbewußt »Behandlung« zu verlangen. Von diesem »Psy-Bad« (dem in jeder Institution vorhandenen imaginären Diskurs) versuchen wir uns durch eine Beziehung zur Arbeit und zur Forschung freizumachen. Eine bestimmte Beziehung zur Arbeit (die theoretische Praxis) dient als drittes Element und erlaubt, die Effekte eines Todestriebes, der überall dort gegenwärtig ist, wo der Wunsch im Spiel ist, zu vermeiden. Wenn die Individuen in einem imaginären Spannungsknoten gefangen sind, wird die Beziehung zum Wissen blockiert und pervertiert. (Hier sind übrigens Anzeichen von Mechanismen zu erkennen, die gewöhnlich bei Kindern vorkommen, Anzeichen von Abwehrmechanismen, die den Namen »Schulhemmung« oder »Debilität« tragen.) Es ist wichtig, den Sinn einer Arbeit (die ihren Stoff nicht allein von den »kranken« Kindern beziehen darf) und den Sinn einer Botschaft (die nur dann einen Sinn hat, wenn sie über die Interessen einer Berufsgruppe hinausgeht) auch jenseits von Personen zu bewahren. Die Vielfalt der Versammlungen und der Kontakte zur Außenwelt (die Begegnung zwischen Lefort und anderen Behandelnden, zwischen Fedida und anderen Studenten) haben uns ermöglicht, den lähmenden Effekten des institutionellen Rahmens zu entgehen.

Weil wir aus Bonneuil kein »Roger'sches« Theater gemacht haben, wo sich das Drama der »blockierten Kommunikation« der Erwachsenen abgespielt hätte, konnten wir das Pathologische auf ein anderes Niveau transponieren, es auf die Ebene eines kreativen Tuns verlagern und so die Verdinglichung und den Kult des Symptoms vermeiden (die Effekte einer solchen Position lassen sich an der Dynamik der Kinder ablesen, einer Dynamik, die zwangsläufig blockiert wird, wenn die sogenannte »gesprengte« Institution sich nach dem Modell der Familie in eine Mikrogesellschaft verwandelt und den gleichen, von Konflikten und Geheimnissen geprägten Diskurs befördert).

Die Studenten (die im Laufe der Jahre keine Studenten mehr waren) hatten immer die volle Verantwortung für das, was sie tun wollten. Eine stabile Gruppe ist fast vier Jahre lang bei uns geblieben, und mit den Elementen dieses Kerns müßte es eigentlich möglich sein, andere Bonneuils zu schaffen. Aber damit stoßen wir auf ein ökonomisches und politisches Problem, denn diese Art von Unternehmen am Rande der Institutionen kann nicht generalisiert werden, ohne die herrschenden administrativen Strukturen umzustürzen, ohne die ökonomische Verwaltung der Institution in Frage zu stellen, eine Verwaltung, die nicht (ohne unangenehmen Effekt) aus dem Feld des Analytikers herausgehalten werden kann.

Marie und Yves Guérin, die in den schwierigsten Situationen immer das rechte Wort gefunden haben. Beide hatten kaum eine Berufsausbildung, aber beide hatten einen anderen Vorzug: sie waren nicht deformiert und fühlten sich im Reich der verrückten Kinder von Anfang an auf sicherem Boden. Ungekünstelt und ohne großes Aufheben sind sie mit ihrer Position als Verantwortliche gut zurechtgekommen.[227]

Damit wird auch das Problem der Ausbildung in seinem ganzen Ausmaß deutlich.[228] Der Haupteffekt administrativer Hierarchie ist der,

Die Kleinhändler und Handwerker, aber auch die, die sich bei der Verwaltung einer Institution nach dem Vorbild der landwirtschaftlichen Familienbetriebe richten (und sich in der Tat in einer Ausbeutungssituation befinden) befürworten nach dem Motto »jeder für sich und keiner für die anderen« gewöhnlich (und sofern sie kein Klassenbewußtsein haben) nur begrenzte Reformen. Wie Lukacs zeigt, »verdoppeln die ideologischen Bajonette die realen Bajonette des Staates«. Es wird ein ganzes Konzept der Ordnung interiorisiert, dessen Effekte von den Mitgliedern des Teams als Gewalt erlebt werden können. Die Untersuchungen von S. Benhaim zeigen, daß das angeblich in einer Institution »Erlebte« sich nicht in ausschließlich psychologische oder soziologische Termini übersetzen läßt. Die Wahrheit dessen, was man als »Erlebtes« bezeichnet, verweist auf die ökonomische Realität der Institution, und zwar insbesondere dann, wenn ein Druck ausgeübt wird, um eben diesen ökonomischen Bereich der Forschung zu entziehen. Der »Psy-Diskurs« kann dann nur noch als Gewähr dessen dienen, *was versteckt gehalten werden muß*. Das ist es, was die Administration von »Psy« erwartet. Wird einer widerspenstig, erhält er zur Antwort, er »überschreite seine Position als Analytiker«. Sollte die Psychoanalyse heutzutage einen stärkeren Beruhigungseffekt auf die Administration ausüben als die Wirtschaftswissenschaften?

[227] Damit das Haus mit seinem außerordentlich geringen Budget überhaupt lebensfähig blieb, mußte Yves Guérin die Funktionen des Chauffeurs (der morgens um 6 Uhr aufsteht, um die Kinder mit einem Bus abzuholen), des Erziehers, des Gärtners, Tischlers und Verwalters (der die Kontakte zu allen administrativen Instanzen aufrecht erhält) auf sich vereinen. Um den administrativen Schikanen zu begegnen, mußte auch Rose-Marie Guérin die Funktionen, die sie liebte (als Erzieherin), zugunsten einer sterilen, bürokratischen Verwaltungsarbeit zurückstellen (von dieser Arbeit hingen nicht nur alle »Annehmlichkeiten« ab, sondern auch die Gesundheits- und Sozialbeihilfe, die direkt an die Eltern gezahlt wurde).

Die Menge der Arbeit, die den beiden aufgebürdet wurde, hat sie schließlich in eine Situation gebracht, die man nur noch als Verfolgungssituation bezeichnen kann: sie waren die Ausgebeuteten. Durch diese Situation haben wir uns die Kritik bestimmter Soziologen zugezogen, denen unsere Probleme nur oberflächlich bekannt waren.

Wenn das Ehepaar Guérin eine Forderung hatte, dann nicht die, mehr Geld zu verdienen, sondern – auf der Grundlage eines gesicherten Existenzminimums natürlich – die nach einem gleichen Anteil am Arbeitsinteresse selbst. Die von der Administration diktierten Zwänge hatten die Tendenz, Yves und Rose-Marie Guérin in einer Routinearbeit zu entfremden; zeitweise vermittelten sie ihnen sogar den Eindruck, die Institution hätte ihr Leben konfisziert.

[228] Können die Erzieher sich überhaupt auf Dauer gegen eine Deformation schützen, die speziell mit der Funktion des Erziehers zusammenhängt? Wenn ja, zu welchem Preis?

daß den Leuten der Zugang zum Wissen versperrt wird – und das bleibt nicht ohne Nachwirkungen, wenn eben diese Erwachsenen Kinder zu betreuen haben. Kann der Erwachsene überhaupt anders, als das Kind in seine vorgegebenen Grenzen zu verweisen, wenn er seinerseits darauf gedrillt ist, sich in »seine Grenzen zu fügen«?
Die Perfektionierung der zunehmend spezialisierten und anonymen administrativen Strukturen droht das Leben so weit unter Kontrolle zu bringen, daß eines Tages nur noch zugelassen ist, was vom Computer vorprogrammiert ist.
Immer mehr Unterrichtende, Behandelnde und Studenten suchen nach Wegen, Berufe, die sich der aktuellen Situation zunehmend entfremden, neu zu bestimmen. Seinem Beruf einen neuen Inhalt geben heißt nichts anderes, als die Strukturen, in denen wir (gemeinsam mit Schülern und Patienten) gefangen sind, in Frage zu stellen. Vielleicht ist die Tatsache, daß unsere Arbeit uns heutzutage keinen Raum mehr zum Leben läßt, der Grund, weshalb in Frankreich immer mehr Orte der Begegnung entstehen (im Gegensatz zu Orten der »Behandlung«), Orte am Rande der etablierten Gesellschaft, die eine weitergehende Befragung der Gesamtstrukturen möglich machen. Eines Tages wird sich dies zweifellos in der Politik, der Erziehung, der Psychiatrie und der Ökonomie, den Stützpfeilern jenes Gleichgewichts, dem wir unterworfen sind, niederschlagen.[229]

Wenn nein, weshalb? Diese wichtigen Fragen können nur dann geklärt werden, wenn man sich bemüht, die für eine kontinuierliche Infragestellung notwendigen Bedingungen aufrecht zu erhalten.

[229] Unsere Gesellschaftsordnung basiert auf einer Hyperspezialisierung, die wiederum für eine in zunehmendem Maße in sich geschlossene Arbeitsteilung, Funktionsteilung und Hierarchie verantwortlich ist. Wie M. A. Macciocchi bemerkt, werden den Technokraten, die die Gesellschaft verwalten, alle Vollmachten erteilt, wo es eigentlich »sozialer Kompetenz« und einer Umwälzung der Strukturen bedürfte. Nur ein Bruch mit dem aktuellen Kristallisationsprozeß der bürokratischen Strukturen kann den erfinderischen Fähigkeiten, dem Enthusiasmus der Massen einen neuen Anstoß geben.
Maria Antonietta Macciocchi weist außerdem darauf hin, daß das Problem nicht so sehr ein Problem der juristischen Modifikation der Eigentumsform (Übergang vom Privateigentum zum Staatseigentum) ist; vielmehr müßte den Arbeitern eine reale Initiative in einem weniger entfremdeten Produktionsprozeß gegeben werden.
Allein die Einrichtung des französischen Verwaltungsapparates im Bereich des Erziehungs- und Gesundheitsministerium reicht aus, um Unterrichtende und Behandelnde in Positionen der Verantwortungslosigkeit zu treiben. Man vermittelt ihnen eine Illusion der Autonomie, doch in der Realität sind alle Auswege blockiert. In jeder verwalteten Welt entsteht (genau wie in den Familien der Psychotiker) ein Gewaltpotential. Vgl. M. A. Macciocchi, in: *Tel Quel,* Nr. 48/49.

IV. Forschungsbeiträge

Ein Buch sollte sich nicht selbst den Status eines Textes zusprechen, auf den es die Pädagogik und die Kritik ohne weiteres herabzusetzen verstehen; es sollte die Ungeniertheit haben, sich als Diskurs vorzustellen, als Schlacht und Waffe, Strategie und Schock, Kampf und Trophäe oder Verletzung, Umstand und Spur, irreguläre Begegnung und wiederholbare Szene zugleich.

Michel Foucault

7. Robert Lefort: Diskurs der Institution und Subjekt des Diskurses

Was über die Institution[230] gesagt und geschrieben wird, ist meistens eher durch den Wunsch motiviert, sie zu verteidigen (oder zu zerstören), als durch die Sorge, den Platz zu bestimmen, von dem das Sprechen ausgeht; letzteres aber würde erlauben, jene Rede ans Licht zu bringen, die die Institution zu verwerfen sucht.
Wir wollen versuchen, uns der Frage nach dem Diskurs der Institution über einen theoretischen Umweg zu nähern, dort anzusetzen, wo eine Kritik im Vorfeld jeder Praxis erfolgen kann, obwohl die Theorie, wie Foucault bemerkt, auch Praxis ist, »aber eine lokale, regionale, keine totalisierende; ein Kampf gegen die Macht, ein Kampf, der sie dort zum Vorschein bringen und angreifen soll, wo sie am wenigsten sichtbar und am verfänglichsten ist.«

Die Macht der Institution verfälscht jedes therapeutische Vorgehen; das wird in jenen Fällen deutlich, wo die Eltern eigens von der Institution genötigt werden, sich einer bestimmten Reflexion über die Beziehung zu ihren Kindern anzuschließen. Im allgemeinen beschränkt sich jeder Aufklärungsversuch auf den Ausdruck einer Rivalität zwischen zwei Institutionen: der Familie und der medizinisch-pädagogischen Institution – wobei die Macht der letzteren den Zugang zu dem angestrebten Wissen versperrt und es verkrüppelt. Unbewußt erfolgt eine Verschiebung zu der Frage nach der Ausübung dieser Macht. In dem Maße, in dem die Eltern sich ausgeschlossen fühlen, sind sie voller Mißtrauen, ob sie der Institution nun mit Respekt oder mit Auflehnung begegnen. Bestenfalls können sie sich dem Traum hingeben, durch mehr oder weniger starke Identifikation mit der Institution an deren Macht teilzuhaben, denn die Macht der Institution ist genau die, die sie als Erzieher ihrer Kinder auszuüben sich erträumt hatten.
Unter diesen Bedingungen hat der analytische Diskurs kaum eine Chance, sich zu erhalten; die Widerstände, denen er begegnet, stehen im

[230] Die Institution Psychiatrie, Schule, Psychoanalyse oder Familie.

Dienste der Macht, so daß die Psychoanalyse sich einzig einer Wissenschaft verpflichtet sieht. Wenn es dem Analytiker innerhalb der Institution gelingt, im Laufe eines Einzelgesprächs einen Teil der Wahrheit auf der Ebene des Subjekts des Unbewußten wiederherzustellen, können die Reaktionen auf die nun folgenden Auswirkungen der Enthüllungen nur Reaktionen eines institutionellen Milieus sein, die von dem Verlangen absorbiert sind, etwas über den anderen zu erfahren, das heißt von der Absicht, den »Behandelten als Studienobjekt zu benutzen«. Ungeachtet der Veränderungen, die im Bereich der Organisation oder der Funktion erfolgen mögen, betrachtet das Kollektiv der Institution die Individual- oder Gruppenpsychotherapie im großen und ganzen als Mittel, »etwas über das Subjekt zu erfahren«; entsprechende Informationen werden dann in den klassischen »Fall-Besprechungen« weitergegeben. Vergebliches Wissen, das den Vorteil, der ihm durch das Aufkommen des Sprechens hätte zuteil werden können, auf immer verspielt hat (dies gilt sowohl für den Analytiker in seiner Praxis als auch für das Subjekt in seiner Suche); denn das Sprechen stirbt, kaum daß es geboren ist, in einem Diskurs, der seine Wirkungen auf psychologischer, psychiatrischer oder gar nosographischer Ebene verwirft. Wenn wir dies in Hinsicht auf die medizinisch-pädagogischen Institutionen sagen, sollten wir nicht vergessen, daß die Institution Familie uns seit langer Zeit mit den gleichen Schwierigkeiten konfrontiert.
Auch in der Institution Familie besteht die Tendenz, daß die von den Eltern zum Ausdruck gebrachte Wissensbegierde danach, etwas über ihre Kinder zu erfahren, das eigentliche unbewußte Problem ausspart. Ein solches Problem ist beispielsweise das »Symptomkind«[231], das diesen seinen Platz nicht verlassen kann, ohne das gesamte Familiengleichgewicht in Frage zu stellen; oder aber der Abbruch der Psychotherapie eines Kindes, sobald es einen Punkt erreicht hat, wo es über den unbewußten Familiendiskurs und die Unterstützung, die es ihm unfreiwillig zukommen läßt, nachzudenken beginnt.

Ein besonderer Fall soll uns zur Illustration dessen dienen, was durch die Wissensbegierde ausgespart wird und was sich in jeder Institution einschließlich der Familie zwischen dieser Begierde und der Wahrheit des Subjekts artikuliert.

[231] Vgl. F. Dolto, *Der Fall Dominique,* Ffm. 1973.

Vincent kam in Begleitung seiner Eltern wegen Verhaltensstörungen und Schulversagen in meine Sprechstunde. In seiner Klasse gilt er als besonders schwierig, weil er sich immerfort wie ein Erwachsener aufführt; durchgängig alles, was sein Leben als Kind betrifft, Spiele, Beziehungen, das Lernen für die Schule, ist vom Mißerfolg gezeichnet. Es sieht so aus, als könne er nicht an seinem Platz als Kind und Sohn leben, als wäre er gezwungen, die Rolle eines Erwachsenen zu spielen – symptomatischer Ausdruck eines unbewußten Wunsches, der nicht der seine ist. Sogleich verkündet er seinen eigenen Wunsch: »Was mich interessiert, ist, was vor meiner Geburt war; ich möchte Paläontologie machen.« Vor seiner Geburt war folgendes geschehen: der Vater des Vaters hatte seinen Posten aufgegeben, er hatte seine Familie verlassen, als der Vater noch keine zehn Jahre alt war. Der Vater hatte die Trauer um seinen eigenen Vater nicht bewältigen können und unbewußt Vincent auf den leergelassenen Platz berufen, indem er ihn durch die Zuweisung einer Erwachsenenposition sich selbst entfremdete und, was noch schlimmer ist, in ihm einen Versager sah ... ebenso wie in dem Großvater. Vincent war in einer Wiederholung gefangen, und zwar genau auf der Ebene, wo das Unbewußte als der Diskurs des Anderen erscheint. Das Wissen, über das Vincent verfügte, reichte so weit, daß er schon in diesem ersten Gespräch verlauten ließ, sein Verhaltensproblem sei gar nicht so gravierend, eine Art Zeitvertreib, um die wahre Frage, die seines Vaters, zu verdecken. Der Vater war zwar willens, etwas darüber zu erfahren (wie es auch bei den Verwandten psychotischer Kinder der Fall ist), doch hatte er sich seiner eigenen Frage durch eine Verschiebung entledigt, die Vincent von seinem Platz in der Nachkommenschaft vertrieben hatte, indem sie den Sohn auf den Platz des Großvaters verwies. Das Wissen hatte einen merkwürdigen Effekt: es war anscheinend zu überstürzt aufgekommen und so brutal in die Nähe gerückt, daß Vincent nicht wiederkommen konnte und am Tag der zweiten Sitzung ausriß; diese spezifische Art des Wissens hatte Vincent, sozusagen ohne daß er es wußte, veranlaßt, die wesentliche Auseinandersetzung in Angriff zu nehmen, die Auseinandersetzung mit dem Tod auf der Ebene der Generationen, anders gesagt, die Frage nach dem toten Vater.

Genau bei diesem Problem hat Lacan eingesetzt; er hat es scharf herausgearbeitet und in seiner Lehre den Schlüssel geliefert, der dem Subjekt Eingang ins Symbolische verschafft; dies geschah in direkter Weiterführung des Freudschen Vorgehens, bei dem der Mythos des Vatermordes im Mittelpunkt steht. Muß es noch einmal wiederholt werden, daß das Subjekt über den Umweg des es konstituierenden Signifikanten von der Kastration gezeichnet aus dieser unbewußten Auseinandersetzung hervorgeht und dadurch Zugang zum Wunsch findet? Es muß tatsächlich wiederholt werden, denn es ist Gegenstand einer Verkennung – aber wer verkennen sagt, sagt auch erkennen. Und das Paradox der Wahrheit will es, daß die Kastration dann ins Reale zurückkehrt, wenn man sie so sehr verkennt, daß man nichts mehr von ihr wissen will, bzw. daß der Wahn an die Stelle dessen tritt, wovon man nichts wissen wollte – und auch dies ist eine Form des Erkennens, denn der Wahn tritt nicht an den Platz des Objekts, sondern an den Platz des Mangels. Der Mensch ist nicht so sehr auf der Suche nach einem Objekt als vielmehr auf der Suche nach einem Mangel, der der Garant seines Wunsches sein wird. Was diesen Mangel verursacht, anders gesagt, wer Agent seiner Kastration ist, ist ihm ziemlich gleichgültig. Wenn es theoretisch gesehen der symbolische Vater ist, können in der Funktion der signifikanten Struktur des Subjekts selbst andere Repräsentanten als Agenten dieser Kastration auftauchen. Das soll nicht heißen, man könne auf einfältige, imaginäre Art und Weise jede Autorität vom Schulmeister über den Polizeibeamten bis zum Minister mit dem »symbolischen Vater« identifizieren. Aber das Imaginäre gestattet dem Subjekt unter Wahrung all seiner Rechte, seine Aggressivität bezüglich verschiedener Repräsentanten der Autorität auszuüben oder gar eine theoretische Gegenposition zu beziehen und dadurch in Handlung umzusetzen, was bisher verschwiegen wurde: die symbolische Dimension des Vatermörders.

Daß die Kastration und der Tod das Subjekt im Grenzfall in der Ordnung des Signifikanten ansiedeln und Wirkungsursache seines Diskurses sind, heißt natürlich auch, daß das Subjekt sich an dieser Grenze jederzeit ohnmächtig verlieren kann, als bloßer Träger einer Rede, die ihm entgeht, und dennoch in dieser Unbequemlichkeit, im Feld seines eigenen Wunsches, festgehalten wird. Doch der Wunsch ist Wunsch nach Signifikantem, also Kastrationswunsch; es sei denn, er produziert auf der imaginären Ebene seine eigenen Objekte, denn seit das Subjekt sein Spiegelbild empfangen hat, ist es definitiv davon markiert. Es weiß, und zugleich weiß es nicht, warum dieses faszinierende Bild nicht überwunden und ihm nur über diesen Kanal, den Blick des Anderen, vermittelt werden konnte: den Ankerpunkt, der das Subjekt auf den Wunsch des Anderen verweist und es zu dessen Signifikanten macht. Es kann diese Rolle tatsächlich spielen und sich bekanntlich in Komplizenschaft mit dem Anderen auch wohl darin fühlen, so wohl, daß es seinen eigenen Wunsch darüber verliert, wie etwa der Zwanghafte, der seine Neurose gegen diese Abgeschlossenheit konstruieren wird, oder der Debile, dem das Material für eine solche Konstruktion fehlt, oder endlich der Schizophrene, der gezwungenermaßen außerhalb des Feldes des Anderen ähnliche Versuche unternimmt. Es ist der Diskurs des Wahnsinns, dessen Wert entweder, da jenseits von Vernunft und Gesetz, für null und nichtig erklärt wird oder aber als »Rede der Wahrheit« (Michel Foucault) gilt – welcher Wahrheit?

Ist nicht vielleicht gemeint, daß der Diskurs des Wahnsinns, indem er sich auf sein eigenes signifikantes Material beschränkt, jenseits der Sinnhaftigkeit verschlüsselte Botschaften aussendet? Das Subjekt erscheint dabei als reiner Signifikant, nicht ohne beim anderen beängstigende Effekte der Enthüllung zu hinterlassen. Aber zugleich erscheint die Dimension des Diskurses als Wunschobjekt in all ihrer Reinheit, von allen Schlacken der Sinnhaftigkeit befreit, und restituiert das Bild eines Subjekts in der Nähe irgendeiner ursprünglichen Aphanisis.[232] Über diesen Umweg kommt der Wahnsinn zu seiner Wahrheitsfunktion, die jedoch als solche unhaltbar ist. Auch wenn der Ausdruck für kurze Zeit in den Vordergrund rücken mag, wird die Gegenwart des Subjekts, das ihn zum Ausdruck bringt, sehr bald zurückkehren und den Ausdruck durch eine Aussage übertönen. Der Diskurs ist nicht mehr reiner Ausdruck, er ist wieder Träger einer Suche nach Erkennbarkeit, nach einem Gehör jenseits der Vernunft. Es handelt sich also um eine Oszillation zwischen den zwei Gliedern der Opposition, auf struktureller Ebene zwischen dem Wahrheitsdiskurs, dem Objekt des unhaltbaren Wunsches, und dem Zum-Ausdruck-kommenden-Diskurs, der aber, da er nicht erkannt wird, im Wahnsinn sein Ziel verfehlt.

232 Dieser Terminus stammt von E. Jones; er bezeichnet die Angst vor dem Verschwinden des sexuellen Wunsches (das Subjekt kann sich aufgrund dieser Angst gezwungen fühlen, die Befriedigung abzulehnen, um das Wunschobjekt zu behalten. In der Beziehung zum Wunsch *ist der Mensch nicht wahr, er hat die Situation nicht im Griff,* sagt Lacan).

Auf welcher Ebene also wird das Erkennen verfehlt, wenn nicht auf der Ebene dessen, was sich instituiert hat; das heißt auf der Ebene dessen, was Objekt einer Wiederholung ist, was sich immerwährend wiederholen kann, selbst auf die Gefahr hin, seine Dimension als Wunschobjekt an ferne Horizonte zu entrücken? Der Diskurs wird ritualisiert und kann der Kommunikation dienen, während derjenige, der ihn hält, zugleich eine Macht daraus bezieht – die Macht nämlich, die radikale Dimension der Wahrheit in Zaum zu halten, indem er ihren Durchbruch verhindert und sie der Repression unterwirft. Damit ist unterdrückt, was jederzeit aufzutauchen droht und was der Wahnsinn in seiner Wahrheitsfunktion in Angriff nimmt: der Status des Subjekts in seiner Beziehung zum Signifikanten – die Tatsache, daß jenseits des faszinierenden Bildes im Spiegel oder im anderen ein »Nichts« ist, ohne das das Subjekt von sich selbst entzückt, wenngleich nicht ohne Schrecken wäre. Die Hauptverkennung, deren Instrument und Träger die Institution ist, besteht darin, daß man das »Nichts« ins Asyl gesperrt hat – doch eingesperrt in die Entäußerung, die es am stärksten offenbart, bleibt es nichtsdestoweniger für jedes Subjekt ein Scharnier zwischen Ausdruck und Aussage.
Der Ausdruck wäre demnach wie der Diskurs des Wahnsinns, sofern die zwingende Suche nach der Wahrheit zu einem Objekt führt, dessen Formulierung von dem unabhängig ist, der es formuliert – wie es bei einem wissenschaftlichen Diskurs stets vorausgesetzt wird. Aber ist das nicht eine Täuschung? Läßt sich nicht ohne Schwierigkeiten eine sehr viel stärker inkarnierte Struktur erkennen, die des Phantasmas $(\$ \diamond a^2)$[233]? Irgendwo muß es ein solches Objekt geben, daß mit Sicherheit kein Spiegelbild enthält, dessen Reinheitsgrad so absolut ist, daß es nicht dieses oder jenes Subjekts bedarf, um ihm zur Aussage zu verhelfen, kurz, ein reines Wunschobjekt ohne Anderen.
Diese Grenze wird nur im Diskurs des Wahnsinns erreicht. Im Diskurs des Neurotikers bleibt sie zwar entfernt, ist aber als Versuchung immer vorhanden; insbesondere beim Zwangsneurotiker, der sich ständig dagegen wehren muß, dem Anderen und seinem Lusterleben ins Netz zu gehen. Er wehrt sich mit Hilfe von Mechanismen, die das Subjekt der Aussage für nichtig erklären. Der Preis für die Abwehr seiner eigenen Kastration und des Todes ist bekanntlich die Unmöglichkeit, seinem

233 Siehe Lacans Graph in: *Schriften II*, Olten 1975, S. 192.

eigenen Wunsch zu begegnen. Er kann das Gesetz des toten Vaters nicht akzeptieren, als würde die Aussage auch dann, wenn sie virtuell und mythisch ist, zugunsten des Ausdrucks von etwas prinzipiell Gutem zurückgewiesen, das über dem Gesetz stünde und dessen Ursache wäre. Dieses Gute kann Objekt eines Wissens sein und die in ihm vermutete Wahrheit ein Willensprinzip, dessen Träger die Institutionen sind. Wenn das Gesetz nach Lacan gleichzusetzen ist mit dem verdrängten Wunsch, steht die Institution auf der Seite des verbotenen und unmöglichen Wunsches. Im Prinzip ist der Wunsch ein Faktor der Unordnung, der dem Ziel der Institution entgegensteht, einer Ordnung nämlich, die das Gute an sich sein will und schon ganz vergessen hat, daß es den Wunsch überhaupt gibt. Dennoch erhält sich ein Rest dieses Wunsches auch bei denen, die die Ordnung der Institution und ihre Verteidigung ins Herz schließen. Sade hat die Ironie auf die Spitze getrieben, indem er das Gesetz, das die Tyrannen nährt, verkündet und die idealen Institutionen, wie die Prostitution, den Inzest und sogar den Mord, so sehr rühmt, daß das Gute als Grundlage des Gesetzes ersetzt wird von der Idee des Bösen, dem höchsten Wesen in Form der Boshaftigkeit.

Was unsere medizinisch-pädagogischen und auch die sonstigen Institutionen angeht, ist die Ironie weniger zugespitzt, die Verkennung jedoch umso größer. Allerdings sind Pädagogik und Psychiatrie zur Zeit die Bereiche, in denen eine institutionelle Auseinandersetzung stattfindet, ohne daß indessen das Problem der Strukturen eingehend behandelt würde. Man bleibt vorsichtshalber auf der Ebene der Inhalte. Der Reformismus hat eine Zukunft, und die Gesetzgeber arbeiten hart, nicht an Gesetzesentwürfen, sondern an der Verkündung einer totalisierenden Institution als Machtinstrument. Zugegeben, nicht alles geht in diese Richtung; eine andere Entwicklungstendenz, die es zwar schon immer gegeben hat, die aber seit den Ereignissen des Mai 68 zunehmend an Bedeutung gewinnt, orientiert sich am Begriff des Vertrags. Gemeint ist etwa ein Vertrag des Fortschritts auf der allgemeinen Ebene. Für den institutionellen Bereich bedeutet das, daß nicht mehr die Institution das Gesetz macht, sondern das Mitarbeiterkollektiv. Die Einführung der liberalen Demokratie in die Institution verleiht den Mitarbeitern das Wahlrecht.
Man spricht nun von »Redefreiheit« und »Rederecht«. So kommt die

konkrete Beziehung, die sich zwischen Subjekt und Institution etabliert, billig davon. Das Subjekt bleibt der Schuldner, denn die Institution behält die Macht. Sie verteilt die Plätze: sie gibt sich gut und liebenswürdig; sie tut alles für das Wohl der Subjekte, und da das »Rederecht« durch die Psychoanalyse ein wesentliches Gut geworden ist, organisiert sie »Fallbesprechungen« und Werkstattversammlungen, wo das Subjekt sich ausdrücken kann. Die ganze Pädagogik der interpersonellen Beziehungen findet hier ihre Bestätigung – unter dem Hirtenstab der Institution. Während vorher die »böse Institution« als zwangsausübende Autorität auftrat und die Subjekte unter Druck setzte, versetzt sie sie nun, indem sie ihnen den Diskurs wieder in die Hand gibt, in die Position, für ihre Existenz, die Existenz der Institution, verantwortlich zu sein. Es darf alles gesagt werden, nur nicht gegen die Institution; sie abzulehnen ist verboten.

Zu einem Subjekt, das sich aggressiv verhält, kann man in der Tat immer sagen, es wende sich gegen sich selbst, insofern es eine Institution, und zwar seine eigene gefährde. Genausogut könnte man sagen, es sei auf dem besten Wege, seine eigene Mutter umzubringen, seine Mutter, die es liebt und nur sein Bestes will. Als in einer medizinisch-pädagogischen Institution die Auseinandersetzung auf eine Infragestellung der Beziehung zwischen der Direktorin und der Institution hinauslief, rief erstere, die die Lage ziemlich gut durchschaut hatte, die Kinder zusammen und sagte ihnen: »Ihr enttäuscht mich, ihr seid mir gar keine Bereicherung mehr.« Damit machte sie eindeutig klar, was die Institution von den Subjekten erwartet: daß diese sie durch ihre Zugehörigkeit und ihren Diskurs auf den Platz einer mächtigen und guten Mutter erheben und sich auf diese Weise masochistische Befriedigung verschaffen – masochistische Befriedigung in der vollen Schärfe dieses Begriffs, da der Motor derartiger Beziehungen allein von Schuldgefühlen angetrieben wird. Das im Prinzip von Anfang an anerkannte Rederecht kehrt sich um und wird zur entfremdeten Rede im Dienst des anderen.

Es muß allerdings auch gesagt werden, daß die Situation, so wie sie ist, eine außerordentlich starke Tendenz zu einer solchen Strukturierung beinhaltet, der Strukturierung in der Wiederholung, die sich so rasch voranarbeitet, daß sie nur allzu leicht ein gutes Gewissen vermitteln und eine falsche Wahrheit garantieren kann. Die Subjekte stehen immer im Dienste derjenigen Institution, der sie angehören; am deutlichsten wird dies jedoch in den sogenannten Behandlungsinstitutionen. Das psychologische Vorgehen, das Verständnis, das bis zur Verführung gehen kann, das psychotherapeutische Gespräch mit einem Therapeuten, der, ob er will oder nicht, Träger der institutionellen Mystik ist, all dies bestärkt die Subjekte in genau der unbewußten Position, durch die sie zu Verhaltensgestörten, Debilen oder Psychotikern geworden sind. Wieder stoßen sie auf genau das Verlangen, das sie zu dem gemacht hat, was sie sind. In seinem Mißerfolg und seiner Zerrissenheit unterstützt das Verlangen der Institution den unbewußten Wunsch, die Subjekte (die Patienten) für sich zu haben; für dieses Spiel bieten sich die Subjekte in ihrer Übertragung, die Wiederholung ist, geradezu an. Der besagte Wunsch ermangelt jeglicher Aufgeklärtheit, sofern die Institution sich mit der Frage nach Leben oder Tod konfrontiert sieht und meint, ihr Narzißmus stünde auf dem Spiel, dessen Einsatz die Subjekte wären. Unter diesen Bedingungen muß sich die Übertragungssituation notwendigerweise endlos wiederholen, und die Besetzung der Wiederholung als solcher kann die entsprechend prädisponierten Subjekte in sadistische und paranoische Positionen treiben; die Institution nennt sie dann die »schwierigen Fälle«. Erst werden sie vom Spiel ausgeschlossen, dann von der Institution; sie sind es, die nicht anerkennen wollen, daß der andere über ihre Wahrheit und ihr Wohl verfügt; sie werden zurückgewiesen, ehe sie selbst zurückweisen, und dann bleibt ihnen keine Wahl, als anderswo eine identische Episode zu beginnen.

In anderen Fällen kann die Begegnung von Institution und Subjekten Phänomene der Paarbildung hervorbringen. Wenn die Institution diejenigen Subjekte, die sie einmal in der Hand hatte, nur schwerlich wieder fallen läßt, zahlen letztere ihr in der Tat auch einen entsprechenden Tribut. Nachdem sie einmal mit der Institution verknüpft waren, erhalten die Subjekte die Scheinfreiheit, sich selbst zu entscheiden. Ohne daß sie es wissen, und auch ohne daß die Behandelnden es wüßten, bedeutet die Institution für sie mehr als nur einen stets offenstehenden Zufluchtsort, wie ihnen gewöhnlich bei der Entlassung gesagt wird. Sie wird nämlich darüber hinaus zu einem Ort der Auseinandersetzung zwischen Wunsch und Verlangen, was für die Devianten oft auf ein Verlangen nach erneuter Internierung hinausläuft – die hellsichtigsten unter ihnen verlangen explizit danach, andere schreiten zur Tat, um das gleiche Ziel zu erreichen.

Vor diesem Hintergrund können wir uns nun der Frage nach dem Platz des Diskurses der Institution zuwenden: ist er nicht zugleich in seiner Ablehnung der Todesgefahr mit dem zwanghaften Diskurs und in seinem Phantasma mit dem perversen Diskurs verwandt?
In einem solchen Diskurs läuft das Sprechen selbst in falschen Bahnen. Während sich in der analytischen Beziehung alles auf der Ebene des Subjekts abspielt, dem ein Wissen unterstellt wird, weiß dieses angeblich wissende Subjekt in Wirklichkeit nichts von der Wahrheit des anderen, der spricht; es gerät allein durch den Übertragungseffekt in diese Position, und darin liegt seine einzige Chance, etwas über sich zu erfahren. In der Dreiecksbeziehung Institution-Behandelnder-Behandelter dagegen sieht die Sache ganz anders aus. Dort hat die Institution den Platz des Gesetzes, das heißt, den Platz des Wunsches eingenommen, ihn jedoch in eine Perspektive der Desexualisierung gestellt. Dem Behandelnden wird kein Wissen mehr unterstellt, sondern er weiß, und aus seinem Wissen bezieht er seine Stärke; er wird von den Behandelten oder den Eltern der Behandelten als Wissender anerkannt, was letzteren den Zugang zum Sprechen versperrt. Wie könnte es auch anders sein, wo sich doch die Wahrheit am Orte des Anderen befindet, es sei denn, dieser Andere existiert gar nicht und irgend jemand hat, wie im vorliegenden Fall, seinen Platz usurpiert: Irgend jemand, der übrigens selbst im gleichen Spiel gefangen ist – und dessen Beziehung zum Sprechen dadurch gestört ist. Aber wer sagt einem, ob nicht genau das die Ursache seiner Wahl war, als er sich für diesen Platz entschied und damit auch für eine entsprechende Beziehung zur Macht, sowie für die Ausübung dieser Macht durch eben jenes Sprechen? Das Abrutschen ins Imaginäre steht hier in Korrelation zum institutionellen System. Die Behandelten werden für die Institution und die Behandelnden geschaffen, und die Rede, die sich dort ergießt, ist ein Instrument der Macht.
Die Vergegenwärtigung des Objekts geschieht nicht mehr, wie im Register des Symbolischen, auf der Grundlage der Abwesenheit, sondern sie schließt jede Abwesenheit aus; das Objekt (der Patient, das Kind) wird voll in Anspruch genommen – sei es im Interesse seiner Erziehung oder im Interesse seiner Behandlung – und zwar nicht von einem anderen Ort, der ihm sein eigenes Feld zugänglich machen würde, sondern von der Institution selbst, die es dazu verurteilt, nur für-andere zu

sein. In einem solchen Spiel entsteht für den Behandelten kein Subjekt, sondern etwas Reales. Das erinnert unwillkürlich an die Beziehung zwischen dem psychotischen Kind und seiner Mutter. Es hat kaum eine Chance, in der Institution eine Alternative zu finden. In der Verbindung von Debilität und psychotischer Struktur offenbart sich auch der Grund für die geringe Motivation des Debilen, seine Position aufzugeben, solange er die gleiche in der Institution wiederfindet. Das will nicht heißen, daß er dort gar nichts anderes fände; er findet auch ein Wissen, das er sich zu eigen machen soll; doch wenn er das tut, so mit einer Langsamkeit, die zum Verzweifeln ist. Allerdings wird er es nicht versäumen, auf einer der Situation entsprechenden höchst desexualisierten Ebene eine privilegierte Beziehung zu diesem oder jenem Mitglied des institutionellen Teams aufzunehmen – eine »idealisierte« Beziehung, eine spiegelbildliche Beziehung, die in der Lage ist, seine narzißtischen, megalomanen Phantasien zu nähren.
Maud Mannoni spricht in diesem Zusammenhang von einem »pervertierten Liebesverlangen«; es trägt tatsächlich die Züge der Perversion, sofern es dem Subjekt nicht gelingt, sich an dem ihm gemäßen sexuellen Pol anzusiedeln; in Wirklichkeit tut das Subjekt nichts anderes, als dem zu genügen, was der institutionelle Diskurs unterschwellig beinhaltet; das heißt, es akzeptiert die Nichtigkeitserklärung des Vaters, an dessen Stelle die Institution getreten ist, die Verstärkung der Sexualtabus und die Idealisierung spiegelbildlicher Identifikationen; in den Effekten der Verhaftung, den von einem solchen Diskurs allein zugelassenen Effekten, kommen die homosexuellen Tendenzen zum Zuge.
In gewisser Weise ist der institutionelle Diskurs dem magischen Denken verwandt. Angesichts der dualen Beziehung, die die Institution einerseits mit dem Behandelnden und andererseits mit dem Behandelten verbindet, bestimmt das Erleben den Verlauf dieses Diskurses. Im Zusammenhang mit therapeutischen oder pädagogischen Absichten nimmt das Sprechen, da es auf psychologischem Wissen basiert, Befehlsform an; Vorbedingung dafür ist die Verkennung des Subjekts als solchen.
Eine solche Analyse der Institution offenbart die Entropie eines derartigen Systems in ihrem vollen Ausmaß; sie ist so stark, daß das System droht, sich zu perpetuieren und zu vervielfältigen, denn es arbeitet in erster Linie ausschließlich mit einem bedingungslosen Verlangen: dem

Liebesverlangen. Als hätte es dem Devianten aus psychologischer Sicht an Liebe gemangelt, als wäre die Befriedigung dieses Verlangens seine einzige Rettung. Befragt man die Psychoanalyse, so stellt sich heraus, daß diese sich zu sehr von dem Mythos der Frustration hat beeinflussen lassen, daß sie sich nicht genug auf ihre eigene Frage konzentriert hat: zu erfahren, was ein wünschendes Subjekt ist. Sie hat nicht genug herausgearbeitet, wie stark die Institution daran mitwirkt, diesem Subjekt den Zugang zum Wunsch zu versperren, wenn sie es, wie man so sagt, »in Pflege nimmt«. Und doch kann angesichts der Probleme, um die es hier geht, nur die Psychoanalyse die wahre Frage stellen. Die Analytiker sind von der Institution absorbiert und vereinnahmt worden.

Die Psychoanalytiker haben es versäumt, ihre Praxis mit dem politischen Standpunkt der Institution zu verbinden. Vielleicht haben sie nichts davon wissen wollen; das würde den aktuellen, mit einer partialen, aber auch partiellen Infragestellung der psychoanalytischen Theorie einhergehenden Durchbruch einer Politisierung erklären. Vielleicht haben aber auch Objekte, wie das Unbewußte, Mythen, wie der vom Vatermord, die Kraft, einigen Widerstand hervorzurufen.

Dennoch kann der politische Beitrag nur eine Unterstützung und Erweiterung von Interpretationen sein, die schon psychoanalytisch begründet sind. Trifft das auch auf das institutionelle Problem zu?

Sofern die Institutionen innerhalb eines politischen Systems eine Einheit darstellen, sofern die Denunziation des Systems zwangsläufig über diese Institutionen läuft, muß die Frage mit ja beantwortet werden. Der Ausschluß der Subjekte innerhalb der Behandlungsinstitutionen, das Zetergeschrei zugunsten von Autorität und Hierarchie, die zur Kaschierung der Macht vorgeschützte Verantwortlichkeit beinhalten eine Ideologie, die nicht zu übersehen ist.

Dieser Zustand scheint sich zur Zeit in allen Institutionen zu verstärken und zu beschleunigen. Notwendigerweise zieht das eine politische Fragestellung nach sich, und wir haben gesehen, daß die Psychoanalyse mit der Frage nach dem Subjekt, das heißt nach dem Subjekt des Unbewußten, in entscheidendem Maße daran teil hat, weil sie ihrer Beschaffenheit gemäß genau das aufklären kann, was jede Ideologie, sei es die bürgerliche oder eine andere, an Unbewußtem und Verschleierung enthält.

Alle Autoritätspositionen und hierarchischen Stellungen, die sich auf die Macht berufen, sind nicht nur interne institutionelle Strukturen, sondern auch und vor allem administrative Strukturen – wie etwa der Verwaltungsrat oder der Ministerrat. Ich glaube, niemand weiß dies besser, niemand zeigt es deutlicher als die Krankenhauspsychiater. Einstimmige Kritik richtet sich gegen die riesige Verwaltungsmaschinerie; würde aber nicht von allen Beteiligten die gleiche Ideologie geteilt, nähme es doch sehr wunder, daß sich die Direktionsprinzipien des Verwaltungsrates privater Institutionen in nichts von den staatlichen unterscheiden.
Immer wieder stoßen wir auf die Verbindung zwischen Institution und Ideologie, als wären die Institutionen in erster Linie eine Verwirklichung der Ideologie. Die Ideologie, die zur Zeit in Umlauf ist, beruht auf der Verteidigung von Autorität und Hierarchie, die als Prinzipien anerkannt werden. Fragen wir nun nach diesen Prinzipien als solchen, stoßen wir auf die eigentliche Verkennung, auf das, was ein Festhalten an solchen Prinzipien im Unbewußten begründet – und damit sind wir wieder bei der Frage nach dem Vater und seiner Autorität, die uns auf den zentralen Komplex der Kastration verweist.
Wenn auch die Lehre der psychoanalytischen Theorie genau in diesem Punkt zu suchen ist, sollte man doch bedenken, daß sie zunächst von den »Versagern«, den Neurosen, Psychosen und Perversionen ausging und sich von dorther konstituiert und entwickelt hat; viele Spuren davon sind geblieben, insbesondere im Zusammenhang mit dem Vaterproblem, soweit es sich im analytischen Milieu stellt, aber auch insofern, als es noch für unsere Zeitgenossen etwas Besorgniserregendes birgt. Lacan hat zwei Bereiche hervorgehoben, das Register des Symbolischen, in dem die Auseinandersetzung mit dem Vater dialektisch entfaltet wird, und den Kanal dieser unbewußten Auseinandersetzung, das Signifikante. Der Signifikant repräsentiert das Subjekt in einer Welt von Signifikanten, wo der Vater durch den »Namen des Vaters« repräsentiert wird; das Sich-Verlieren des Subjekts durch seinen Eintritt in diese Ordnung ist die Kastration. Jeder Analytiker kennt das oft endlose Hinauszögern der Anerkennung des fraglichen Vaters als symbolischen Vater, als toten Vater, der durch den Namen des Vaters repräsentiert wird; er kennt dieses Hinauszögern sowohl bei sich selbst als auch in seiner Praxis. Der ideale Vater des Neurotikers oder der

reale Vater des Psychotikers halten den ganzen Platz besetzt. Als Phantasma ist der ideale Vater Träger der Autorität, und als solcher kann er im Zentrum einer Ideologie stehen, die nur diesen einen gemeinsamen Punkt zur Grundlage hat. Die Psychoanalyse hat die Vaterfunktion in den Vordergrund gestellt; dadurch kam sie in Versuchung, in einem gleitenden, auf der imaginären Ebene ablaufenden Übergang zum idealisierten oder gar zum »realisierten« Vater bestimmte Ansätze der Auflehnung allzu leichtfertig zu erklären. Indem sie als Stütze eines solchen, über Autorität verfügenden Vaters erschien, setzte sie sich Angriffen von anderer Seite aus.

Wer sagt einem, ob es sich beim Ausdruck einer Verteidigungs- oder Angriffsposition um den Wunsch handelt, eine Vaterfigur zu verteidigen, deren Unzulänglichkeit dem Subjekt eine schadhafte Identifikation vermittelt und es auf sein »Seinsverfehlen« verweist, gegen das es sich wehrt, oder aber ob es um einen Angriff gegen den Vater geht, der verantwortlich gemacht wird für eine unerträgliche Kastration an der Mutter, der verantwortlich gemacht wird für eine Gefahr, deren Auswirkungen das Subjekt nicht am eigenen Leibe erfahren will und gegen die es sich schützt? Beim neurotischen Symptom gibt es in beiden Fällen einfache Hinweise, die anzeigen, um welche Bewegung es sich handelt; in der sadistischen oder masochistischen Perversion jedoch können sie in beispielhafter Systematisierung erscheinen.

Um auf unseren Ausgangspunkt, die Position der Administration und die Verwaltungsräte zurückzukommen: wie könnte man als Psychoanalytiker übersehen, daß die besagten anerkannten Prinzipien nur eine Maske von unbewußten persönlichen Wünschen sind? Ein Beispiel. Eine Gruppe von Erziehern in irgendeiner Institution bemüht sich, ihre Situation zu reflektieren, und gelangt zu dem Schluß, daß eine bestimmte Art der Beziehung zwischen der Direktorin und den als debil etikettierten Kindern, deren Hauptsymptom die Schulunlust ist, aufgelöst werden muß. Diese Beziehung ist eine Wiederholung der Mutter-Kind-Beziehung, die die Erzieher zumindest in ihren Grundzügen selbst kennengelernt haben; das heißt, die Kinder existieren für den anderen, sie entsprechen allein dem Appell der »Seinsverfehlung« des anderen.

Bis zu dem Tage, an dem diese neue Gruppe von Erziehern und Lehrern in der Institution auftauchte und sich um die Reflexion der intersubjektiven Beziehungen bemühte, hatten sich die früheren Erzieher mehr oder weniger nach den Kindern gerichtet. Sie hatten im Geiste der Institution solche Manipulationen über sich ergehen lassen, daß sie ihres eigenen Sprechens restlos beraubt und in ihren Aktivitäten auf ein bloßes Beschäftigtsein reduziert waren; auf mannigfaltige und vielseitige Beschäftigungen übrigens, die die Institution in einem bestimmten Licht, nämlich als überaus aktiv erscheinen ließen. Häufig führte ein Minimum an Bewußtseinsbildung bei diesen Erziehern dazu, daß sie die Institution verließen; wenige blieben länger als ein Jahr, die meisten kürzer.

Die neue Situation, die durch die Infragestellung der Beziehung zwischen den Erwachsenen und den Kindern geschaffen wurde, führte zu Spannungen und Unbehagen im Verhältnis zwischen besagten Erziehern und der Direktorin, die soweit gingen, das Leben der Institution selbst in Frage zu stellen. In der Person der Direktorin erlebte die Institution eine Depression: sie hatte ihr Symptom-Objekt verloren.

Die Analytiker, die bis dahin, wie es in Institutionen so üblich ist, angehalten waren, eine therapeutische Funktion gegenüber den Kindern zu erfüllen, wurden in der Auseinandersetzung innerhalb der Erwachsenengruppe zu einer Art Bezugspunkt. Die freigesetzte Aggressivität ging langsam zurück, in dem Maße, in dem sich eine neue Perspektive auftat und festigte. Allerdings ließ auch ein Rückschlag nicht auf sich warten: nach einigen mehr oder weniger durchsichtigen Manövern schritt der Verwaltungsrat zur Tat und entließ Erzieher und Lehrer in allen Ehren; dabei bezog er sich mehr auf imaginäre Befürchtungen und Phantasien als auf Fakten. Das Prinzip, an das explizit erinnert wurde, war die Unantastbarkeit der Direktorin. Die Analytiker, von denen man bislang angenommen hatte, sie böten durch ihre Spezialkenntnisse eine zusätzliche Gewähr, wurden zu Komplizen einer »Linksabweichung«. Das politische Argument diente zur Maskierung der besonderen und phantasmatischen Verbindung zwischen dem Verwaltungsrat und der Direktorin. Eine Evolution erwies sich als unmöglich, da der Diskurs auf einer ideologischen Ebene ablief, die die eigentliche unbewußte Beziehung zu einem idealisierten Bild verschleierte.

Trotz der gedrängten Zusammenfassung kann dieses Beispiel eine Vorstellung von dem komplexen Netz der Motivationen vermitteln, die hier im Spiel sind. Auf jeden Fall, und dies wollten wir herausarbeiten, reicht es nicht aus, die Auseinandersetzung auf die eine oder andere Seite zu verlagern, also entweder auf die ideologisch-institutionelle Seite, wo meistens angesetzt wird, oder auf die analytische Seite. Im ersteren Fall haben die Widerstände in der Tat ein leichtes Spiel, da sie sich auf einen bestimmten Gesellschaftstyp stützen können; aufbrechen lassen sie sich nur durch Ansätze, die aus dem politischen Kampf hervorgehen. Was den zweiten Punkt angeht, so ist hier der ganze Komplex der Behandlung in der Institution angesprochen. Ich glaube nicht, daß die Struktur des Symptoms, die die gleiche ist wie die der Institution, es zuläßt, daß man sich ihr therapeutisch nähert, denn nichts derartiges wird vom Analytiker verlangt. Vielmehr wird in einer gewissen perversen Hoffnung seine Komplizenschaft verlangt.

Etwas im Bereich der Institution verschließt sich uns, denn ihre Funktion ist die, zu konservieren und zu reproduzieren, zu wiederholen. Die Erfahrung von Bonneuil zeigt, daß, sobald man sich auf andere Dinge konzentriert, die unbewußten, jeder Institution zugrundeliegenden Ziele nicht mehr die »behandlungsbedürftigen Symptome« sind; das wichtigste Objekt ist nicht mehr die Institution, die Subjekte stehen wieder im Vordergrund.

Maud Mannoni entwickelte auch den Begriff der *gesprengten Institution;* gemeint ist nach ihren eigenen Worten »ein Ort des Rückzugs, wobei sich der wesentliche Teil des Lebens anderswo abspielt, bei einer Arbeit oder einem Projekt außerhalb«. Endlich ein Ansatz, der das Hauptsymptom der Institution überwindet. Die Institution nimmt die Todesdrohung auf sich, sie läßt es zu, abgelehnt zu werden, sie ist nur ein Element in der Dialektik des sich konstituierenden Subjekts. Mehr noch, sie kann der Ort werden, an dem sich die pathologische Bindung, die das Subjekt fesselte, die es in einer Neurose gefangen hielt oder in einer ausweglosen Situation zu einer psychotischen Rekonstruktion trieb, wieder auflösen läßt. Auf dem unbeschriebenen, nicht symbolisierten Blatt einer uranfänglichen Beziehung drohte der Wahn mit Gewißheit – der einzige Ausweg bestand darin, diese Beziehung in einer Übertragung wieder aufzunehmen und anders als durch eine reale Anwesenheit oder ein Verlangen zu beantworten.

Zum Schluß wollen wir nun noch einmal auf den Fall von Jacques[234] zurückkommen und die wesentlichen Züge der Entwicklung darstellen, die er im Laufe mehrerer Monate in wöchentlichen Sitzungen außerhalb des institutionellen Ortes durchmachte. Daß er zu mir kam, entsprach seiner eigenen Bitte[235], und in seinem Diskurs zeigte sich, daß er seine Auseinandersetzung in aller Freiheit führen konnte, da er zu keiner Zeit eine Antwort erhalten hatte, weder eine repressive noch eine adaptive.

So konnte er seine Allmachtsphantasie als SS-General entfalten, der alle Frauen in Konzentrationslager sperrte, nicht um sich in ihren Genuß zu bringen, sondern um unter Männern zu bleiben. Die Frauen zu besitzen überließ er kräftigen Sklaven, Türken – das konnte er genießen. Er selbst dachte gar nicht daran, sich einer Frau zu nähern, ihn beschäftigte vielmehr der Gedanke an einen Chirurgen, der ihn real kastrieren sollte.

Eines Tages machte er einen völlig verstörten Eindruck. Seine Verängstigung ging auf ein Erlebnis vom vorausgegangenen Sonntag zurück. Er war mit seinen Eltern ausgegangen und bei dieser Gelegenheit mit gleichaltrigen Jugendlichen zusammengetroffen, einem Jungen und einem »blonden Mädchen mit blauen Augen«, Kindern von Freunden seiner Eltern. Dem Schema seiner früheren Geschichte gemäß war er allein mit dem Jungen losgezogen und hatte sich geweigert, das junge Mädchen mitzunehmen, obwohl es mitkommen wollte. In der folgenden Sitzung spielte er den Verzweifelten; aber auch wenn man ihm zuhörte, erfuhr man nicht, ob der Grund dafür darin bestand, daß er sein System der vollständigen Ablehnung der Frauen aufgeben mußte, oder darin, daß ihn dieses junge Mädchen in Erregung versetzt hatte und er sich nun ärgerte, daß er sich »wie ein Idiot« benommen hatte; so schwankte

234 Vgl. das IV. Kapitel dieses Buches, »Wahnsinn, Inszenierung und Sprachspiele«.

235 Ich komme nur gelegentlich in die Schule von Bonneuil; in meiner Abwesenheit allerdings bin ich sehr gegenwärtig. Manchmal bezieht man sich bei dem, was in Bonneuil gesagt wird, auf meinen Namen, manchmal äußert eines der Kinder den Wunsch, zu mir zu kommen und mit mir zu sprechen. Dieser Platz, den ich innehabe, ist eine günstige Abwechselung zu Bonneuil, da er den Ausdruck des Negativen gegenüber der Institution erlaubt und authentifizieren kann, was dort an Wiederholung und Übertragung geschieht. Diese Dimension ist ganz offensichtlich abgeschwächt, wenn der Analytiker sich in der Institution aufhält und vom sprechenden Subjekt mit ihr identifiziert wird. Unter dieser Bedingung muß das Subjekt sich an eine Realität wenden, die es auf das paranoische Gleis des Diskurses treibt.

er zwischen einer sinnlosen Verhärtung seiner früheren Position und aufkommender Zärtlichkeit bei dem Gedanken, er könne sie wiedersehen. Das brachte ihn auf Fragen, mit denen man bei Jugendlichen in seiner Lage wie selbstverständlich rechnet, die ihm aber neu waren: die in ängstlichem Zweifel aufkommende Frage, ob er überhaupt gefallen könne. Seine Zweifel ersetzten den Chirurgen.

Zwei Punkte sollten in diesem Zusammenhang festgehalten werden. Erstens konnte etwas derartiges nur ans Licht kommen, weil man seinen früheren wahnhaften Diskurs nicht für seine Wahrheit gehalten hatte, beziehungsweise, weil er keine Verneinung mit adaptiven oder pädagogischen Zielen erfahren hatte. Mehr noch, er hatte in Bonneuil gar keine Antwort im Sinne eines Abwehr-Diskurses erhalten, auch nicht auf seine Angriffe, die den institutionellen Ort mit einem Ort des Wahnsinns, einem Konzentrationslager identifiziert hatten, Benennungen, die dem verwandt waren, was er gewöhnlich über Frauen sagte. Jede Abwehr durch die Institution hätte eine vergebliche, in der Realität stattfindende Wiederholung seiner Beziehung zu einem Mutterbild bedeutet, das mit furchterregender Macht besetzt war, die direkt anzugehen er immer vermieden hatte.

Außerdem hätte all unser auf dem Umweg über die Theorie erworbenes Wissen zu Jacques' Fall ihm gar nicht genutzt, hätte er nicht in der konkreten Situation die Chance gehabt, selbst Zugang zu diesem Wissen über seinen Wunsch zu finden. Unser theoretisches Wissen hat sich um seinen Wahn bemüht, und auf dieser Grundlage konnte er ihn am Ort des Anderen als seine authentische Wahrheit erkennen; nur eine im analytischen Feld definierte Situation konnte es Jacques ermöglichen, in der Übertragung zu einem Wissen über sich selbst zu gelangen, einem Wissen, das sich von dem unsrigen unterschied und dem wir nur als Garant dienen konnten.

Genau das ist der wesentliche Punkt, an dem der institutionelle Diskurs und der analytische Diskurs sich scheiden. Wenn die Institution nicht bereit ist, sich in der Perspektive der Selbstauslöschung als Vermittlungsinstanz zur Außenwelt zu begreifen, mißbraucht sie ihre Macht. Wie soll man die Institution reformieren, wenn man ihr zu diesem Zweck ihren Symptom-Diskurs nehmen muß? Vielleicht würde man ihr gegenüber genauso handeln, wie sie gegenüber ihren Subjekten handelt. Verfiele man damit nicht auf eine Institution zweiten Gra-

des? Es ist unabdingbar, daß man die Struktur des sprechenden Subjekts nicht aus den Augen verliert; daß ihm die Chance bewahrt wird, Kenntnisse über sich selbst, das heißt über seinen unbewußten Wunsch zu erlangen; daß in der Realität nicht das wiederholt wird, was es zum Devianten – man könnte genausogut sagen, zum Angepaßten – gemacht hat. Unter diesen Voraussetzungen müssen die Institutionen durch Orte ersetzt werden, die sich im Bruch befinden, die der Außenwelt offenstehen. Bonneuil ist ein Versuch in dieser Richtung.
Wer sagt uns, daß darin nicht die Chance eines wahrhaft revolutionären Diskurses liegt, der zugleich Aktion sein könnte?

8. Françoise Petitot Fort und Mitarbeiter: Über die Ausbildung

Die folgenden Seiten sind als Zeugnis gedacht.
Vier Jahre lang hat Bonneuil Studenten aufgenommen. Was ist im Lauf dieser ganz besonderen Begegnung mit dem psychotischen Kind mit ihnen geschehen? Der nachstehende Bericht versucht, diese Erfahrung zu übersetzen. Was hier gesagt oder angedeutet wird, geht allerdings über das hinaus, was der eine oder andere in der Situation selbst bewußt erfassen konnte. Françoise Petitot Fort und ihre Kollegen vermitteln uns etwas, worin sich jeder einzelne zu einem bestimmten Zeitpunkt verloren hatte. Die Beherrschung dessen, was verlorengegangen ist, kann erst dann gelingen, wenn man schon anderswo ist. Diejenigen, die es geschafft haben, sich aus der Verhaftung in der Falle des Imaginären der Institution zu lösen, haben ihren Wunsch entdeckt, etwas anderes zu sein als das, dessentwegen sie als Individuen nach Bonneuil gekommen waren. Das bewußt ausgedrückte »Ich« (»Je« im Unterschied zu »Moi«) kommt von anderswoher.
Insofern die Analyse in Bonneuil nicht von einer (kollektiven oder individuellen) psychotherapeutischen Technik vereinnahmt worden ist, wurde das, was man die analytische Dimension nennen könnte, sozusagen bewahrt. Die Begeisterung für die Forschungsarbeit spielte als drittes Element hinein und stellte das »Erleben« eines jeden in den Rahmen der ihr eigenen Kohärenz und Dynamik; die symbolische Ordnung sorgte für eine Umstrukturierung des Rasters, das durch ein »Erleben« vorgegeben war.
Manche haben in Bonneuil Mittel und Wege gefunden, ihr eigenes Sprechen, sofern es auf der Ebene der Botschaft in einer Sackgasse steckte, zu transformieren. Hier wird ein Sinn *laut, der zur gegebenen Zeit die bei jedem einzelnen manipulierten Zeichen überwindet.*

Maud Mannoni

Es schien uns unmöglich, eine Arbeit über Bonneuil zu veröffentlichen, ohne daß diese wenigstens ein Zeugnis der »Schüler« und einen Versuch enthielt, den Begriff der Ausbildung selbst zu hinterfragen.
Schließlich ist Bonneuil nicht nur unter einem, sondern unter mehreren Gesichtspunkten für die Erwachsenen wie für die Kinder eine Versuchsschule, die sich als Ausbildungsort präsentiert, der uns im Austausch gegen unsere Arbeit die Möglichkeit gibt, »ausgebildet« zu werden, uns an einer Forschungsarbeit zu beteiligen und unsere eigene Arbeit, die im Prinzip als Bestandteil eines Universitätskurses gedacht war, durchzuführen. Das ist gewissermaßen die Ausgangsbasis.

Der vorliegende Text wurde in Arbeitsbesprechungen vorbereitet (an denen sich gelegentlich Teilnehmer von außerhalb beteiligten), in denen es sich im Laufe der Zeit als sehr schwierig erwies, von Bonneuil unter dem Gesichtspunkt der Ausbildung zu sprechen. Viele von uns, die noch eine enge Beziehung zu diesem Ort und den dort lebenden Personen unterhielten, stießen auf Hindernisse (vielleicht hatten sie auch kaum den Wunsch), über eine solche »Ausbildung« zu berichten, als wäre mit dieser Frage sozusagen die Frage nach einem Programm, einem geschlossenen Projekt gestellt – während wir in Wirklichkeit doch selbst nur Fragen hatten.

Es ist übrigens erstaunlich, daß das, was gegenwärtig im Universitätskurs unter Forschungsarbeit verstanden wird, den meisten Praktikanten große Schwierigkeiten bereitet hat, und das, was als »Produktion« bezeichnet werden könnte, gemessen an dem, was hätte abgeliefert werden sollen, relativ schwach blieb. Angesichts der Sackgasse, in die wir bei der Ausarbeitung solcher Texte gerieten, kann man sich fragen, ob nicht das, was sich in Bonneuil abspielte, über die Schwierigkeit, ein »Ergebnis« innerhalb des institutionellen Systems zu liefern, hinaus, gewissermaßen die »Suspendierung« jeder universitätsmäßigen Arbeit oder gar der »Forschung« in dem Sinne, wie wir diesen Begriff verstanden[236], verlangte.

Unter derartigen Bedingungen geschrieben, ist der vorliegende Text ein Zeugnis, das, wie man so sagt, nur seinen Autor verpflichtet und nicht den Positionen aller Praktikanten Rechnung tragen kann. Vielleicht werden sich einige nicht einmal darin erkennen. Aber ist es denn nötig, bei dem Versuch, aus unserer Einstellung und Unkenntnis heraus die sogenannte Ausbildung des Pflege- und Erziehungspersonals zu hinterfragen, »objektiv« und »erschöpfend« zu sein?

Eine Praktikantin sagte einmal: »Nach Bonneuil kann man nicht mehr so leben wie vorher. Anderswo hält man es nicht mehr aus, alle anderen Institutionen sind unerträglich.«

Dieser Satz verdeutlicht einerseits die Gefahr, Bonneuil zum privile-

[236] Bezieht man sich auf die Forschung innerhalb eines Universitätskurses, wäre zu überlegen, was dort mit einer wirklichen Frage geschieht; denn zumindest im Rahmen der Humanwissenschaften folgt sie nicht notwendigerweise dem Universitätsrhythmus. Vielleicht bedarf es der Suspendierung einer bestimmten schulmäßigen theoretischen Arbeitsweise, damit es zu einer wirklichen Forschung und nicht zu einer abstrakten Elaboration kommt.

gierten Ort zu machen, an dem man sich so wohl fühlt, daß man ihn nicht mehr verlassen kann; andererseits zeigt er vielleicht auch, wie stark wir, abgesehen von unserem Status als Studenten und Praktikanten, auch auf einer ganz anderen Ebene betroffen waren. Beim Lesen dieses Buches wird mir jetzt die *Verwandtschaft zwischen den Praktikanten und den Kindern* klar. Zweifellos muß man genau deshalb versuchen, etwas zu sagen. Man möchte, daß die »Verrückten« endlich von ihren Anstalten sprechen; genauso kann man von »Schülern« erwarten, daß sie von ihrer Ausbildung sprechen, ehe sie selbst »Lehrer« werden, das heißt, ehe sie sich auf die andere Seite der Barriere begeben, die ihnen das »Rederecht« gewährt. Genauer gesagt, für uns bedeutete es einen ungeheuren Bruch, daß uns dieses »Rederecht«, das in unserem System zur Macht, zu den »Wissenden« gehört, nicht nur gewährt wurde, sondern daß wir gewissermaßen aufgefordert wurden, es in Anspruch zu nehmen.[237]

Bei all unseren eigenen schulbedingten »Deformationen« und der Beanspruchung durch die Situation, in der wir mit den Kindern lebten, stellte dies für uns nicht gerade eine Erleichterung dar. Frisch von der Fakultät losgelassen (aber wäre es eigentlich anders gewesen, wenn wir einige Zeit der psychiatrischen Praxis im traditionellen Stil hinter uns gehabt hätten? Die Reaktionen bestimmter »Kurzzeitpraktikanten« ließen uns das Gegenteil vermuten), ohne irgendeine Funktion im Milieu der Kinder, ohne Rolle, ohne »weißen Kittel«, ohne »Tests«, ohne irgendetwas »Technisches« tun zu müssen, waren wir nur da, um mit ihnen zu leben. Keine Dossiers, keine »Informationen« über die Kinder, wie sie etwa in den sogenannten »Fallbesprechungen« weitergegeben werden ... mein erster Eindruck war der, zu ersticken, die Lust, wegzulaufen, zu fliehen, und die Angst, die mir die Stadt Bonneuil, wie Créteil, diese an Konzentrationslager erinnernden Vororte einflößten ... und immer waren Kinder da, die ununterbrochen fragten, mitten in die eigenen Schwierigkeiten hinein, und dann all das, was jeden Moment und von allen Seiten auf einen zukommen konnte,

[237] Gab es nicht sogar einen Praktikumskandidaten, der, um seine Bewerbung glaubwürdiger zu machen, zu schweigen versprach ... damit zeigte er seinen »guten Willen«, die Hierarchie des Wissens zu respektieren (seine Lehrer hatten ihm zu verstehen gegeben, daß er als Nicht-Analytiker die Kinder durch den Gebrauch jener »Waffe«, der Rede, nur traumatisieren könne.

Schläge, Scheiße, Worte – das sind die Erinnerungen an meine ersten Monate in Bonneuil. Ein Satz fällt mir noch ein, den ich in diesem Zusammenhang benutzte: »Mein Körper ist nicht dein Körper«, ein Satz, der wieder und immer wieder gesagt wurde, sogar öfter als nötig, als hätten wir uns so »angegriffen« gefühlt, daß wir unser eigenes Territorium definieren mußten, Grenzen, die wir bewahren wollten. Dann der Eindruck, nichts zu verstehen, nichts zu wissen, nichts zu »beherrschen«. Unmöglich, unser Universitätswissen dort abzuladen, unsere wenigen Kenntnisse über Pathologie oder unseren unvollkommenen Begriff von der Psychoanalyse; es ging alles viel zu schnell, zu überraschend, und wenn irgendetwas endlich einigermaßen einsehbar und verdaut schien, kam schon wieder ein neuer Ruf von irgend woandersher. Die Bereitschaft, sich selbst durch den Wahnsinn in Frage stellen zu lassen, ihn aufzunehmen, war gewissermaßen die Vorbedingung für unser Praktikum.

Wir sollten in Bonneuil eine Untersuchung durchführen, aber zugleich sollten wir »auf den Kopf gestellt« werden; von uns, die mit der Ausbildung und nicht mit Geld bezahlt wurden[238], wurde verlangt, unsere Universitätskenntnisse zu vergessen, um uns allein von dem befragen zu lassen, was dort gesagt wurde und geschah. Die Situation, die an diesem Ort geschaffen worden war, erlaubte den Kindern, ihre »Krankheit« anders zu beschreiben als durch das Anstaltssymptom; der Erwachsene seinerseits war angehalten, jeden Anspruch auf »Beherrschung« und das zwanghafte Bestreben, alles *über* das Kind zu erfahren, fallen zu lassen. Zunächst mußte etwas von uns verlorengehen. Eine so belastende Prüfungssituation, daß man sich fragen kann, wie es möglich war, sie zu ertragen, sie zu verlängern und sie gar zu wünschen.

Gewiß unterschieden sich die Fragen, die die Praktikanten ohne ihr

[238] Die Nicht-Bezahlung der Praktikanten brachte eine ganze Reihe von Problemen mit sich. Neben Ausbeutungsphantasien führte sie zu der Frage, mit *was* eigentlich bezahlt wird (welches Vergnügen eigentlich dabei herausspringt, wie eines der Kinder es formulierte. Um diese Frage kommen auch die Praktikanten selbst nicht herum). Ein weiteres Problem schließt sich an: das der Generalisierung solcher Erfahrungen. Eine Schule wie Bonneuil kann aus rein finanziellen Gründen gar nicht anders funktionieren, als eben Bonneuil es tut. Wenn die Sozialversicherung es sich leisten kann, Tagessätze von rund 100 Francs zu zahlen, steht es außer Diskussion, den Eltern solche Preise abzuverlangen. Um aber von der Sozialversicherung anerkannt zu werden, müßten wir den ganzen Dschungel der Reglementierungen in Kauf nehmen, die die Erfahrungen, die wir in Bonneuil machen konnten, verhindern.

eigenes Wissen stellten, voneinander; gemeinsam war uns jedoch die Möglichkeit, sie zu stellen, sie wieder aufzunehmen, sie zu transformieren. Eine Art von »Wissensbegierde« (aber wonach?) war Träger meines eigenen Vorgehens; eine Faszination, die diese Kinder auf mich ausübten, die sagten, was ich »armer Neurotiker« nicht sagen konnte und was mir einer Wahrheit, die ich auch als die meinige entdeckte, außerordentlich nahe zu kommen schien. Die Kinder waren fähig, die richtigen Probleme in bezug auf das Leben, die geistige Gesundheit und die Politik zu stellen, und zwar in einer anderen Wahrheitsdimension als der, die wir bisher kennengelernt hatten. Aber damit sprachen sie von unserer eigenen Schulunzufriedenheit und enthüllten, was wir oft nur diffus empfunden hatten oder was wir gelegentlich noch unter Zensur zu stellen suchten. Auf der Ebene der Behandelnden und Behandelten gab es keine Spaltung; Erwachsene und Kinder waren Träger von identischen Zweifeln und identischen Fragestellungen.[239] Nur war uns eine »Anpassung« gelungen, die sie verweigerten und über die sie uns befragten.

Diese Situation großer Unsicherheit, dieser Bruch mit unserer früheren Ausbildung (dem Wissen »über« den anderen), diese Notwendigkeit, ständig etwas Neues zu erfinden, blieb nicht ohne Wirkung.

Mit Kindern Kartoffeln zu schälen, von denen manche die Schalen essen, mit Kindern zu malen, die sich über und über mit Farbe beschmieren, mit Kindern, die einem auf die Knie scheißen, sogenannten »Körperausdruck« zu üben, sich an Wasserspielen zu beteiligen, wenn die Kinder sich buchstäblich im Wasser entleeren, auf die Frage zu antworten, »was man denn überhaupt da zu suchen hat, wenn man doch nicht dafür bezahlt wird, und ob einem das eigentlich Spaß macht?« ... was in uns beantwortete all diese Situationen, in denen keine »pädagogische« Antwort möglich war (die Kinder hätten ihre Falschheit sofort erkannt und entlarvt)?

Die Kinder wollten uns »ungeschützt«, und genau das war schwer zu

[239] Es ist uns gelungen, diese Zweifel, diese Fragestellungen stets zu vergegenwärtigen und sie mit den Kindern zu diskutieren. Sie waren der ständige Leitfaden unserer Arbeit. Wir waren nicht gezwungen – wie dies anderswo häufig der Fall ist – unsere Fragen aufzuschieben und sie an Orten einzubringen, die »extra dafür gemacht sind« (politische Gruppen). Eine solche Verschiebung hat den Effekt einer Perpetuierung der Abgrenzung der angeblich »neutralen« Technik von einem »politischen« Engagement, die kaum einen Einfluß auf die Praxis haben.

ertragen. Unsere Beziehung zum Wissen (und die Einwände gegen das Wissen) stützten sich auf etwas, was man »Übertragung«[240] nennen könnte. Angesichts der Schwierigkeiten hätten wir in den wöchentlichen Sitzungen gern von uns gesprochen, was uns das alles ausmachte, oder auch von den Kindern. Einige von uns waren gierig, Informationen über dieses oder jenes Kind zu sammeln, andere verlangten nach Versammlungen, um Probleme des Zusammenhalts bzw. der Rivalität der Erwachsenen untereinander zu diskutieren. Daß uns in dieser Hinsicht etwas entging, schien uns ein untragbarer Zustand. Dennoch hatte keiner dieser Vorschläge jemals wirkliche Folgen. Als eine Praktikantin sich darüber beschwerte, antwortete eine andere: »Anderswo stellt man solche Fragen und kommt nicht weiter. In Bonneuil stellt man sie nicht und kommt weiter, also?«
Die »Kurzzeitpraktikanten«, die sich über die Ruhe der Kinder wunderten, staunten oft ebenso sehr über das Schweigen der Erwachsenen bei ihren wöchentlichen Versammlungen oder im Umgang miteinander. Da die »Kommunikation« und der »Ausdruck« Mode sind, da Kommunikation und Ausdruck sogar zu Kriterien gemacht werden, an denen sich das gute Funktionieren einer Institution bemessen läßt, stellt dieses Schweigen ein Problem dar. Es war übrigens auch für die Praktikanten selbst nicht immer einfach. Es gab eine Zeit, wo wir in Hinsicht auf den ablaufenden Diskurs selbst wieder eine Hierarchie geschaffen hatten; wieder gab es die, die sprechen (oder sprechen können), und die, die nicht sprechen; eine Spaltung, die eine weitere Spaltung in unserer Phantasie verdeckte, nämlich zwischen denen, die »wissen«, und denen, die »nicht wissen«. Der Gruppendiskurs siedelte sich weder auf der Ebene von Bemühungen an, die das Kind zum Gegenstand gehabt hätten, noch auf dem Niveau einer unter den Erwachsenen ablaufenden Dynamik, sondern auf der des Versuchs, eine Praxis theoretisch umzusetzen. Im Stil unserer bisherigen Ausbildung (die die technokratische Ideologie einer auf Wissen beruhenden Hierarchie mit sich brachte) gefangen, wurden wir mit den Schwierigkeiten

[240] In diesem Zusammenhang sollten wir uns daran erinnern, daß die Übertragung von Freud in erster Linie als *Widerstand* konzipiert wurde. Lacan nimmt diesen Gedanken wieder auf und weist darauf hin, daß »die Übertragung das Mittel ist, durch das sich die Kommunikation des Unbewußten verbietet«. *Séminaire* von 1964: *Les Quatre Concepts fondamentaux de la Psychanalyse*, Paris, 1973. (M. M.)

der Aneignung dieses Wissens konfrontiert. Diejenigen, die ein Wissen zu beherrschen schienen, waren für die anderen gewissermaßen Teilhaber einer bestimmten Macht. Wir mußten lernen, unseren Platz im Zusammenhang mit jener fragwürdigen Vorstellung von »Herrschaftswissen«[241] zu bestimmen; sowohl im Hinblick auf unsere Abhängigkeit gegenüber dem, der darüber verfügt, als auch im Hinblick auf die Beherrschung, als deren Objekt wir uns fühlen.
Es fiel uns schwer, zuzugeben, daß eine fruchtbare Arbeit nur dann geleistet werden kann, wenn sie von der Analyse des Mißerfolgs ausgeht. In der ersten Zeit war unser Schweigen ein bloßer Schutz gegen die Gefahr, daß uns ohne unser Wissen ein »Fehler«[242] unterliefe, der einen Mangel bloßgestellt hätte. Außerdem hatten wir die Tendenz, die »richtige Linie« zu verlangen, die uns vor jeder dialektischen Umkehrung bewahren sollte. Diese starre Haltung konnte natürlich für die Kinder wie auch für uns nur den Tod bedeuten. Bei jedem einzelnen von uns hat sich die Beziehung zum Wissen erst durch allmähliche und schmerzliche Veränderungen modifiziert. Vielleicht haben wir dadurch einen Einblick bekommen, wie die Einstellung zu einer wirklichen »Forschungsarbeit« aussehen könnte.

Nun, Bonneuil, ein Ort der Ausbildung? Wenn Bonneuil kein »Behandlungsort« ist, ist es vielleicht auch kein Ausbildungsort im traditionellen Sinne dieses Begriffs. Bei den Teamsitzungen definierten die Praktikanten Bonneuil als einen »Ort des Lebens«[243] auch für

[241] Meistens faszinieren uns solche Modelle, die uns wie die *Modelle* der Werbung immer als »stark« und fehlerfrei erscheinen. Nun kann aber ein Diskurs, der irgendeine Beziehung zum Wahren hat, nur ausgehend von der Dimension des *Mangels* (der Seinsverfehlung) stattfinden. Jeder Diskurs, der eine Machtposition zu seinem Ausgangspunkt nimmt, ist ein pädagogischer Diskurs, ein Diskurs, den man manchmal, wie wir etwa an den Schriften des Dr. Schreber gesehen haben, als »paranoisch« qualifizieren kann. (M.M.)

[242] Diese Angst, »Fehler« zu begehen, sich zu »irren«, ist offensichtlich Bestandteil des Wunsches, den anderen zu täuschen (und ein Versuch, Neid zu erregen, indem man seine intellektuelle Performanz *zur Schau stellt*). (M. M.)

[243] Im Zusammenhang mit dem Begriff »Ort des Lebens« (der in Frankreich so schwer zu realisieren ist) ist es nicht uninteressant, kurz über das amerikanische Experiment von Browndale zu berichten (vgl. auch die medizinische Doktorarbeit von Pierre Tuffet, *La famille thérapeutique*). In Browndale (Ohio) wurden vierhundert (psychotische, verhaltensgestörte und schulauffällige) Kinder in »therapeutische Familien« aufgenommen. Diese »therapeutischen Familien« setzten sich aus jungen Leuten von 18 bis 25 Jahren zusammen, die aus den verschiedensten Richtungen kamen (Studenten, die ihr Studium abge-

sich selbst (manche fanden dort die Dimension der individuellen Analyse). Für manche lag darin und in dem, was sie dort erlebt hatten, etwas Unkommunizierbares. Wenn wir von Bonneuil als einem Ort der Ausbildung (oder einem Ort der Gegeninformation) sprechen wollten, kamen wir immer dazu, über *anderswo* zu sprechen, als sei die

brochen hatten, junge Immigranten, unzufriedene Sonderpädagogen) und eine zweijährige Ausbildung unter anderem in Gruppenpsychotherapie hinter sich hatten. Durch die Selbstverwaltung ihres Budgets wurde es ihnen erleichtert, eine persönliche Forschung und möglicherweise auch eine didaktische Analyse durchzuführen. Die »therapeutischen Familien«, zu denen noch Praktikanten oder Dienstpersonal und Nachtwachen hinzukamen, nehmen je 2 bis 6 Kinder auf (die hinsichtlich ihres Alters, ihres Geschlechts und ihrer »Störungen« heterogen waren). Sie leben in gewöhnlichen (gekauften) Häusern innerhalb der normalen Gemeinde. Jedes Haus verfügt über sein eigenes, aus den Tagessätzen bestehendes Budget (die Regierung zahlt rund 200 Francs pro Kind als Erziehungshilfe, nicht als Gesundheitshilfe). Unter der Bedingung, daß die Unkosten des Hauses gedeckt werden, kann jede »Familie« frei über ihr Budget verfügen, es nach eigenem Ermessen organisieren. Die Kinder besuchen die »normale« Schule der Gemeinde. Für diejenigen, die noch nicht zur Schule gehen können, gibt es die Schule von Browndale (eine Farm, wo die Kinder Pferde züchten, reiten, Flöße bauen, Boot fahren, fischen, Motoren bauen und Lotsendienste ausführen . . .). Die therapeutischen Familien bestehen nie länger als vier Jahre, oft kürzer: *man kann nicht auf Lebenszeit Vater oder Mutter sein.* Nach dieser Zeit nehmen die jungen Leute ihr Studium wieder auf, gründen eine Familie etc. Sie können jedoch weiterhin in verschiedenen Aufgabenbereichen im Zentrum mitarbeiten (als Supervisoren, Lehrer etc.). Die einzige Bedingung, die jedem Mitarbeiter gestellt wird, ist die, die Kinder wie seine eigenen zu behandeln.

Die »Eltern« gehen also mit den Kindern einkaufen, sie machen gemeinsam mit ihnen die Hausarbeit, kochen mit ihnen, bringen sie zur Schule etc. Die Psychotherapie ist sozusagen »diffus«, und zwar in dem Sinne, daß alle Ereignisse des täglichen Lebens so benutzt werden, daß ein Wechsel von der Regression auf das Stadium, in dem die Störungen ihren Ursprung haben, und der Reedukation zum Leben erfolgt. Die wichtigsten Tageszeiten sind das Aufstehen, das Schlafengehen und die Mahlzeiten. Die Therapie findet »unter freiem Himmel« statt, vor allen Leuten, im Aufenthaltsraum wie im Badezimmer. Ein großer Teil der Behandlung wird übrigens von den Kindern selbst gemacht.

In diesen Familien gibt es keine »Spezialisten«. Unterdessen hat jedes Familienoberhaupt eine Liste aller möglichen Spezialisten (vom Bleihändler bis zum Psychoanalytiker), die er bedingungslos Tag und Nacht rufen kann: eine regelrechte Bank für Hilfskräfte. Die besagten Spezialisten haben keinerlei institutionelle Macht; sie müssen die Eltern beraten, ihnen ihr Wissen mitteilen, als Hilfe zur Verfügung stehen und selbst in den Hintergrund treten.

Die Häuser sind in Zonen aufgeteilt, für die jeweils eine bestimmte »Ausstattung« vorhanden ist; unter anderem Sozialarbeiter, die sich um die naturgemäßen Familien der Kinder kümmern. Jede Zone wird von einem »Supervisor« geleitet. Dieser für die Zone Verantwortliche erfüllt in erster Linie die Funktion, die therapeutischen Familien zu befragen und sie auf der Ebene ihrer täglichen Praxis anzusprechen.

»Browndale hat sich nicht an einer Produktionsstruktur ausgerichtet, sondern an einer Bedürfnisstruktur; Entscheidungen zugunsten der Bedürfnisse müssen jederzeit und unverzüglich gewährleistet sein.«

Frage nicht in Bonneuil zu suchen, sondern eher in seinen Beziehungen zur Außenwelt.
Bonneuil, ein Ort der Begegnung? Ja, sowohl für die Erwachsenen als auch für die Kinder. Es gab die Möglichkeit, die eigene Ausbildung, die eigene Praxis zu hinterfragen, ja sogar die eigene Arbeit neu zu bestimmen. Bonneuil hat uns gelehrt, mit »Verrückten« und Kindern zusammenzusein, Seite an Seite mit ihnen die Gewalt zu erleben, die ihnen täglich zugefügt wird. Die Universität, die Erzieherschulen bringen den Studenten eine wohl definierte Rolle bei, eine Rolle, die dem Idealbild entspricht, das sich Schule und Familie vom »ausgeglichenen« und »gesunden« Menschen machen. Zwischen der Institution Schule und der Institution Familie besteht ein heimliches Einverständnis (Kollusion), das das Kind einer doppelten ideologischen Repression unterwirft. Für die Auswirkungen einer solchen Situation sind wir sensibilisiert worden.
Gleichzeitig sahen wir uns dann auch veranlaßt, die Spezialisierung der Aufgabenbereiche und die daraus resultierende Arbeitsteilung zu bekämpfen. Erzieher, Ärzte und Psychologen verrichteten gemeinsam mit den Kindern die gleiche Arbeit, eine Arbeit, die keine Spezialisierung verlangt (Küchenarbeit, Einkäufe etc.), in die aber die Interessen eines jeden eingehen können (Theater, Erzählungen, Popmusik, Wasserspiele). Grundlage dieser Arbeit ist eine offene Situation, die Veränderungen zuläßt und an die Außenwelt gebunden ist (Praktika der Kinder bei Handwerkern und Bauern). Die Kinder waren es, die an ihren Fragen festhielten, wenn wir trotz unserer verbalen Ablehnung in Versuchung kamen, geschlossene Grenzen zwischen den verschiedenen Aktivitäten zu reproduzieren. Sie legten den Finger auf das, was noch von unseren Lehrern in uns steckte.
Es wurde in der Tat genau die Ideologie hinterfragt, die unserer eigenen Ausbildung zugrunde gelegen hatte.[244] Was in uns noch mit Überzeugungen und Vorurteilen verbunden war, die dazu bestimmt sind, ein kulturelles Erbe zu »bewahren«, mußten wir fallenlassen; es mußte seinen Wert als Botschaft verlieren. Die Erwachsenen können die Kinder nur lehren, ihren Status als Gefangene zu akzeptieren. Soll

[244] Diese Frage haben wir unter der Leitung von Pierre Fedida auch in Studentengruppen diskutiert. Diese Diskussionen außerhalb von Bonneuil waren uns eine wichtige Bereicherung.

sich das ändern, so muß man das Kind zu seinem eigenen Erzieher machen.
In Bonneuil wurde eine Situation hinterfragt, in der wir uns gelegentlich verloren haben. Manche Dinge, die das Kind betrafen, konnten wir nur verstehen, wenn wir von dem ausgingen, wovon wir selbst betroffen waren. Und doch haben wir es bewußt vermieden, die Psychoanalyse in irgendeiner Form auf die Teammitglieder anzuwenden.
In unseren wöchentlichen Sitzungen (Versammlungen) tauchte beharrlich die Absicht auf, etwas zu erforschen, was sich gar nicht auf das Kind oder die Institution bezog. Gerade von unserer Unkenntnis, von unserem Mißerfolg wurde etwas erwartet – und daran muß man den besonderen Effekt dieses Unterrichts festmachen. Wir hatten den Wunsch, mehr darüber zu erfahren, und diese Wissensbegierde tauchte außerhalb der Sitzungen wieder auf, bot sich sozusagen an, vermittelt durch die *Hindernisse,* die wir ihr entgegenstellten, erforscht zu werden.[245] Irgendetwas stand einer Transformation im Wege, blockierte die Forschungsarbeit und trieb sie dann wieder voran.
Unsere Evolution war integrierender Bestandteil der Evolution der Kinder. Es sah so aus, als hätten wir gemeinsam mit ihnen gelernt, wodurch man spricht, indem wir uns von den Faszinationen und Täuschungen, den Trägern der Destruktion freimachten. Die Funktion dieser tödlichen Beziehung zu sich selbst oder zum anderen bleibt als Frage bestehen, als Frage, die manch einem, der eine Analyse begonnen hat, gar nicht so fremd sein dürfte. Andere haben den Beruf aufgegeben und sich dem Theater, einem anderen Interesse oder einem politischen Engagement zugewandt.
Bonneuil hat uns mit seiner Definition als »Ort des Lebens« eine manchmal unkontrollierte Infragestellung, eine Entkonditionierung und eine Transformation erlaubt. Aber diese Transformation selbst hat uns nicht die Bezüge vermittelt, anhand derer sie sich beschreiben ließe. Die Formulierung dieser Bezüge verlangt eine andere, eine anders*geartete* Arbeit.

[245] Was gewünscht wird, ist das Wunschobjekt des Anderen; das aber setzt voraus, daß der Wunsch den Anderen um sein Objekt bringt. Die Aufrechterhaltung eines gemeinsamen Projekts hat uns erlaubt, Spannungen, deren reale Effekte das Kind (als Lustobjekt des Wunsches des Anderen) erfahren hätte, auf die Arbeit (die Forschung) zu verschieben. (M. M.)

9. Florence Stevenin und Mitarbeiter: Szene und Inszenierung – Kritik einer Ideologie des Körpers

»Mich interessieren solche Werkstätten nicht. Den Mutisten kann es nur gut tun, wenn man den Körper sprechen lassen will, aber ich, ich kann viel genauer mit meiner Sprache sprechen und das sagen, was ich sagen will.« (Jacques)

Diese Worte eines Jugendlichen aus der Schule von Bonneuil, die die Erinnerung an die Szene und die szenischen Spiele in Bonneuil wieder aufleben lassen, sollen den Bericht über unsere Arbeit eröffnen – eine Arbeit, die sich nicht als nachzuahmendes Modell versteht, die den Leser höchstens einladen will, dem hier eingeschlagenen Weg zu folgen.

Von den Praktikanten und Kindern wurden »Werkstätten« (für Theater, Musik, Malen, Wasserspiele etc.) eingerichtet. Die etwas willkürliche Wahl des Terminus »Werkstatt« (atelier) deckte bei den Erwachsenen den Wunsch ab, jeder Form von Wunschproduktion zur Sprache zu verhelfen. Diese Orte wurden von den Kindern besetzt, und zwar (jenseits der dort stattfindenden Aktivitäten) abhängig von der Permanenz eines bestimmten Modus der Begegnung, den die Werkstätten in ihren Augen repräsentierten. Der spontane Spielbetrieb überlagerte ein an reale Arbeit (Küchenarbeit, Mechanikerarbeit etc.), die in der Außenwelt oder in Bonneuil selbst ausgeübt wurde (je nach dem, wofür sich das Kind entschieden hatte), gebundenes Leben.

Unsere Ausbildung hatte uns in keiner Weise auf die Begegnung mit etwas Unerwartetem vorbereitet, auch nicht auf unvorhersehbare Reaktionen von Kindern, die das Recht hatten, zu sagen, was wir zu verschweigen gelernt hatten. Diejenigen, denen keine Worte zur Verfügung standen, machten mit ihrem ungeschickten, mißgestalteten, geifernden und ungelenken Körper das sichtbar, was sie unfähig waren, zu Gehör zu bringen. Aus diesem anderen Sprechen, dieser Situation, in der wir nichts machen konnten, nicht einmal, wenn wir uns darin wiedererkannten, schrie manchmal eine unerträgliche Angst. Sollte man diesen von unseren Normen abweichenden Körper erziehen, geraderichten, funktionstüchtig machen? Kaum hatte man diese Frage aufgeworfen, merkte man, daß man nichts anderes tat, als die »Korrektur-Haltung« der medizinischen und pädagogischen Institutionen zu verdoppeln und zu wiederholen; eine Haltung, die wir zwar bekämpften, die jedoch auch unserer eigenen Geschichte zugrunde lag.

Die Geschichte unseres Körpers ist die Geschichte unserer Erziehung: *die Geschichte des Körpers ist die Geschichte der Erziehung.* Seit der Antike (vor allem aber seit der Französischen Revolution) entstand keine Lehre, keine Technik der Leibeserziehung oder Körperertüchtigung, die sich nicht auf die Medizin berufen hätte; aber die medizinischen Begriffe können aus sich selbst heraus keine Erziehungsphilosophie oder -theorie erzeugen (*es sei denn, sie haben sie schon vereinnahmt*). Die Medizin hat in der Tat die Aufgabe, der Kindheit die gesamten sozialpolitischen und ökonomischen Ideologien einer Epoche beizubringen. Die verschiedenen Körpertechniken verlangen von der Medizin eine *Aufklärung des Gesundheitsbegriffs,* sie verlangen, daß die Medizin ihn mit einer Art *körperlichen Optimum* ausstattet und dessen Vorhandensein feststellt, um auf diese Weise die Gesundheit der Jugend zu überwachen (und um die Behandlung erwachsener Menschen zu vermeiden, sofern die Krankheiten, Unregelmäßigkeiten oder Gebrechlichkeiten auf ihre Kindheit zurückgehen). Aber weil die Erziehung der Medizin eine so ideale Position zuschreibt, vergißt die Medizin, daß erstere ihr den Appell ihrer eigenen moralischen Grundsätze verschleiert: warum physischen Mut entwickeln, wenn man ihn nicht als Tugend anerkennt? Warum Mißbildungen heilen, warum eine Morphologie umgestalten, wenn nicht, um sich an ästhetische Normen anzupassen, die selbst einer *ganzheitlichen Vorstellung* von dem entsprechen, was *sein sollte*? Diese *ideale Position,* die die Erziehung der Medizin zuschreibt, ist ein politisches Faktum. Die Bedingungen, unter denen von der Medizin heute eine Bürgschaft verlangt wird, sind folgende:

Das Subjekt wird nicht gemäß der ihm angemessenen Ziele erzogen, sondern gemäß dem gesellschaftlichen Bedarf. Die Pädagogik und die Medizin haben die Aufgabe, den Körper von der Kindheit an auf die Zukunft vorzubereiten, die das gesellschaftliche Leben für ihn ausersehen hat. Diese Zukunft bedeutet, *seine Geschichte mit der der Arbeit und des Kapitals zu verknüpfen.* Es kommt gar nicht in Frage, die Produktivkraft, die ökonomische Macht, die im Körper steckt, durch

Verwirrtheit oder einsame Vergnügungen zu verschwenden. Der Körper ist nicht dazu da, an sich selbst Genuß zu finden. Der Pädagoge warnt: »Der Mensch der heutigen Zeit wird von einer Strömung mitgerissen, die seine Aufgaben genau vorgezeichnet hat. Er muß die Lebensenergie, die in seiner Person individuiert ist, maximal entwickeln, um dann ein bis zum Äußersten gedehntes und gespanntes Ich der Gesellschaft *zum Zwecke der Leistungssteigerung* zur Verfügung zu stellen. Das moderne Leben, das auf diese Weise ganz unverhüllt entweder auf die Produktion und den Ertrag oder auf den Imperialismus (den Nationalimperialismus oder den Klassenimperialismus in einem anderen Land) ausgerichtet ist, verlangt von uns allen nicht nur eine erstaunlich gut auf Handlung gedrillte Intelligenz, sondern auch einen Körper in makellosem Zustand, das heißt, gesund und kräftig ...« (Ernest Loisel[246]).

Dies ist nicht nur die Ansicht eines Pädagogen, sondern eine Übersetzung der offiziellen Doktrin. In den die Grundschule betreffenden Vorschriften von 1923 liest man: »Der Anschauungsunterricht, eine interessante Form der konkreten Methode, muß durch eine andere Form dieser Methode abgelöst werden, eine Form, die zwar noch in ihren Anfängen steckt, die Wirksamkeit der pädagogischen Künste jedoch verzehnfachen wird: den Unterricht durch Handlung ... Die Leibeserziehung bemüht sich um beides, Leib und Seele: die Hygiene ist eine Tugend, *und die richtig verstandene Gymnastik* verleiht Fähigkeiten wie Willens- und Entschlußkraft, Energie und Ausdauer. Wir wollen nicht behaupten, daß die intellektuelle und Leibeserziehung allein der Ausbildung und Pflege der Moral diene; wir wollen nur die Verbindung in den Vordergrund stellen, die beide miteinander vereint, und die Gewissens- und Charakterbildung betonen, der bei den Erziehungsbemühungen ein hervorragender Platz gebührt ....«[247]

Hat man den Körper einmal zum Erkenntnisgegenstand gemacht, der nach einer Skala von Werturteilen zu erziehen ist (die Leibeserziehung findet ihre Daseinsberechtigung und ihren Sinn in der Anwendung der Moral), was soll dann aus dem Erzieher werden, der mit einem Körper konfrontiert wird, von dem er nichts weiß, der durch seine Funktion

[246] Ernest Loisel, *Bases psychologiques de l'éducation physique*, 1934.
[247] Ebd.

der Unordnung Skandal erregt, einem Körper, den er nicht anerkennen kann? Angesichts des Körpers eines zurückgebliebenen, psychotischen oder verhaltensgestörten Kindes wird das pädagogische »Wissen« sich mit dem Ziel, wenigstens die Realisierungen des Kindes zu kontrollieren, auf biologische und psychologische Gegebenheiten stützen. Demzufolge wird die Aufgabe des Erziehers darin bestehen, unter Berücksichtigung aller physischen, moralischen und intellektuellen Entwicklungsphasen des Kindes (deren Normen er kennt und in Stadien einteilen können muß) die Dispositionen und Tendenzen herauszufinden, die gefördert bzw. gebremst werden müssen, *damit die Entwicklung gesteuert werden kann.*
Diese Geschichte, aus der auch wir stammen, ließ uns angesichts derer, die in ihrem Körper sichtbar machten, was wir nicht hören konnten, total im Stich. Beim Symptom kamen wir nicht weiter. Anstatt den Körper (in seinen epileptischen »Absenzen« etc.) sprechen zu lassen, wollten wir über ihn sprechen – eine Art vielleicht, unsere Angst zu verbergen. Unsere Ausbildung hatte uns nicht darauf vorbereitet, etwas *mit* solchen Kindern zu machen, sondern etwas *aus* ihnen zu machen. Gewiß, wir hatten nicht die Imperative eines »zu erfüllenden Programms«, und wir hatten übrigens auch nicht die geringste Lust, nach Bonneuil zu gehen, um dort stereotype Schulaktivitäten oder die »gutgemeinten« Aktivitäten zu reproduzieren, die in Wohltätigkeitsgesellschaften oder den Freizeitklubs der Krankenhäuser üblich sind ...
Aber deshalb waren wir, die wir von unserer eigenen Kindheit abgeschnitten waren, noch lange nicht frei für Erfindungen. Erfinden war uns verboten. Nun interessierten sich die Kinder aber genau für das, was uns verlegen machte. Mehr noch: der Ort, an dem der Erwachsene versagte, verhalf der Frage des Kindes zum Durchbruch. Und wenn wir ein Nicht-Hören dagegensetzten, konnten wir entsprechende Wirkungen an den Kindern ablesen: unsere eigene Taubheit (gegenüber dem Kind oder dem Kind in uns selbst) rief innerhalb der Gruppe Ausschlußmechanismen hervor. Wenn wir uns gelegentlich (aus Angst) an einer »Lehrer«-Position festklammern wollten, führte dieses Verhalten zu Segregationsmechanismen bei den Kindern, zur Segregation zwischen Großen und Kleinen, zwischen denen, die sprechen und denen, die nicht sprechen (den »Filzläusen, die man umbringen sollte«, wie die Großen bei solchen Gelegenheiten zu sagen pflegten). Unsere Verwirrung überschwemmte die Szene.

Am Anfang ließ uns unsere Abwehr in alle Fallen der Expressivität hineinstolpern (die Szene war mit Dekorationen überfüllt, die Kinder mit Kostümen überhäuft, durch verteilte Rollen zur Passivität verurteilt, der Körper war auf motorische Aktivitäten reduziert, expressiv in der erdrückenden Geste seiner Repräsentation; so wurde die Szene zu einem Ort der Wiederholung, »einer der am stärksten verschleierten Figuren des Todes«[248]).

Später versuchten wir, das Psychodrama nachzuahmen, indem wir die Symptome, die irgendein Kind gezeigt hatte, im Laufe des Spieles wieder aufgriffen. Manchmal machten die Älteren humorvoll das Ausmaß unserer Unzulänglichkeiten deutlich; außerdem fragten sie uns nach unseren Motivationen und der Art und Weise, wie wir vermeinten, immer das Beste für den anderen zu tun. »Das ist doch wirklich eine faule Sache, was machen wir denn eigentlich hier?« brummte von Zeit zu Zeit einer der Älteren, und plötzlich ergriff er die Flucht vor dem, was er für »unseren Wahnsinn« hielt; er flüchtete sich in die Schularbeit, mit der er sich (angewidert von »unserem Schwachsinn«) wieder arrangierte, oder in éine leidenschaftliche Begeisterung für handwerkliche Arbeit, die ihm erlaubte, Bonneuil, die Blöden und uns zu meiden.

Uns war die Erforschung des Körpers als Universitätsthema vorgeschlagen worden, bzw. wir hatten uns dafür interessiert. Nun fiel es uns bei dieser Forschung aber nicht nur außerordentlich schwer, sie in eine Form zu bringen, sondern wir konnten nicht einmal mehr etwas darüber denken ... Was wir erfinden mußten, paßte nicht zu den theoretischen Merkmalen eines Wissens über den Menschen, wie es die Fakultät verbreitet (der Terminus Körper war lange Zeit aus der Fakultät ausgeschlossen, mit Ausnahme des Körpers als räumlicher Erscheinung und, im Bereich der Anatomie, als zerlegte Leiche). Ein Wissen, das Gegenstand eines Unterrichts ist, der von dem dispensiert, was zu sehen ist, der sagt, was man sehen und was man denken muß (richtig denken muß). Schließlich störten uns die Merkmale dieses Wissens, weil sie weder ihren Zweck noch ihren Gegenstand in Frage stellten und nur ihre zahlreichen Anwendungsmethoden zur Diskussion freigaben.

Die Kinder ließen uns fühlen, wie lächerlich wir waren. Unsere Produktion blieb auf einer didaktischen und moralischen Ebene stehen.

248 Michel Foucault.

Wir machten ausgezeichnetes Theater, wunderschöne Zeichnungen für Schulkinder ... für desexualisierte Kinder, die ihres Körpers beraubt sind. Gewiß wurden auch Gefühle ausgedrückt, Dramen inszeniert, aber immer wurde dem Text ein gewisses Privileg zugestanden, einem Text, der zwar in einer vertrauten Sprache abgefaßt war – der aber dennoch Text, das heißt eine Fessel blieb.
Nach diesen Erfahrungen schlugen wir, beeinflußt von Artaud, eine neue Forschungsrichtung ein. Wir interessierten uns für afrikanische Mythen. Nun erst konnten die Kinder und auch wir selbst zum Vorschein bringen, was es (aus einer Subjektposition heraus) mit dem Leben, dem Tod, dem Wunsch und dem Verbot auf sich hat. Wir suchten weniger eine Sprache zu entdecken, als das Sprechen möglich zu machen – und gingen dabei nicht von einer fertigen Rede aus, sondern von dem imperativen Wunsch, »das Sprechen vor allen Worten freizusetzen«, wie Artaud sagt. Indem wir so in Szene setzten, was das Leben verdrängte, schufen wir eine Beziehung zu einem Körper, den wir vorher, da unsere Erziehung uns gewissermaßen von ihm abgeschnitten hatte, als Fremdkörper behandelt hatten.

Seit dieser Zeit war die Integration von Mimik, Masken, Musik, Malerei etc. in ein weitgefaßtes Ensemble, eine Art Ereignis, das jedem dazu verhelfen sollte, sich selbst neu zu bestimmen, zu erfinden, Gegenstand unserer Arbeit. Gelungen ist uns dies nur in ganz bestimmten Momenten. Daß die Mutisten sich unter dem Schutz der Maske oder der Übertragung durch ein Musikinstrument (in ihrer phonematischen Sprache) gesprächig zeigen konnten, beweist, daß in einer Situation, in der die Unterscheidung von innen und außen, links und rechts, hoch und tief, aufgehoben ist, sehr wohl ein bestimmtes Sprechen aufkommen kann. Die Bedeutung dessen, was gespielt wurde, verschwand, um dem Platz zu machen, was von einer signifikanten Ordnung war, durch die das Kind sich angesprochen fühlte: dann wurde das Sprechen möglich.[249]

[249] Lacan hat darauf aufmerksam gemacht, daß das Kind *weiß, daß es ein Körper ist, daß es ihn aber, weil es in ihm ist, nur unvollständig wahrnehmen kann.* Erst wenn das Bild von der Form des anderen vorhanden ist, entsteht im Subjekt jene Beziehung zwischen drinnen und draußen, durch die es sich als Körper kennenlernt. Séminaire 1953/54.

Unser Erfolg war unbeständig. Eine derartige Arbeit setzt in der Tat eine Disponibilität unsererseits voraus, die nicht in unserer Macht lag. Sie verlangte sogar einen Bruch mit dem, was in uns jedem Aufkommen der Wahrheit widerstrebte. Die Ansprüche des Kindes gingen über alle Verkleidungen und Scheinheiligkeiten hinaus.
Jenseits des täglichen Lebens öffnet das Theater eine Tür für alle Überwindungen. Wenn das Kind sich jedoch von etwas Unbewußtem angesprochen fühlt, kann es sein, daß es wie der Erwachsene handelt; daß es eine hartnäckige Abwehr dagegensetzt und von einem konventionellen System träumt, das ihm erlauben würde, eine unerträgliche Wahrheit auszuklammern.
Jacques sagte einmal: »Musik mag ich gern, wenn sie kohärent ist, wenn sie sich nicht aufschaukelt. Unbeständige und barocke Musik, nein! obwohl, es gibt auch eine barocke Form, die gar nicht so übel ist. Hier, in dieser Musik, kommt die ganze Verrücktheit raus. Wie eine Ausstellung von dem ganzen unheilbaren Zeug ... Das Theater ist kohärenter, nicht wie die Popmusik, die einem in den Ohren dröhnt. Beim Pop weiß man nie, was drin ist, das hat weder Kopf noch Fuß, keine Arme, keine Beine, keinen Magen und kein Herz, da steckt überhaupt nichts dahinter ... Übrigens ist deine Popmusik ein Reflex deiner selbst, das heißt, ein Reflex deines Wahnsinns ... der vielleicht eines Tages rauskommt, und dann wird man den Psychiater mit der Zwangsjacke rufen müssen ...«
Dieser Wahnsinn, der sich das Recht nimmt, frei herumzulaufen, ist nichts geringeres als eine bestimmte Form der Beziehung zur Wahrheit, die zum Ausdruck zu bringen unter den heutigen Sozialstrukturen immer schwieriger wird. Ein bestimmtes Aussprechen der Wahrheit ist heutzutage nur noch im Wahnsinn oder in der Delinquenz möglich. Das Verb hat seine Transmutationskraft verloren.
Wenn in einer gehörlosen Welt alles gesagt werden darf, was haben wir denn eigentlich noch dort zu suchen, warum leben wir? Wenn es keinen Ort gibt, an den diese Frage sich wenden kann, wird sie im Symptom erstarren. Was uns angeht, so haben wir an dieser Notlage teil: wir sind mit den Kindern auf der Suche nach einem anderen Diskurs.
Es ist leicht, die herkömmlichen Vorstellungen abzulehnen, sehr viel schwieriger allerdings, sich von den Effekten eines solchen Widerspruchs umwandeln zu lassen.

Aber genau das ist es, was das Kind dem Erwachsenen nicht verzeiht, diese Art des Betrugs, der sich auf die Leichtgläubigkeit der Kinder stützt – außer im wohl definierten Bereich der Fabeln und Mythen.

Schlußbemerkung

»Die Gefahr, die der Jugendliche repräsentiert, richtet sich an jenen Teil in uns, der keine wirkliche Jugend gehabt hat, der uns dazu bringt, anderen diesen Übergang zu neiden. Deshalb möchten wir immer eine Lösung für sie finden. Falsche Lösungen gibt es hundertfach; alles, was wir tun und sagen, ist falsch.«

D. W. Winnicott

Es war ganz logisch, daß man das Problem des Wahnsinns durch Gesetze zu lösen versuchte und diese Aufgabe »im Namen der Gesellschaft« dem Staat übertrug.

Wie Stanley Diamond[250] einleuchtend gezeigt hat, liegt der Ursprung dieser etatistischen Tendenz in einer archaischen Gesellschaftsordnung. Das Delikt wurde erfunden, um das Gesetz und die Konstitution des Staates zu rechtfertigen. So erscheint das aus der Vergewaltigung einer *Gewohnheitsordnung* geborene Gesetz – so paradox es auch klingen mag – als *Unordnung*. Der Autorität der Gewohnheit substituiert sich der Zwang des Gesetzes[251], und das Gesetz endet in der Willkürherrschaft.

Während die Dorfgemeinschaft ihre Devianten in der Gemeinschaft beließ und sie durch die Gemeinschaft schützte, »versorgt« die moderne Gesellschaft (die sich zunehmend auf die unpersönliche Existenz einer gesetzmäßigen und technokratischen Bürokratie reduziert) die wachsende Anzahl ihrer »Unangepaßten«; das heißt, sie verstößt sie in die Anstalt oder ins Gefängnis.

Der Erfolg der Chinesen im Bereich von Erziehung und »Behandlung« geht auf die Tatsache zurück, daß sie es verstanden haben, ihre gemeinschaftlichen Bräuche zu bewahren – sie zu modifizieren, ohne sie zu schwächen. Das Volk wurde ermutigt, sich selbst zu verwalten; sowohl im Bereich der Erziehung als auch in dem der Gesundheit wurden außerordentlich viele verschiedene Erfahrungen und Initiativen ermöglicht.

Während die Chinesen den Dogmatismus und den Autoritarismus bekämpften, während sie der »falschen« Kultur auf den Fersen waren, verstärkte der Westen den Kult der Technik, indem er einen den Massen übergeordneten Staatsapparat befestigte. In Frankreich verwaltet das Volk sich nicht selbst, es wird verwaltet.

Das Problem der Kompetenz verschwindet hinter den Richtlinien der Stellenbesetzungen. Nur durch Titel und Diplome findet man Zugang zu den Schlüsselpositionen der Administration. Dem administrativen Wert dieser Diplome entspricht keinerlei Garantie im Sinne eines beruflichen Wertes (ein solcher Wert kann vorhanden sein, er kann aber

250 Stanley Diamond, »La Contrainte de la loi et l' Ordre de la coutume«, in: *Les Temps modernes*, April 1972.

251 Ausgeführt von Stanley Diamond.

auch gleich Null sein). In anderen Sozialstrukturen würden die Subjekte ohne reale Kompetenz sich durch die praktische Arbeit von selbst eliminieren.

Die politische Orientierung Frankreichs bezüglich des Erziehungs- und Gesundheitswesens hat das Gewicht des administrativen Monopols stets nur untermauert. So plant man heute beispielsweise eine Verlängerung der Schulzeit bis zum Alter von 18 Jahren, obwohl die Praxis uns zur Genüge über die manchmal irreversiblen Schäden aufklärt, die dann entstehen, wenn ein Jugendlicher fortgesetzt gezwungen wird, im Schulsystem zu verbleiben, das ihm praktisch jeden Kontakt zur Produktion verbietet. Der angekündigte Kampf gegen Schulretardierungen und das Bemühen, von Geburt an jedes Anzeichen von Anormalität aufzuspüren, bezeugen in der Tat den repressiven, an Polizeimaßnahmen erinnernden und unwirksamen Weg, den die französischen Reformen eingeschlagen haben. Insgesamt wird man wohl immer mehr Unangepaßte brauchen, um die Entwicklung der administrativen Mittel zu rechtfertigen.

Ein gewisses Unbehagen am Leben, das in der Schule, im Krankenhaus und an den Arbeitsplätzen spürbar wird, bringt die Administration nicht aus der Ruhe, ja es interessiert sie nicht einmal. Weit davon entfernt, die Risse des Systems auch nur zu beachten, sieht sie zur eigenen Rückendeckung keine andere Möglichkeit, als die Rigidität ihrer bürokratischen Strukturen zu verstärken.

Jede wirkliche Innovation in den Bereichen von Gesundheit und Erziehung droht unmöglich zu werden. Behandelnde und Patienten, Lehrer und Schüler sind in erster Linie Verwaltete, die auch offiziell als solche betrachtet werden. Die vom Gesetzgeber entworfenen administrativen Texte dienen als Richtlinien der Therapie; und die Psychiater liefern, wie eine unveröffentliche Studie von S. Benhaim nachweist, die nachträgliche Rationalisierung für eine entsprechende, zum »Wohl« des Patienten erfundene Art der »Behandlung«, sofern diese Entscheidung der von den Sozialversicherungen geforderten rein ökonomischen Notwendigkeit gerecht wird. Auch der Unterrichtende wird, insbesondere in der Volksschule, von erdrückenden administrativen Texten beherrscht. Der Lehrer ist jeder Initiative beraubt, es ist ihm unmöglich, seine Phantasie arbeiten zu lassen. Auf diese Weise ist es der französischen Administration (die vielleicht eine der erdrückendsten überhaupt ist) gelungen, die öffentliche Schule ihrem ursprünglichen Auftrag zu entfremden. (Der Verfall des Unterrichts zeigt sich etwa in der Art und Weise, wie die Mehrheit der Schüler gegen das Lesen »geimpft« wird.)

Die unangepaßte Kindheit stellt im weitesten Sinne ein Erziehungsproblem dar; man hat es willkürlich zu einem medizinischen Problem gemacht, das von den Gesundheitsinstitutionen monopolisiert wird.

Die Forschung selbst (die in Frankreich allein den Offiziellen überlassen wird) ist außerordentlich kompromittiert: was anderswo im klinischen oder pädagogischen Bereich realisiert werden kann (Gründungen verschiedenartiger experimenteller Orte), droht in Frankreich aufgrund der wachsenden administrativen Zwänge unmöglich zu werden. Die Diplommonopole stehen unter Protektion, und die Kindheit wird den Institutionen geopfert (die Institutionen stehen nicht mehr im Dienste der Kinder, sondern die Kinder garantieren der Institution durch ihre Anwesenheit die ihr von der Administration bewilligten Einkünfte). Kurz, die französische Administration verwaltet sowohl die »Krankheit« als auch die, die die Krankheit behandeln und ausbeuten.

Der *Wunsch* des Unterrichtenden oder des Behandelnden ist auf ein System von Angebot und einfacher Nachfrage zurückgeworfen. Der Erwachsene ist das Opfer: man nimmt ihm die persönliche Befriedigung, die er aus seiner Arbeit ziehen könnte; das Kind seinerseits fällt den Zwängen zum Opfer, die der Erwachsene erleidet.

Die Erfahrung von Bonneuil verdeutlicht die Notwendigkeit, in verschiedene Richtungen zu arbeiten; das allerdings ist nur möglich, wenn man von den bei uns herrschenden engstirnigen Schulrichtlinien abweicht (um so mehr, als letztere in eine Sackgasse führen, in die wohlbekannte Sackgasse der berufsfördernden medizinisch-pädagogischen Institutionen, der praktischen Klassen, etc.).

Daß schwachsinnige französische Kinder (mit einem IQ von 0,60), die kein Wort Englisch können, in England Mittel und Wege finden, intelligent zu werden, sagt schon genug über die Grenzen des französischen Systems. Daß Schizophrene lebenstüchtig werden, weil sie schon mit dreizehn, vierzehn Jahren ein bestimmtes Interesse entdeckt und Anschluß an die Erwachsenenwelt gefunden haben, macht uns nachdenklich. (Es ist auch kein Zufall, daß die Kinder sich vorwiegend für handwerkliche Berufe interessieren, also gerade die Berufe, die im Verschwinden begriffen sind.)

Daß andere (wie etwa Jacques) die Aufnahme ins Gymnasium geschafft haben, nachdem sie die meiste Zeit mit etwas verbracht hatten, was der Herr Inspektor, der durch die Affäre Hurst[252] recht bekannt geworden ist, »Quatschen« nennen würde, müßte eigentlich das Erziehungsministerium und die Gesundheitsbehörden zum Nachdenken bringen. (Das Erziehungsministerium hatte Jacques für ungeeignet erklärt, in die 5. Klasse versetzt zu werden und eine längere Schulausbildung zu machen; die Repräsentanten des Gesundheitswesens hatten Jacques' Eltern ebenfalls unter Druck gesetzt; sie sollten den Gedanken fallenlassen, Jacques auf eine weiterführende Schule zu schicken, denn: »Mit einer Psychose vollbringt man keine Wunder«.)

Und die autistischen Kinder? Die, die mutistisch bleiben, sind nur deshalb ein Problem, weil unsere Gesellschaft außer der Ausbeutung durch Behindertenarbeit in der Fabrik nichts zu bieten hat. Ein ehemaliger Mutist von Bonneuil (12 Jahre alt) bereitet gerade seine Abreise nach England vor, wo er eine Art »Schulbauernhof« besuchen will, den es bei uns nicht gibt. Daß er nicht lesen kann, wird dort kein Problem sein; im übrigen werden die Engländer seine »Verwirrtheit« dem Ausländerstatus zuschreiben und nicht seiner Persönlichkeit (dem Verrückten-Status). Die Engländer sind ausgesprochen konventionell und verwahren sich genau wie wir gegen die Ansteckungsgefahr der »Geisteskrankheit«. Aber die Kriterien, anhand derer wir mit Sicherheit festzustellen vermeinen, ob ein Kind anormal ist, sind inkonsistent genug, um angesichts der gewöhnlichen Eingliederungsprobleme ganz oder fast zu verschwinden. Wenn ein Kind aus Bonneuil in einer englischen Schule den Eindruck erweckt, es könnte nicht mit dem W. C. oder mit einer Gabel umgehen, läßt man das als Unangepaßtheit eines Fremden durchgehen. Ebenso, wenn er nicht lesen oder schreiben kann. Aber er sollte sich hüten, eine Katze zu mißhandeln, denn wenn er einmal als »verrückt« diagnostiziert ist, besteht die Gefahr, daß er wirklich verrückt wird.

Wenn es so scheint, als würde der Zukunft von Pierre besondere Beachtung geschenkt, so hängt dies damit zusammen, daß sein Symptom sich besonders klar in die Szene und die Strukturen der Industriegesell-

[252] »L' affaire Hurst«, *Nouvel Observateur,* 26. Juni 1972.

schaft einfügt. Georges Devereux hat darauf hingewiesen, daß jede Gesellschaft ihren Mitgliedern »Modelle des Fehlverhaltens« anbietet; ohne diese Hypothese könnte man Pierres Verhalten, das sich eines dieser Modelle bedient, um die Gruppe auf die Probe zu stellen, kaum erklären. Fasziniert von der Transgression des »Modells des Fehlverhaltens«[253] selbst, das ihm gewissermaßen angeboten wird, sucht Pierre die Gruppe dort auf die Probe zu stellen, wo seine eigene Toleranzgrenze endet. Sein außerinstitutioneller Weg geht vom Schafstall über die Cevennen, das Verlangen nach einem Aufenthalt bei den Hippies und eine eigene Wohnung in einem Arbeitervorort bis zu dem englischen Schulbauernhof. In seiner Suche nach einem »nicht anerkannten« Typ des Wahnsinns[254] erweist sich Pierre dennoch als traurig konventionell, schwankend zwischen der Delinquenz und der »Konfektion« des Wahnsinns, die das kulturelle Milieu ihm liefern. Ob er Hippie ist oder Kleinbürger, immer verschreibt ihm das Milieu seine Merkmale und bezeichnet ihm zugleich die Spielregeln und Grenzen, die der Gastfreundschaft gesetzt sind. Daß es gerade dieses Kind war, das unsere Art der modernen Zivilisation am stärksten angegriffen hat, indem es die ganze Welt mit einem enormen Gefängnis verglich, war nicht ganz unproblematisch. Verächtlich und überheblich fällte er ein Urteil, das keinen Widerspruch duldete: »Hier kann man nicht leben, woanders auch nicht, nirgends.«

Pierres Vorstellung, ein Leben sei nicht lang genug, um sich für das zu rächen, was man ihm (vor seinem dritten Lebensjahr) angetan hat, ist den Vorstellungen und der Revolte jener anderen Jugendlichen ziemlich ähnlich, über die Fernand Deligny[255] berichtet hat, und für die er seit 1938 überall in Frankreich »Netze von Lebensräumen« aufgebaut hat, die stets bereit waren, ein in Schwierigkeiten geratenes Kind zu empfangen. Diese »Netze« oder gastlichen Orte am Rande der Institutionen erlaubten seinerzeit einer ganzen Reihe von Jugendlichen, der Anstalt oder dem Gefängnis zu entgehen. Aber bekanntlich machte die Administration (sowohl die linke als auch die rechte) dieses Werk wieder zuschanden.[256] Als wir unser eigenes »Netz« aufbauten, ha-

253 Linton.

254 Georges Devereux, a. a. O.

255 Émile Copferman, »Pour saluer Deligny«, in: *Partisans*, Nr. 50.

256 »Erst viel später habe ich verstanden, daß die pädagogische Institution, selbst wenn sie sich als revolutionär ausgibt, immer dazu tendiert, ihren Anspruch im Namen des

ben wir an diese »Netze von Lebensräumen« gedacht.[257] Seit 1938 haben sich die Zeiten geändert und der Überlebensraum für einen Psychotiker oder einen Delinquenten ist beträchtlich geschrumpft. Die Arbeitervororte verlieren, sobald sie sich in Schlaf- oder Sicherheitsstädte verwandeln, ihr menschliches Potential und ihre Gastlichkeit, und auch die bäuerliche Welt ist im Verschwinden begriffen – sie weicht einer industrialisierten Landwirtschaft. Immer stärker auf anonyme Räderwerke reduziert, ist die Gesellschaft im Begriff, sich aller (kulturellen, ethischen etc.) Werte zu entledigen. Die Klagen derer, die behaupten, *es gäbe nichts Lebenswertes mehr,* sind inzwischen ernst zu nehmen; sie beinhalten eine Wahrheit, die nicht mehr zu verkennen ist.[258]

sakrosankten Realitätsprinzips Stück für Stück ins Gegenteil zu verwandeln. Ohne daß es ihr viel ausmacht, kann sie zwei Arten des Diskurses entwickeln, einen übergeordneten und einen untergeordneten; an der Basis geschieht dies im Namen der Freiheit, und es geschieht in bezug auf alle anerkannten Formen, einschließlich der Gruppendynamik, der spontaneistischen Anarchie. Ganz oben an der Spitze geschieht es zur Stärkung der bürokratischen Macht. Die Koexistenz der beiden Diskurse setzt die Bewahrung des Wesentlichen voraus: die Bewahrung der Institution als solcher. An der Spitze etablieren sich die Beziehungen zu den Dienststellen der Macht, den Ausgabestellen für Visa, Genehmigungen, Funktionen und Subventionen, die einem den gebührenden Respekt vor den von ihnen festgelegten Terrains, den Zusatztiteln, kurz, der pädagogischen Finalität vermitteln.« E. Copfermann, a. a. O.

[257] Das Netz, das wir in der Bretagne mit Hilfe der Guérins und in der Dordogne mit Hilfe von J. J. Bouquier aufgebaut haben, befindet sich in einer vorwiegend bäuerlichen Welt. Es muß in diesem Zusammenhang darauf hingewiesen werden, daß es in Frankreich ein »Untergrundnetz« von Arbeitern und Bürgerlichen gibt, die mit dem herrschenden System gebrochen haben. Entschlossen, ihr eigenes Leben zu verändern, haben sie sich unter manchmal sehr unsicheren Umständen in gewissen benachteiligten Gegenden Frankreichs niedergelassen. Neben ihren eigenen Aktivitäten akzeptieren sie die Aufnahme eines in Schwiergikeiten geratenen Jugendlichen. Die Toleranz gegenüber dem »Wahnsinn« ist bei ihnen oft größer als in der bäuerlichen Welt. Die Bewegung von »Wohngemeinschaften«, »Free Clinics« und »Freien Schulen«, die sich zur Zeit in Frankreich und im Ausland entwickelt, ist durchaus ernst zu nehmen. Die Zukunft ist auf ihrer Seite, nicht auf der Seite der von administrativen Imperativen beherrschten Institutionen.

[258] In unserer reglementierten Welt kann eine harmlose Flucht einen sechzehnjährigen Jugendlichen in die Anstalt bringen, wenn die »Identitätsüberprüfung« zu stürmisch verläuft. Dieses Unglück ist Pierre passiert. Als ein Polizist sich ihm näherte, bemerkte er, daß er keinen Personalausweis bei sich hatte, wurde nervös und beschimpfte ihn. Sofort wurde er nach Lariboisière gebracht, wo er eine »Beruhigungsspritze« erhielt – die seine Angst verstärkte. Nachdem er dann in ein psychiatrisches Krankenhaus überwiesen worden war, blieb er trotz der Intervention von Robert Lefort drei Nächte lang ans Bett gefesselt. Kaum war er aus der »Hölle«, wie er es nannte, wieder heraus, bekam Pierre einen Rückfall, das heißt, er wiederholte das traumatisierende Erlebnis. Dieses Mal kam das Kind nicht in die Anstalt, weil ein Eingreifen der Polizei verhindert werden konnte. In seinem Fall hatten die chemotherapeutischen Aggressionen immer nur destruktive Wir-

Die Randposition von Bonneuil hat dazu gedient, eine Situation hervorzubringen, die anderswo blockiert war.[259] Unsere vollständige Unabhängigkeit hat uns eine Erfahrung gestattet, die, wenn sie nicht sklerotisch werden will, einer bürokratischen Reglementierung entgehen muß.

Ein Inspektor der Akademie sagte übrigens folgendes: »Wenn Ihnen dieses Projekt gelingt, dann nur, weil Sie sich in einem Randgebiet bewegen. Sobald die Verwaltungsbehörden eine offizielle Regelung aus

kungen. Die medizinische Antwort auf eine durch die Medizin verschlimmerte »Krankheit« war schon immer die Anstalt. Wenn das Kind ihr entgehen konnte, hatte es dies stets der sozialen Situation seiner Familie zu verdanken, die angesichts der Verschlimmerung der Störungen auf das offizielle »Behandlungssystem« verzichtete. Das Problem der durch »heilsame« Drogen hergestellten »Gefährlichkeit« ist noch kaum untersucht worden.

[259] Bonneuil wollte jeden ökonomischen Zwang ignorieren und die therapeutisch notwendigen Aufenthalte der Kinder in der Bretagne oder anderswo nicht von der ökonomischen Notwendigkeit der Institution abhängig machen. Aber wenn das Ökonomische – das zum Register des Symbolischen gehört – jeder Möglichkeit der Analyse beraubt wird, droht es in Form einer paranoischen, dialektisch unzugänglichen Insel wieder aufzutauchen. Jeder Ort, der nur dank der freiwilligen Mitarbeit von Praktikanten funktioniert, sollte die Bilanz seiner Erfahrungen ziehen können. So könnte er vermeiden, daß sich Fragen ins *Imaginäre* verschieben, die, da sie zum Register des Symbolischen gehören, auch eine ethische Dimension aufweisen. Wenn die Träger einer Institution nicht nur die Macht haben, das Ökonomische der Analyse zu entziehen, wenn sie außerdem noch verbieten können, davon zu sprechen, bilden sie den paranoischen Pol der Institution. Es besteht die Gefahr, daß jede Weigerung der Administration, eine Frage der Erwachsenen (die etwa ihre Arbeitsmittel betrifft, etc.) zu beantworten, als Gewalt interiorisiert wird. In dieser Situation wird die Willkür und Launenhaftigkeit des väterlichen Gesetzes reproduziert, das in jenen Familien herrscht, wo der Vater nur in Erscheinung tritt, um »nein« zu sagen.

Als das Problem der ökonomischen *Funktion* mit den Eltern wieder aufgenommen wurde, offenbarte sich ihre Übereinstimmung mit einer repressiv wirkenden moralischen Ideologie: Vom Geld darf man nicht sprechen.

Die Lust des Kindes bedroht den Erwachsenen, der diese Lust in einer Atmosphäre des Chaos oder des Weltuntergangs ansiedelt. Von dem Kind wird verlangt, »zu gehorchen und zu schweigen«. Eine von Eltern eingerichtete Institution könnte demnach offensichtlich nur eine repressive Institution sein (die Repression kann durchaus mit liberalen oder christlichen Überzeugungen einhergehen; nur anarchistische Eltern sind in der Lage, das Problem richtig anzugehen). Hier stoßen wir auf die unbewußte Abwehr des Erwachsenen gegen das, was ihn in ihm selbst bedroht. Er beruft sich auf moralische Werte einer patriarchalischen Welt, um das zu zerstören, was ihn (und seine Kinder) ins (sexuelle und moralische) Chaos stürzen könnte. Aber gerade die moralische Reglementierung trägt die unmittelbare Verantwortung für das »Chaos«, das die Gesellschaft unter Kontrolle zu bringen sucht. Man kann sagen, daß eine bestimmte Konzeption der Moral einer natürlichen Moral (und einem gesunden Liebesleben) entgegensteht und Kinder wie Erwachsene in einer Form der Sklaverei hält, die *Haß* erzeugt (diese These wurde übrigens schon von W. Reich aufgestellt).

Ihren Erfahrungen ableiten, ist es aus. So ist es allen Versuchen ergangen, die in Frankreich unternommen wurden. Keiner hat der Übernahme durch die offizielle Politik standgehalten.« Damit ist in der Tat das ganze Problem erfaßt.

Für manche war es also klar, daß Bonneuil ein Ort experimentellen Charakters sein würde (und auch bleiben müßte), der einen Ausnahmefall darstellt; gewissermaßen ein gelungenes Experiment, durch das nichts zu gewinnen wäre. Diese autoritäre Einschätzung kommt sowohl von links als auch von rechts. Unterrichtende, Behandelnde und Benutzer haben in den politischen Programmen, die uns vorgestellt werden, kein Recht zu irgendeiner Initiative; die *administrativen Organe* als solche müssen unverändert bestehen bleiben.

Bei jeder Wahlkampagne werden uns neue Eliten versprochen (jedoch immer mit dem Ziel, die bestehenden Strukturen zu erhalten). Schüler, Patienten, Unterrichtende und Behandelnde sollen dazu gebracht werden, ihre Arbeit in den Dienst einer Leistungs- und Effektivitätsideologie zu stellen. Die moralische Wiederaufrüstung steht auf der Tagesordnung. Die Effekte zeigen sich in dem Mechanismus der *gezielten Selektion*, der den Ansprüchen des industriellen Lebens gerecht werden soll; sie zeigen sich im *Aufstieg* der leitenden Angestellten; sie zeigen sich an der Auswahl der Behandelnden, die in einem »Bezirk« eingestellt werden und über die in zunehmendem Maße der Geheimdienst entscheidet; sie zeigen sich an der Auswahl der *Institutionen*, die von der öffentlichen Hand gefördert werden: die Subventionen kommen nur stark hierarchisierten Tageskliniken, gut »durchstrukturierten« medizinisch-psycho-pädagogischen Zentren etc. zugute. Unterricht und Behandlung müssen *rentabel* werden, sie stehen im Bunde mit der Ökonomie und der Expansion.

Durch die Verstärkung der administrativen Strukturen wird die Herrschaft der modernen Kleinfamilie über das Kind noch schlimmer als zuvor. Inzwischen »gehört« das Kind den Eltern und den Institutionen[260], noch ehe es die Zeit gehabt hätte, sich zu fragen, wer durch

[260] Wenn die Frage der *Macht* an einem Ort auftaucht, wird sie immer von dem eingebracht, der sich das Privileg bewahren will, andere um diese Macht zu bringen. Der Analytiker vermittelt eine Dimension, die die Therapie der repressiven Macht einer kleinbürgerlichen Ideologie entreißt. In dieser Dimension kann sowohl der Wunsch des Erziehers oder des Kindes befragt werden, wie auch das, was mit der Weitervermittlung

es spricht. Die Mutter einer Schizophrenen sagte mir: »Ich will meine Tochter so, wie sie ist; sie soll für immer bei mir bleiben; sie paßt genau zu mir, sie ist meine Garantie.« Exakter und absurder könnte man den Zweck der Institution Familie, aber auch den jeder anderen Institution (Schule, Krankenhaus) gar nicht beschreiben. Und wer könnte ihre dauerhafte Erhaltung besser garantieren als die Debilen und Verrückten?

Die von der Administration eingerichteten hierarchischen Strukturen bewirken eine Perpetuierung der Trennung von *Praxis* und *Theorie*. Es scheint in allen Disziplinen so zu sein, daß die Theorie, weit davon entfernt, die Praxis zu informieren, einzig und allein den Zweck hat, *Theoretiker zu produzieren* – die »die Praxis an sich reißen und konfiszieren«. Wie O. Mannoni[261] betont, hängt diese Situation »nicht mit der Natur des Wissen zusammen, sondern sie ist ideologisch und politisch«. Das erstaunliche an China ist die außerordentlich große Bedeutung, die dem, was sich als *Politik der Theorie*[262] definieren ließe, zugemessen wird.

In Frankreich versperren die hierarchischen Strukturen den Zugang zum Wissen, und zwar stärker als man zugeben will. Die auf Konkurrenz und Prestigekampf begründete Ideologie ist für die sogenannte *Perversion des Wissens* verantwortlich. Das Wissen steht im Dienste des hierarchischen Aufstiegs, und das bleibt nicht ohne Wirkung; anders gesagt, es bestimmt die Richtung, in die eine Forschung, deren Garant die Institution ist, gelenkt wird.

Sobald eine Wissenschaft »gesellschaftsfähig« wird, wie es etwa bei der Psychoanalyse der Fall ist, wird sie vom herrschenden Diskurs vereinnahmt (und umgewandelt). Man sucht den noch kürzlich Geächteten kulturell zu rechtfertigen. Die Wahrheit, die in einem Moment des Bruchs

des Wissens, seiner Funktion und seiner Stellung in einem weltweiten sozio-ökonomischen System zu tun hat.

Die *Lust* konnte dem Kind in dem Augenblick zurückgegeben werden, als es uns gelungen war, eine bestimmte Position der Erwachsenen aus Bonneuil zu vertreiben; das Gefühl zu vertreiben, der Erwachsene zahle mit seinem Leben (und seinem Geld) für die Lust, die das Kind beispielsweise im Wasser verspürt. So mußte Bonneuil täglich gegen die Gefahr einer Vereinnahmung unserer Erfahrungen durch eine Ideologie von »Recht und Ordnung« kämpfen, eine Ideologie, die, da sie die Phantasie verwirft und den Wunsch verkennt, nur die Leere und den Tod an Ort und Stelle zu belassen droht.

261 O. Mannoni (in einem Sammelband, der demnächst bei Armando in Rom erscheint).

262 Ebd.

mit den herkömmlichen Vorstellungen hätte freigesetzt werden können, ist nun, in dem Modell, das eingerichtet werden soll, *verlorengegangen*. Der Wissenschaftler ist nie vollständig gegen die Versuchung gefeit, seine Theorie in den Dienst einer Mystik[263] zu stellen. Auch der Psychoanalytiker entgeht dieser Gefahr nicht. Bald versucht er, die Psychoanalyse mit religiösen Überzeugungen zu verbinden, bald bemüht er sich, sie aus Prestigegründen den neuesten Wissenschaftsmodellen, sogar denen der mathematischen Wissenschaften, anzupassen. Wenn die theoretische Forschung der Psychoanalyse nicht in den Dienst einer Praxis gestellt wird, die Gegenargumente liefern könnte, droht sie steril zu werden (mit dem Berufsstatus des Analytikers als einzigem Garanten).

Das System, das die Ausbildung der Analytiker gewährleistet, kann ähnlich wie das Schulsystem leicht zum Selbstzweck werden. Abgeschnitten von den Problemen, die aus der psychiatrischen, medizinischen und sozialen Praxis hervorgehen, laufen die Analytiker Gefahr, sich durch sich selbst zu nähren und vermittelt durch die Art der Ausbildung, die den Kandidaten zuteil wird, nur Analytiker zu produzieren, die sich mit der Analytikerrolle identifizieren (und das in einer Zeit, in der wir, wie Devereux bemerkt, eine Rekulturation der Psychoanalyse erleben, die inzwischen zum »Idol der öffentlichen Plätze« geworden ist).

Daß sich die Analytiker (auch die Anfänger) in Bonneuil anfangs alle vor einer Mitarbeit gedrückt haben, kann als symptomatisch angesehen werden. Die sich am stärksten wehrten, hatten ganz einfach eine Karriere zu verlieren.

Es waren die Studenten, die Kinder und das Erzieherehepaar, die Bonneuil »gemacht« haben. Inzwischen haben einige Studenten eine psychoanalytische Ausbildung begonnen. Wenn sie Analytiker werden, werden sie, das hoffe ich jedenfalls für sie, einen neuen Weg einschlagen und mit der traditionellen Art, innerhalb einer geschlossenen Gruppe Karriere zu machen, brechen.

Bonneuil ist als Moment in einer Geschichte anzusiedeln.[264]

[263] Georges Devereux, *Ethnopsychiatrie complémentariste*, Paris 1972.

[264] Wir sind in diesem Buch kaum auf das Leben von Bonneuil im »Grand-Fougeray« eingegangen. Diese Erfahrung eines gemeinschaftlichen Lebens, das jeden Sommer unter der Leitung von Rose-Marie und Yves Guérin in enger Zusammenarbeit mit der dortigen Bevölkerung und mit Hilfe von französischen und ausländischen Praktikanten organisiert

Als wir an der Sprengung unserer selbst gearbeitet haben, tauchte die von uns vernachlässigte ökonomische Dimension auf, und es wurden Zwänge sichtbar, die, so verschleiert sie auch sein mochten, dennoch real waren. Wenn die zum Vorschein gebrachten Begabungen uns erlaubten, unser schlechtes Gewissen zu erleichtern, so sind sie doch noch lange kein Alibi für ein System, das das Kind und seine Behinrung an das Kapital bindet. Auch das Argument, die Situation im öffentlichen Sektor sei weitaus schlimmer als die von Bonneuil, kann uns nicht davon entbinden, die Ambiguität unserer Position zu unterstreichen.

Die psychiatrische und psychoanalytische Forschung hat von den Institutionen nichts zu erwarten. Die Institutionen gewährleisten die Repro-

wurde, war für uns von großer Bedeutung. Dieser Versuch dürfte auch eine gewisse Zukunft haben (wenn es den Mitarbeitern gelingt, seinen »revolutionären« Charakter zu bewahren und es gegen die Vereinnahmung durch die kleinbürgerliche Ideologie zu schützen). Die Aufnahme von »Sommerpraktikanten« war nicht ganz unproblematisch. Man unterscheidet die »Besucher« von denen, die zu uns kommen, um sich in einen bestimmten Lebensstil zu integrieren; die letzteren fallen kaum auf, sie geben sich Mühe, von den Einwohnern akzeptiert zu werden; die ersteren dagegen kommen, um »die Gesinnung der anderen zu verändern«, und vergessen in ihrem Eifer, daß man anderen nur dann etwas beibringen kann, wenn man bereit ist, zunächst von ihnen zu lernen.

Was Rose-Marie und Yves Guérin im »Grand-Fougeray« gelungen ist, versuchen andere in den Pyrenäen oder anderswo zu realisieren. Der Vorteil solcher Versuche liegt darin, daß sie zeigen, daß es keiner Spezialisten bedarf, um gemeinsam mit den Bauern »Orte des Lebens« einzurichten, wo die »Verrückten«, aber auch die sogenannten »Normalen« ihren Platz finden können. Allerdings reicht es nicht aus, über einen Bauernhof zu verfügen, um dem mutistischen Kind einen unentfremdeten Ort zu bieten. Wenn das Kind ähnlich wie das Vieh als Ware aufgenommen wird, wird es mit seiner Behinderung zur Garantie für die Beständigkeit der Ausbeutung (ob sie sich nun Institution, antipsychiatrischer Ort, Farm oder Gemeinschaft nennt). Das einzige, was das Kind gegen die Verdinglichung seines Symptoms (und die Gefahr, dem unbewußten Sadismus der Erwachsenen ausgeliefert zu sein) schützen kann, ist das Vorhandensein eines Diskurses (der Erwachsenen), der sich der Kritik öffnet und sich von Widersprüchen verändern läßt. Bestimmte Bauern kommen (wie die kanadischen Bauern) allmählich auf den Gedanken, daß die Aufnahme von »Geisteskranken« eine zuverlässigere und weniger kostenaufwendige Einnahmequellen darstellt als die Tierzucht. Wenn die »Kindheitsindustrie« eines Tages der »landwirtschaftlichen Industrie« Konkurrenz machen sollte, wird es für das unangepaßte Kind keinen »Ort des Lebens« mehr geben. Wenn das Verhältnis zum Geld, das die Herrschenden erfunden haben, auch dort sein Gesetz diktiert, wo Versuche entstehen, »Unangepaßte« aufzunehmen, ist jeder Neubeginn zum Scheitern verurteilt. Sollte die Annahme richtig sein, daß »die Psychiatrie für alle da sein müßte«, sind die Grenzen, an die wir stoßen, sehr wohl politische Grenzen: *eine bestimmte Konzeption der Welt macht die Beziehung der Menschen untereinander pathogen.* (A. d. Ü.: vgl. Roger Gentis, *La psychiatrie doit être faite/défaite par tous,* Paris 1971.)

duktion einer bestimmten Art von Wahnsinn und Zurückgebliebenheit, die mit den psychiatrischen Handbüchern, den Vorstellungen von Kranken und den psychoanalytischen Theorien übereinstimmt.[265] Nur von einem Ort aus, der mit der sklerotischen Praxis gebrochen hat, kann die Theorie neu hinterfragt und (warum nicht?) erneuert werden.

Sobald sich aber ein Ort (so klein und informell er auch sein mag) als idealer Ort anbietet, ist er institutionalisiert und droht in Zukunft dem Verlangen (der Familie) nach »Unterbringung auf Lebenszeit« zu entsprechen – eine doppelte Falle, die vermieden werden muß. Das Recht auf Risiko ist (vermittelt durch Mißerfolg und Regression) ein »Gut«, das das Kind berechtigterweise verlangen kann. Uns liegt daran, daß wir Träger einer Suche bleiben, so verrückt und verwirrt sie auch sein mag; denn nur zu diesem Preis kann das Kind seinen eigenen Weg entdecken. Es wird ihn leichter finden, wenn wir sein Leben nicht verfrüht in eine Richtung lenken, die an den Kämpfen dieser Welt vorbeigeht. Das setzt voraus, daß wir selbst uns weiterhin durch die Effekte eines Kampfes verändern lassen, eines Kampfes, der uns der Ideologie der Ordnung, des Opfers und der Tugend (das heißt des *Betrugs*) entreißt, die allen Variationen der Institutionen Familie, Schule und Krankenhaus zugrunde liegt.

Erziehung ist dann erfolgreich, wenn der Jugendliche (ohne daß er eine Hospitalisierung befürchten müßte) zu seinen Eltern und Lehrern sagen kann: Ihr habt euch geirrt, wir wollen eure Welt nicht.

[265] In diesem Buch ist es uns nicht ganz gelungen, der Herrschaft dessen, was man das »Über-Ich der psychoanalytischen Institution« nennen könnte, zu entgehen. In unserer Praxis waren wir freier als in den Berichten über diese Praxis. Selbstverständlich war diese Freiheit durch unsere theoretischen Merkmale beschränkt; diese Merkmale haben uns »gehalten«. Es gibt in Frankreich eine andere Bewegung, die ihre Praxis (nach dem Vorbild einer bestimmten Entwicklung in den USA) auf die Ablehnung jeglicher Theorie begründet. Wenn auch die Klasse der Theoretiker als Klasse verschwinden kann, bewahrt die auf die Praxis bezogene Theorie doch ihre Daseinsberechtigung. Die Ablehnung jeglicher Theorie kann in Starrsinn und Tyrannei enden.

Das Fehlen von theoretischen Merkmalen geht übrigens nicht notwendigerweise mit einem fehlenden Wissen vom Unbewußten einher – im Gegenteil. Winnicott mißt dem intuitiven Verständnis der Mütter (insbesondere der ungebildeten Frauen), die fähig sind, sich um ihre Kinder zu kümmern, ohne es gelernt zu haben, große Bedeutung bei. Aus dem unverdorbenen Wissen entsteht seiner Ansicht nach der Reichtum dieses intutitiven Verständnisses. Winnicott wollte, daß die Mütter als Spezialisten eingesetzt werden, wo der Arzt seiner Meinung nach nur die Rolle eines Assistenten spielen darf.

Danksagung

Dieses Buch ist das Ergebnis einer kollektiven Forschung.
Einige Kapitel wurden von Mustapha Safouan und François Wahl kritisch überprüft.
Simone Benhaïm, Robert Lefort, Pierre Fedida und Octave Mannoni haben uns durch ihre Mitarbeit unterstützt.
Unser Dank gilt auch denen, die die Erfahrungen in der Praxis mit uns geteilt haben, den Freunden in der Provinz (insbesondere den Einwohnern von Grand-Fougeray) und in England, die die Kinder zu unterschiedlichen Jahreszeiten aufgenommen haben, sowie den Psychiatern, Lehrern und Erziehern aus dem Ausland, die unsere Forschung in Bonneuil und in der École freudienne de Paris durch Anregungen bereichert haben.

Die Fragen, die in diesem Buch behandelt werden, waren Gegenstand von Konferenzen und Diskussionen in:
– der Freien Universität von Brüssel (unter der Leitung der Professoren J.-M. Faverge und Paul A. Osterrieth vom Institut für Soziologie)
– der Gesellschaft für Psychoanalyse in Uruguay (unter dem Vorsitz von Mercedès F. de Garbarino)
– Buenos Aires (auf Initiative der *Cuadernos Sigmund Freud,* unter Mitarbeit von Vertretern der verschiedenen psychoanalytischen Bewegungen Argentiniens: Arminda Aberastury, Diego Garcia Reynoso, Emilio Rodrigue, Fernando Ulloa, Maria Langer und José Bleger).

Die Mitarbeiter dieses Buches:
Claudine Ach, Dominique Aubert, Jean-Jacques Bouquier, Anne-Marie Crommelynck, Gérard Dana, Micheline Fodor, Françoise Petitot-Fort, Annie Grosser, Rose-Marie und Yves Guérin, Hélène Hauvuy, Boris Koltirine, Annie Lohéac, Robert Lefort, Hélène Marchadier, Marie-José Richer, Guy Sapriel, Florence Stevenin, Ninette Succab, Denise Simon, Christiane Truel und Catherine Waysfeld.

École expérimentale de Bonneuil-sur-Marne
École freudienne de Paris
September 1969 – September 1972

Literaturverzeichnis

Aichhorn, August — *Verwahrloste Jugend,* Leipzig 1925.

Althusser, Louis — »La philosophie comme arme de la révolution« in: *La* Pensée, Nr. 138, April 1968.
Pour Marx, Paris 1965; dt. *Für Marx,* Frankfurt 1968.

Anzieu, Didier — »Étude psychanalytique des groupes réels«, in: *Les Temps Modernes,* Juli 1966.

Ariès, Philippe — *L'enfant et la vie familiale sous l'ancien régime,* Paris 1960; dt. *Geschichte der Kindheit,* München 1975.

Artaud, Antonin — *Oeuvres complètes,* Paris 1956–1974.

Aulagnier, Piera — *Aspect théorique des perversions,* Paris 1965.
»Le désir de savoir«, in: *Inconscient,* Nr. 1.

Autorenkollektiv — *Lettres à une maîtresse d'école,* Paris 1968.

Barnes, Mary / Berke, John — *Two Accounts of a Journey Through Madness,* London 1971; dt. *Meine Reise durch den Wahnsinn,* München 1973.

Basaglia, Franco — *L'istituzione negata,* Turin 1968; dt. *Die negierte Institution,* Frankfurt 1973.

Baudelot, Christian / Establet, Roger — *L'école capitaliste en France,* Paris 1971.

Baumeyer, Franz / Katan, Mauritz / Kitay, Phillip / Niederland, William — *El caso Schreber,* Buenos Aires.

Berke, Joseph — »Counter Culture«, in: *Fire,* Nr. 3–9.

Berne, Eric — *Games People Play,* London 1964; dt. *Spiele der Erwachsenen,* Reinbek bei Hamburg 1968.

Bion, Wilfred R. — *Experiences in Groups and Other Papers,* London; dt. *Erfahrungen in Gruppen und andere Schriften,* Stuttgart 1971.

Bleger, José — »Psychoanalysis of the Social Frame«, in: *Intern. Journ. of Psycho-Analysis,* Bd. 48, Nr. 4, London 1967.

Boltanski, Luc — *Prime éducation et morale de classe,* Paris 1969.

Bermann, Gregorio — *La salud mental en China,* Buenos Aires 1970; dt. *Eine neue Medizin für die Massen – Sozialpsychiatrie in China,* Frankfurt 1973.

Bouchut, Eugène — *Hygiène de la première enfance,* Paris 1862.

Bourdieu, Pierre / Passeron, Jean-Claude — *Les Héritiers,* Paris 1966.

Brown, Norman O. — *Life Against Death,* London 1960.

Bucharin, Nikolaj I. — *Vom Sturze des Zarismus bis zum Sturze der Bourgeoisie,* Rote Fahne 1919.

Calef, Victor — »Psychological Consequences of Physical Illness in Childhood«, in: *Journal of the American Psychoanalytic Association,* Bd. 7, New York 1959.

Castel, Robert — »L'inconscient social de la psychanalyse«, in: *Topique* I, 1969.

Chaigneau, Hélène — »Prise en charge institutionelle des sujets réputés schizophrènes«, in: *Confrontations psychiatriques,* Nr. 2, Dez. 1968.

Chateau, Jean — *Les Grands Pédagogues,* Paris 1965.

Clarke, Robin — *The Silent Weapons,* New York 1968.

Cooper, David — *Psychiatry and Anti-Psychiatry,* London 1967; dt. *Psychiatrie und Anti-Psychiatrie,* Frankfurt 1971.
The Death of the Family, London 1971; dt. *Der Tod der Familie,* Reinbek bei Hamburg 1972.

Copferman, Emile — »Pour saluer Deligny«, in: *Partisans,* Nr. 50.
Problèmes de la jeunesse, Paris 1967.

Daremberg, Charles — *Histoire des sciences médicales,* Paris 1870.

Deleuze, Gilles / Guattari, Félix — *L'Anti-Oedipe,* Paris 1972; dt. *Anti-Ödipus,* Frankfurt 1974.

Deligny, Fernand — *Vagabonds éfficaces,* Paris.

Devereux, Georges — *Essai d'éthnopsychiatrie générale,* Paris 1956.
Éthnopsychanalyse complémentariste, Paris 1972; dt. Teilsammlung: *Normal und anormal,* Frankfurt 1974.

Diamond, Stanley — »La contrainte de la loi et l'ordre de la coutume«, in: *Les Temps Modernes,* April 1972.

Dolto, Françoise — *Le cas Dominique,* Paris 1971; dt. *Der Fall Dominique,* Frankfurt 1973.
»Préface au premier rendez-vous avec le psychanalyste«, in: Mannoni, *Le premier rendez-vous avec le psychanalyste,* Paris 1965.

Donzelot, Jacques — »Le Troisième Age de la répression«, in: *Topique,* Nr. 6.

Droit, Roger-Pol / Gallien, Antoine — *La chasse au bonheur, les communautés en France,* Paris 1972.

Eco, Umberto — *La struttura assente,* Mailand 1968; dt. *Einführung in die Semiotik,* München 1972.

Engels, Friedrich — *Der Ursprung der Familie, des Privateigentums und des Staates,* Stuttgart 1886.

Esprit, Sondernummer — »Illich en débat«, in: *Esprit,* Nr. 5, 1971.

Fachinelli, Elvio et coll. — *L'école de l'Impossible,* Paris 1972.

Fedida, Pierre — »L'anatomie dans la psychanalyse«, in: *Nouvelle revue de la psychanalyse,* Nr. 3, Paris 1971.

»Le Discours à double entente; Interprétation, délire et vérité«, in: *Bulletin de l'AFP*, Nr. 5.

»Le signe et son geste«, in: *Expression et signe, études psychopathologiques*, Bd. 2, Nr. 1, März 1972.

Foucault, Michel — *Histoire de la folie*, Paris 1961; dt. *Wahnsinn und Gesellschaft*, Frankfurt 1969.

L'Ordre du discours, Paris 1970; dt. *Die Ordnung des Diskurses*, München 1974.

Maladie mentale et psychologie, Paris 1954; dt. *Psychologie und Geisteskrankheit*, Frankfurt 1968.

Naissance de la clinique, Paris 1964; dt. *Die Geburt der Klinik*, München 1973.

Freinet, Elise — *Naissance d'une pédagogie populaire*, Paris 1968.

Freud, Sigmund — *Abriß der Psychoanalyse*, GW. Bd. XVII, S. 67–138, Frankfurt 1968.

»Briefe an Wilhelm Fliess«, in: *Aus den Anfängen der Psychoanalyse*, London 1950.

Das Unbehagen in der Kultur, GW Bd. XIV, S. 421–506, Frankfurt 1968.

Die Traumdeutung, GW Bd. II/III, S. 1–626, Frankfurt 1968.

Die Zukunft einer Illusion, GW. Bd. XIV, S. 325–380, Frankfurt 1968.

Drei Abhandlungen zur Sexualtheorie, GW Bd. V, S. 29–145, Frankfurt 1968.

Geleitwort zu »Verwahrloste Jugend« von August Aichhorn, GW Bd. XIV, S. 565–567, Frankfurt 1968.

Jenseits des Lustprinzips, GW Bd. XIII, S. 3–64, Frankfurt 1968.

Psychoanalytische Bemerkungen über einen autobiographisch beschriebenen Fall von Paranoia, GW. Bd. VIII, S. 240–320.

Gentis, Roger — *La psychiatrie doit être faite/défaite par tous*, Paris 1973.

Les murs de l'asile, Paris 1973.

Goldmann, Lucien — *La création culturelle dans la société moderne*, Paris 1971; dt. *Kultur in der Mediengesellschaft*, Frankfurt 1973.

Structures mentales et Création culturelle, Paris 1971.

Grotowski, Jerzy — *Towards a Poor Theatre*, London 1968.

Hochmann, Jacques — *Vers une psychiatrie communautaire*, Paris 1971; dt. *Thesen zu einer Gemeindepsychiatrie*, Frankfurt 1973.

Hunter, Richard / Macalpine, Ida — *Three Hundred Years of Psychiatry 1535–1860*, London 1963.

Illich, Ivan — *Entschulung der Gesellschaft*, München 1972.

Ionesco, Eugène — »Die Unterrichtsstunde«, in: *Theaterstücke,* Bd. I, Berlin/Neuwied 1959.

Itard, Jean — »Gutachten über die ersten Entwicklungen des Victor von Aveyron«, in: Malson, Lucien, *Die wilden Kinder,* Frankfurt 1972.

Jackson, George — *Soledad Brother – The Prison Letters of George Jackson,* New York 1970; dt. *In die Herzen ein Feuer,* Bern/München/Wien 1971.

Jacobs, Janes — *Death and Life of Great American Cities,* Random 1961.

Jervis, Giovanni — »Notes sur la psychiatrie en Chine«, in: *Tel Quel,* Nr. 50.

Jones, Ernest — *Freud, Life and Work,* London 1957; dt. *Sigmund Freud, Leben und Werk,* Frankfurt 1969.

Kafka, Franz — »Brief an den Vater«, in: Politzer (Hg), *Das Kafka Buch,* Frankfurt 1965.

Koyré, Alexandre — *Études d'histoire de la pensée philosophique,* Paris 1971.

Lacan, Jacques — *Écrits,* Paris 1966; dt. *Schriften I und II,* Olten 1973 und 1975.

»D'une question préliminaire à tout traitement de la psychose«, in: *Écrits,* Paris 1966; dt. »Über eine Frage, die jeder möglichen Behandlung einer Kur vorausgeht«, in: *Schriften II,* Olten 1975.

»Kant avec Sade«, in: *Écrits,* Paris 1966; dt. »Kant mit Sade«, in: *Schriften II,* Olten 1975.

»La relation d'objet, les structures freudiennes«, *Séminaire* 1956–1957, unveröffentlicht.

Le mythe individuel du nevrosé, Paris 1953.

Le Symbolique, l'Imaginaire et le Réel, Juli 1953, unveröffentlicht.

»Les complexes familiaux dans la formation de l'individu«, in: *Encyclopédie française sur la vie mentale,* Paris 1938.

Les Quatre concepts fondamentaux de la psychanalyse, Paris 1973.

Séminaire sur l'identification, 1961–62, unveröffentlicht.

Séminaire sur Schreber, 1955–1956, unveröffentlicht.

Laing, Ronald D. — *Self and Others,* London 1969; dt. *Das Selbst und die Anderen,* Köln 1973.

The Divided Self, London 1960; dt. *Das geteilte Selbst,* Köln 1972.

Laing, Ronal D. — *Sanity, Madness and the Family,* London 1964; dt. Wahn*sinn und Familie,* Köln 1975.

Lenin, W. I. — *Rede auf dem II. Gesamtrussischen Kongreß der auf internationalistischen Positionen stehenden Lehrer,* GW Bd. 28.

Lévi-Strauss, Claude — *Mythologiques I, »Le Cru et le Cuit«*, Paris 1964; dt. *Mythologica I, »Das Rohe und das Gekochte«*, Frankfurt 1971.
Mythologiques II, »Du miel au cendres«, Paris 1966; dt. *Mythologica II, »Vom Honig zur Asche««*, Frankfurt 1972.
Mythologiques III, »L'origine des manières de table«, Paris 1968; dt. *Mythologica III, »Der Urpsrung der Tischsitten«*, Frankfurt 1973.

Linton, Ralph — Vorwort und Aufsätze in: Kardiner, Abraham, *The Individual and His Society*, New York 1949.

Loisel, Ernest — *Bases psychologiques de l'éducation physique*, Paris 1934.

Lourau, René — *Analyse institutionelle et Pédagogie*, Paris 1971.

Lukàcs, Georg — *Geschichte und Klassenbewußtsein*, Berlin/Neuwied 1968; Sonderausgabe 1970.

Macciocchi, Maria Antonietta — *De la Chine*, Paris 1971.
Lettere dell'interno del PCI à Louis Althusser, Mailand 1969.
»Réponse à la ›Nouvelle Critique‹«, in: *Tel Quel*, Nr. 48–49, 1972.

Malson, Lucien — *Les enfants sauvages, mythe et réalité*, Paris; dt. *Die wilden Kinder*, Frankfurt 1972.

Mannoni, Maud — »L'administration de la folie en question«, in: *Partisans*, Nr. 62–63.
L'enfant arriéré et sa mère, Paris 1964; dt. *Das zurückgebliebene Kind und seine Mutter*, Olten 1972.
L'Enfant, sa »Maladie« et les Autres, Paris 1967.
Le premier rendez-vous avec le psychanalyste, Paris 1965.
Le Psychiatre, son »Fou« et la Psychanalyse, Paris 1970; dt. *Der Psychiater, sein Patient und die Psychoanalyse*, Olten 1973.

Mannoni, Octave — *Clefs pour l'Imaginaire*, Paris 1969.
Freud, Paris 1968; dt. *Sigmund Freud in Selbstzeugnissen und Bilddokumenten*, Reinbek bei Hamburg, 1974.
»Itard et son Sauvage«, in: *Clefs pour l'Imaginaire*, Paris 1969; dt. »Itard und sein Wilder«, in: Malson, Lucien, *Die wilden Kinder*, Frankfurt 1972.

Marx, Karl — *Das Kapital*, Berlin (Ost) 1968.

Michaud, Ginette — »Analyse institutionelle et Pédagogie«, in: *Recherches*, Sept. 1969.

Michelet, Jules — *L'Étudiant*, Paris 1971.

Miller, Jacques-Alain / Regnault, François — »La vie quotidienne dans l'empire du fer«, in: *Les Temps Modernes*, April 1971.

Mitzman, Arthur — *The Iron Cage, a Historical Interpretation of Max Weber,* New York 1970.

Neill, Alexander S. — *Summerhill,* New York 1960; dt. *Summerhill,* Reinbek bei Hamburg 1969.

Niederland, William — »Schreber and Flechsig«, in: *Journal of the American Psychoanalytic Association,* Bd. 16, Nr. 4, New York 1968.

»Schreber's Father«, in: *Journal of the American Psychoanalytic Association,* Bd. 8, Nr. 3, New York 1960.

»The Miracled-up World of Schreber's Childhood«, in: *Psychoanalytic Study of the Child,* Bd. 14, New York 1959.

Oury, Fernand / Vasquez, Aida — *De la classe coopérative à la pédagogie institutionelle,* Paris 1971.

Vers une pédagogie institutionelle, Paris 1967.

Platon — *Der Staat,* Zürich/München 1973.

Raçamier, P. C. et coll. — *Le psychanalyste sans divan,* Paris 1970.

Reich, Wilhelm — *Die Massenpsychologie des Faschismus,* Köln/Berlin 1971.

Rossanda, Rossana — *Il Manifesto,* Paris 1971.

Roszak, Theodore — *The Making of a Counter Culture;* dt. *Gegenkultur,* Düsseldorf/Wien 1971.

Rothschild, Henri de — *Allaitement mixte et artificiel,* Paris 1898.

Rousseau, Jean-Jacques — *Émile ou de l'Éducation,* Paris 1913; dt. *Emile oder über die Erziehung,* Stuttgart 1963.

Safouan, Mustapha — »De la structure en psychanalyse«, in: *Qu'est-ce que le structuralisme?,* Paris 1968; dt. in: F. Wahl (Hrsg.), *Einführung in den Strukturalismus,* Frankfurt 1973.

Le phallus dans le rapport mère enfant, Paris 1964, unveröffentlicht.

»Psychanalyse et Pédagogie«, in: *Recherches,* Sept. 67.

Sartre, Jean-Paul — *L'Etre et le Néant,* Paris 1943; dt. *Das Sein und das Nichts,* Hamburg 1952.

Schatzman, Morton — »Paranoia and Persecution, the Case of Schreber«, in: *Fire,* Nr. 3–9.

Schmid, J.-R. — *Le maître camarade et la Pédagogie libertaire,* Genf 1947.

Schreber, Daniel Gottlieb Moritz — *Das Buch der Gesundheit,* Leipzig 1861.

Kallpädie oder Erziehung zur Schönheit, Leipzig 1858.

Schreber, Daniel Paul — »Denkwürdigkeiten eines Nervenkranken «, in: *Bürgerliche Wahnwelt um Neunzehnhundert,* Wiesbaden 1973.

Servais, J. — *Hygiène de l'enfance ou guide des mères de famille,* Brüssel 1850.

Szasz, Thomas — *Ideology and Insanity,* New York 1970.

	»The Psychiatrist: a Policeman in the School«, in: *This Book is About Schools*, New York 1970.
Vinar, Marcelo N. et coll.	*Incidencia de la realidad social en el trabajo analitico*, Relato official al IX. Congresso latino americano, Caracas, Juli 1972.
Weber, Max	»Die protestantische Ethik und der Geist des Kapitalismus«, in: *Gesammelte Aufsätze zur Religionssoziologie*, Bd. I, Tübingen 1934.
Wilden, Anthony	*Epistemology and the Biosocial Crisis*, 1971, unveröffentlicht.
	System and Structure, London 1972.
Winnicott, Donald W.	*The Child and the Family*, London 1957; dt. *Kind, Familie und Umwelt*, München/Basel 1969.
	Through Paediatrics to Psychanalysis, London 1958.
	»Transitional Objects and Transitional Phenomena«, in: *Intern. Journal of Psycho-Analysis*, Bd. XXXIV, London 1953; dt. »Übergansobjekte und Übergangsphänomene«, in: *Psyche*, Jg. 23, Nr. 9, Stuttgart 1969.

Personenregister

Sachregister

Dietmar Kamper
Christoph Wulf Herausgeber
Lachen – Gelächter – Lächeln
Reflexionen in drei Spiegeln

»Immer, wenn es so aussieht, als ob es nichts mehr zu lachen gäbe, wird diese rätselhafteste aller Körperreaktionen zum Thema. Dabei ist das Phänomen uralt: Das endlose Gelächter der homerischen Götter, das sardonische Gelächter des Odysseus, bevor er die Freier tötet, sind dafür Beispiele. Mythen und Märchen verweisen darauf. Wer nicht lachen kann, ist kein Mensch.«

Syndikat

Die kleine weiße Reihe

athenäum

Savignystr. 53
6000 Frankfurt a.M. 1